锦州建设辽西区域中心城市研究

刘　洋　张丽凤　李　昕　刘岩峰　白云飞　著

东北大学出版社
·沈　阳·

ⓒ 刘 洋 等 2021

图书在版编目（CIP）数据

锦州建设辽西区域中心城市研究 / 刘洋等著. — 沈阳：东北大学出版社，2021.9
ISBN 978-7-5517-2755-6

Ⅰ. ①锦… Ⅱ. ①刘… Ⅲ. ①城市建设—研究—锦州 Ⅳ. ①F299.231.3

中国版本图书馆 CIP 数据核字（2021）第 178414 号

出 版 者：东北大学出版社
　　　　　地　址：沈阳市和平区文化路三号巷 11 号
　　　　　邮　编：110819
　　　　　电　话：024-83680176（总编室）　83687331（营销部）
　　　　　传　真：024-83687332（总编室）　83680180（营销部）
　　　　　网　址：http://www.neupress.com
　　　　　E-mail：neuph@neupress.com
印 刷 者：辽宁一诺广告印务有限公司
发 行 者：东北大学出版社
幅面尺寸：170 mm×240 mm
印　　张：16
字　　数：287千字
出版时间：2021年9月第1版
印刷时间：2021年9月第1次印刷
策划编辑：石玉玲
责任编辑：李　佳
责任校对：刘　泉
封面设计：潘正一

ISBN 978-7-5517-2755-6　　　　　　　　　　　　　　定　价：80.00元

自 序

服务地方经济建设是高校的重要职能之一,渤海大学科研工作者主动对接地方发展战略,积极履行服务社会使命,践行高校服务社会的责任担当,努力成为地方重大决策的思想库、智囊团,成为经济社会发展的服务者、文化建设的引领者,在推进锦州建设辽西区域中心城市、服务地方经济发展中发挥着积极作用。

锦州市正处于经济社会发展的重要时期,面对百年未有之大变局,面临新冠肺炎疫情和国内经济社会深刻转型的挑战,从锦州自身发展来看,建设辽西区域中心城市,不仅是振兴锦州老工业基地、全面建成小康社会的需要,更是实现锦州长远战略发展的需要。锦州只有从作为辽西经济区域中心城市的战略定位出发,深化市情认识,立足比较优势,坚持问题导向,才能不断创新发展思路,明确发展目标,提出有效措施,促进锦州地方经济高质量发展,真正成为辽宁省经济发展的重要增长极。

关于锦州建设辽西区域中心城市问题的研究,在学术领域和科研工作中已有一定的基础,但是全面系统地研究锦州建设辽西区域中心城市的著作较少。渤海大学课题组从辽西五市基础现状的具体数据分析,到宏观的环境分析;从省内外与锦州相似、相关城市的对比,到锦州建设区域中心城市的评价体系分析;从锦州建设辽西区域中心城市的战略目标定位,到建设锦州辽西经济增长辐射中心、物流枢纽中心、商贸中心、多元工业中心、金融发展中心以及文化卫生融合传承中心等具体对策,力求研究思路清晰、层次分明、逻辑性强,提出的建设措施具有针对性和实效性。

锦州这座城市无论是从历史地位上看,还是从地理区位上看,都具有建设辽西区域中心城市得天独厚的优势,发展前景广阔。然而,根据目前实际发展的情况看，锦州在城市建设方面还有需要进一步完善的地方。所以，锦州迫切需要更多的全面系统的区域中心城市建设的研究，以引导和促进锦州持续、健康发展。渤海大学课题组也会将该课题深入研究下去，把论文写在锦州大地上，为把锦州建设成辽西区域中心城市，实现锦州的跨越式高质量发展提供更多、更好的可行性建议。

  本课题在研究过程中，得到了原任辽宁省人大常委会委员，法制委员会副主任委员，省政府研究室党组书记、主任；现任辽宁省政府参事的乔军老师的悉心指导。在此表示感谢。也希望得到社会各界有识之士的继续关注与支持。

著 者

2021年4月

前言

与辽宁省其他经济区相比，近年来，辽西地区经济社会发展相对滞后。究其原因，主要是辽西地区还没有形成本地区的中心城市，这既对辽西地区的经济与社会发展和满足人民物质文化生活水平的需要极其不利，也对扩大辽西地区的社会知名度与影响力非常不利。因此，打造辽西区域中心城市是刻不容缓的任务。

从辽宁省经济社会发展的要求上看，辽西区域应建设一个中心城市，而锦州具备了诸多建设区域中心城市的基础和优势。从古至今，锦州就因重要的地理位置而著名。战国时期开始，锦州就是辽西地区的政治、军事、商贸重镇，是区域政治、经济、文化中心。20世纪60年代，锦州被国务院命名为"大庆式"新兴工业城市，生产出包括第一支半导体晶体管、第一块石英玻璃在内的二十余项新中国"第一"的产品。锦州在历史上扮演过区域中心城市的角色，历史上的辉煌也造就了其在商贸、物流、医药卫生、科技教育等方面的区域中心地位。锦州经过多年的沉淀和发展，现已在区位交通、政治文化、商贸、物流、科教医疗、居住环境等领域形成诸多比较优势，为其进一步提升中心城市战略定位奠定了坚实的基础。

辽西地区作为连接京津冀与东北地区的关键节点，在东北振兴战略和京津冀协同发展战略下，将会迎来新的经济发展空间。锦州市作为辽宁沿海经济带的主要出海口，是环渤海的重要组成部分，也必将在辽宁省对外开放中发挥更重要的作用。面对东北振兴战略的全新实践格局，从历史、现实及未来的多重时空交叉上思考，把锦州建设成为辽西区域中心城市是锦州的基本战略定位。

一个城市能否成为区域性中心城市，不仅取决于这座城市的历史和现实条件，更与其在区域内生产、服务、金融和流通等诸多经济与社会活动中所发挥的集聚辐射作用有关，所以，发挥锦州在区域经济中的辐射带动作用至关重要。"十四五"时期是锦州大有可为的战略机遇期，我们应认真贯彻习近平新时代中国特色社会主义思想和党的十九大精神，深入落实党中央关于东北振兴的一系列战略部署，抓住机遇，迎接挑战，力争在"十四五"时期把锦州市建设成为辽西区域中心城市和美丽宜居充满活力的现代化港口城市。

本著作以锦州建设辽西区域中心城市为研究内容，主要分三篇，第一篇为现状篇，对锦州建设辽西区域中心城市的必要性、面临的宏观形势、基础、优劣势、机遇及挑战进行了具体的分析。第二篇为评价与定位篇，主要包括国内相似城市的比较分析、区域中心城市的评价指标体系建立与评价和锦州建设辽西区域中心城市的战略定位与目标分析。第三篇为对策篇，论述如何把锦州打造成辽西经济增长辐射中心、物流枢纽中心、商贸中心、多元工业中心、金融发展中心、文化卫生融合传承中心。希望本著作能为锦州建设辽西区域中心城市、促进锦州区域经济高质量发展提供可行的建议。本著作引用和借鉴了大量的珍贵文献和学术观点，在此对各位专家、学者一并表示诚挚的谢忱。

著 者
2021年6月

目 录

第一篇 现状篇

第一章 锦州建设辽西区域中心城市的必要性和宏观形势分析 ……2
 一、锦州建设辽西区域中心城市的必要性 ……2
 二、锦州建设辽西区域中心城市面临的宏观形势分析 ……4

第二章 锦州建设辽西区域中心城市的基础和优劣势分析 ……8
 一、辽西区域基础分析 ……8
 二、锦州建设辽西区域中心城市的优势分析 ……68
 三、锦州建设辽西区域中心城市的劣势分析 ……83

第三章 锦州建设辽西区域中心城市的机遇和挑战分析 ……87
 一、锦州建设辽西区域中心城市的机遇分析 ……87
 二、锦州建设辽西区域中心城市的挑战分析 ……89

第二篇 评价与定位篇

第四章 国内相似城市的比较分析 ……94
 一、城市简介 ……94
 二、国内相似城市的比较分析 ……96

三、国内相似城市的发展经验与启示 ·················124

第五章 区域中心城市的评价体系分析 ·················130
 一、区域中心城市评价指标体系设计 ·················130
 二、锦州建设辽西区域中心城市的能力指标分析 ·················133
 三、区域中心城市的建设能力评价分析 ·················137
 四、辽西区域中心城市的建设综合指标评价排名
  （2014—2019年） ·················149

第六章 锦州建设辽西区域中心城市的战略定位和发展目标 ·················158
 一、指导思想与战略定位 ·················158
 二、发展原则 ·················160
 三、发展目标 ·················161

第三篇　对策篇

第七章 对接京津冀，打造辽西经济增长辐射中心 ·················166
 一、辽西经济增长辐射中心的功能定位 ·················166
 二、辽西经济增长辐射中心的战略布局 ·················168
 三、锦州打造辽西经济增长辐射中心的对策措施 ·················170

第八章 打造辽西物流中心，建设港口型国家物流枢纽城市 ·················178
 一、辽西物流中心的功能定位 ·················178
 二、辽西物流中心的战略布局 ·················181
 三、锦州市建设物流中心和国家物流枢纽城市的对策措施 ·················183

第九章 全力打造辽西商贸中心 ·················193
 一、辽西商贸中心的功能定位 ·················193
 二、辽西商贸中心的战略布局 ·················194
 三、锦州打造辽西商贸中心的对策措施 ·················194

第十章　积极建设多元化工业中心 ····················· 198
一、辽西多元化工业中心的功能定位 ··············· 198
二、辽西多元化工业中心的战略布局 ··············· 199
三、锦州建设辽西多元化工业中心的对策措施 ········· 202

第十一章　争取打造辽西金融中心 ···················· 207
一、辽西金融中心的功能定位 ····················· 207
二、辽西金融中心的战略布局 ····················· 207
三、锦州建设辽西金融中心的对策措施 ············· 208

第十二章　发挥锦州地区高校资源优势，打造文化卫生融合传承中心 ··· 212
一、辽西文化卫生融合传承中心的功能定位 ········· 212
二、辽西文化卫生融合传承中心的战略布局 ········· 213
三、锦州建设文化卫生融合传承中心的对策措施 ····· 215

第十三章　锦州建设辽西区域中心城市的保障机制 ········ 219
一、组织保障 ································ 219
二、要素保障 ································ 219
三、营商环境保障 ···························· 220
四、政策保障 ································ 221
五、体制保障 ································ 222
六、人才保障 ································ 222

参考文献 ·· 224

第一篇 现状篇

第一章 锦州建设辽西区域中心城市的必要性和宏观形势分析

从历史、时代及发展的多重角度分析,把锦州建设成为辽西经济区中心城市是非常必要的。"十四五"时期是我国经济社会发展的重要历史"窗口期",是由全面建成小康社会向基本实现社会主义现代化迈进的关键时期,既面临着百年未有之大变局的冲击,也面临着国内经济社会深刻转型的挑战。辽西地区是辽宁省发展战略格局中非常重要的组成部分,锦州建设辽西区域中心城市,将对促进辽西地区快速发展和辽宁省经济高质量发展产生重要的影响。

一、锦州建设辽西区域中心城市的必要性

(一)锦州建设辽西区域中心城市是历史的呼唤

追溯历史,锦州从战国时期开始就是辽西地区的政治、军事、商贸重镇,是区域政治经济文化中心。公元911—926年,辽太祖耶律阿保机"以汉俘建锦州",便有了"锦州"之名。1948年10月锦州解放后,属热河省管辖。1949年1月成立辽西省,省政府驻锦州市。1954年8月,辽东、辽西省合并为辽宁省,锦州市为省辖市,1955—1958年设立锦州专区,辖现今的锦州、葫芦岛、阜新、朝阳全境。1968年专区撤销后实行市领导县的体制至今。

从建城以来,经过2000多年的历史演进,锦州已同盘锦、阜新、朝阳、葫芦岛等城市逐渐形成融自然地理、政治、经济功能为一体的区域单元,已在区位交通、政治文化、商贸物流、科教医疗、居住环境等领域形成诸多比较优势,为其进一步提升中心城市战略定位奠定了坚实基础。所以,从锦州的历史发展进程中可以看出,锦州建设辽西区域中心城市是历史的必然。

（二）锦州建设辽西区域中心城市是时代的要求

加快城市化、现代化进程是时代发展的必需，是不可抗拒的历史潮流，更是锦州"十四五"时期的战略目标。千年历史和厚重文化积淀使锦州已经具备建设辽西区域中心城市的条件，但是如果不能加快发展步伐，锦州就会失去时代赋予我们的发展机遇。

随着"辽宁沿海经济带"上升为国家战略及锦州经济技术开发区上升为国家级开发区，以锦州湾为核心的辽西沿海经济区成为辽宁省开发开放重要区域，作为"五点一线"中的重要一点，锦州引领辽西地区和蒙东腹地开启了从"面朝黄土"向"拥抱海洋"转变的新时代。所以，锦州要将"面向大海"的新思维全面融入未来城市建设和区域经济发展中去，成为城市建设、经济发展的统领文化，使锦州这座古老而文明的城市充分体现出鲜明的时代特征。

（三）锦州建设辽西区域中心城市是发展的必需

与辽宁省其他经济区相比，近年来辽西地区经济、社会发展相对滞后，究其原因主要是辽西地区还没有形成该地区的中心城市，这对辽西地区的经济与社会发展和满足人民物质文化生活水平的需要是极其不利的，对扩大辽西地区的社会知名度与影响力也是不利的。因此，打造辽西区域中心城市是刻不容缓的任务。

从经济发展和现实分析看，锦州具备了诸多建设区域中心城市的基础和优势，其辐射范围不仅包括辽西地区，还包括内蒙古东部甚至东北其他地区。近年来，锦州作为辽西区域重点城市作用不断增强，沿海、县域、城区三大板块协调发展。滨海新区临港产业、松山新区科技创新发展步伐加快。黑山被纳入国家级新型城镇化试点县，北镇市沟帮子被评为国家特色小镇，凌海市被列入国家农业绿色发展先行区。庞河、大有、七里河、汤河子等开发区成为县域经济增长极和示范区。中央大街十里商街服务业集聚区亮点突出。可以说，锦州成为辽西区域中心城市具有天时、地利的条件，是发展的必需。

（四）锦州建设辽西区域中心城市是人民的期盼

在早些年省、市领导就已经多次提及过锦州作为辽西区域中心城市定位问题。2005年，时任锦州市市委书记佟志武在《抢抓双重机遇积极推进辽西沿海城市群一体化》一文中提出："锦州既是辽西地区的中心城市，也是辽西沿海城市群的中心城市"。锦州在"十一五规划"中已经明确提出"十一五"乃至更长的一段历史时期，锦州发展的战略定位为：辽宁西部沿海经济区中心城市。2007年1月23日在辽宁省第十届人民代表大会第五次会议上，时任辽宁省省长的张文岳同志参加锦州代表团的讨论时提出，要进一步确定锦州在辽西地区所处的中心城市地位。其他领导人讲话中也多次提到锦州为辽西区域中心城市。2004年6月8日，辽宁省副省长张万才来锦州进行调研时，提出锦州作为辽西区域中心城市的地位是不可取代的。2009年1月6日，锦州市市长王文权在锦州市第十四届人民代表大会上做的《2008年锦州市政府工作报告》中提出："为加速辽西沿海经济区中心城市建设而努力奋斗"等。

锦州在辽西经济与社会发展中起带动作用与引领作用，因此锦州建设辽西区域中心城市的战略定位不仅得到了辽宁省省市领导的认可，更是锦州乃至辽宁人民的期盼。锦州加快建设辽西区域中心城市和美丽宜居、充满活力的现代化港口城市，实现新时代锦州全面振兴，这既是指导锦州市经济社会发展的宏伟蓝图，又是引领锦州市人民共同奋斗的行动纲领。

二、锦州建设辽西区域中心城市面临的宏观形势分析

（一）世界经济贸易态势

1.全球经济形势

在新冠肺炎疫情影响下，现阶段全球经济增长面临多重挑战，全球经济格局和公共卫生格局发生了前所未有的新变化，全球经济形势逆转，由"同步复苏"转向"同步减速"，经贸摩擦不断，保护主义抬头，为经济全球化带来了更多的风险和挑战。

2019年全球的经济增长由于受到多种因素的影响，继续了经济下滑的态势，主要发达国家和多数新兴经济体均出现经济增长乏力迹象，制造业尤显低迷，国际货币基金组织多次调低了预期的世界经济增长率。主要经济体之间贸易争端频发，贸易保护倾向日趋加强，严重影响了国际贸易的正常发展及对各国经济的拉动作用，加重了投资者的观望心态，加剧了市场悲观情

绪。受全球经济增长放缓影响，石油等能源价格趋于下跌，黄金价格不断创下新高。全球黄金储备大幅增长，反映出各国央行"去美元化"和"资产避险"的双重需求。

2020年，全球经济受新冠肺炎疫情影响大幅下滑。联合国贸易和发展会议估计，2020年全球国内生产总值（GDP）减少2万亿美元，其中除中国之外的发展中国家将损失2200亿美元，石油和其他大宗商品出口国所受影响最为严重，其他与最初受影响经济体有密切贸易往来的国家也成为"重灾区"，美国、欧盟等发达经济体2020年经济增长率达-9%~-8%。新兴经济体如印度和巴西，也陷入了极度困难的局面，经济衰退程度可能会超过发达国家。尽管美欧等发达经济体采取了"超宽松"的货币政策及财政政策，其程度甚至超过2008年国际金融危机时期，但这些非常规的经济政策只能在短期内避免市场崩溃，难以支撑中长期的经济复苏。世界经济发展下滑和不确定性给中国经济带来了重重压力和挑战。

随着世界贸易中心向亚太转移，全球物流市场的中心正在由美洲和欧洲向中国、印度等亚太国家转移，中国成为备受关注的新兴市场，正在逐渐成为亚太乃至全球中心。东北亚成为世界上经济发展最迅速的区域之一，该区域的生产总值之和占到全球经济总量的20%。近年来，随着经济全球化进程的加快，区域性经济合作日趋加强，东北亚地区在全球经济发展中的地位和作用也越来越重要。

中日韩三国的合作已经进入了一个新的历史时期，需要根据新的形势变化，打造面向未来的新型合作关系。2018年，中日韩三国领导人在发表的联合宣言中提出来拓展合作，以中日韩合作为核心，促进东北亚地区的经济合作，构建更大的区域框架。一大批国际知名企业的新资本向中国聚集、新技术向中国转移、新模式向中国推广，日益促进了中国在全球供应链战略地位的提升。"十四五"期间，从国家战略和全局角度，在"一带一路"框架下，锦州将成为东北亚区域陆海内外联动、辽西区域协调发展的关键节点。

2.中国经济形势

在世界经济发展不断下滑和不确定性的情况下，中国经济也将面临很多压力和挑战。随着世界贸易中心向亚太地区转移，中国和印度的GDP增长在世界经济发展中占据了较大的比例。2019年，中国对世界经济增长贡献率达30%左右，持续成为推动世界经济增长的主要动力源。从国内看，中国政府加大逆周期调节、积极实施高质量发展政策，国民经济总体保持在合理区间,但经济增速逐渐放缓、下行压力持续增大。

受疫情影响,我国传统的出口市场将受到很大的影响。为应对当前国际格局,党的十九届五中全会强调,加快构建以国内大循环为主体、国内国际双循环相互促进的新发展格局。国内循环一方面要提高低收入人群的技能与收入,增加中国内部市场的消费能力,减少中国经济对外部市场的依赖;另一方面,要健全中国的自主产业链,重视培养自主的产业生态,防止因受制于人而陷入被动。近年来,中国越来越重视科技发展和产业链升级,在5G通信、智能制造、新能源汽车等领域出台了一系列政策。正如习近平总书记于2020年10月16日在中央政治局第二十四次集体学习时强调指出:"当今世界正经历百年未有之大变局,科技创新是其中一个关键变量。我们要于危机中育先机、于变局中开新局,必须向科技创新要答案。"在美欧等发达国家对中国的发展更加警惕、对向中国输出的技术管制更加严苛的背景下,中国只能依靠自己的技术创新来实现科技发展目标,第十四个五年规划将成为测试中国技术自主创新能力的试金石。实现新形势下的外循环也是中国下一步发展的重要环节。未来,中国不仅要在全球产业链中继续保持重要地位,还要进一步向全球产业链的上游攀升。新时期的外循环既要考虑中国市场如何高质量地将美欧日等发达国家企业"引进来",也要考虑中国企业如何更好地"走出去"。

（二）东北振兴与辽西区域经济发展

1. 东北振兴

东北地区是面向东北亚开放的桥头堡和重要枢纽,东北老工业基地曾是新中国工业的摇篮,在建设我国完整的工业体系和健全的国民经济体系中起了重要的作用,为我国的改革开放和社会主义现代化建设做出了巨大的贡献。但在20世纪90年代以来,由于体制性和结构性矛盾突出,加之资源、人才等多种因素的影响,东北老工业基地的经济发展速度相对缓慢,与东南沿海发达地区的差距日益加大。为促进东北地区的经济发展,国家提出了东北振兴战略。

东北振兴战略是着眼于实现全面建成小康社会目标全局的一项重大举措,是中央继建设沿海经济特区、开发浦东新区和实施西部大开发战略之后,加快区域经济协调发展的又一项重大战略决策。随着东北振兴战略的持续推进,产业结构的转型发展,更深更广地融入"一带一路"倡议中,区域经济总量会有一个适度的增长，这为辽宁省经济发展奠定了坚实基础。随着东北区域内合作的加强，为承接京津冀、长江经济带产业转移提供了广阔空间。辽宁省地处东北亚经济区的中心，辽宁省实施供给侧结构性改革，转变经济增长方式，产业结构升级转型，为提升地区综合竞争力提供了坚实的基础。

2.辽西区域经济发展

辽西地区位于辽宁的西部，与河北、内蒙古接壤，广义上包括锦州、葫芦岛、盘锦、阜新及朝阳五个城市群，是连接中国东北和华北的交通要道和枢纽，也是辽宁省战略格局中的重要组成部分，其经济发展水平和社会进步程度直接影响着东北振兴。辽西地区与辽东、辽南、辽中地区相比，发展相对滞后，一方面，体现在其工业经济增长速度缓慢甚至倒退；另一方面，也体现在因资源枯竭而被迫转型带来的诸多经济和社会问题。

辽西地区具有独特的地理位置和丰富的资源等优势，在东北振兴战略和京津冀协同发展战略下，辽西地区充满着发展的生机。作为连接京津冀与东北地区的关键节点，辽西地区将会迎来新的经济发展空间。锦州市作为辽宁沿海经济带的主要出海口，是环渤海的重要组成部分，也必将在辽宁省对外开放中发挥更重要的作用。

第二章 锦州建设辽西区域中心城市的基础和优劣势分析

锦州市位于"辽西走廊"区域地理中心，是环渤海经济圈、东北亚经济圈的交汇点，连接东北内陆与渤海的黄金走廊，锦州市是连接"京津冀"与东北三省的重要交通枢纽。自中华人民共和国成立以来，是中国重工业发展的主力阵地之一。但随着资源枯竭、设备老化、产业结构单一等问题，辽宁省及锦州市进入了经济发展滞后的阶段。习近平总书记在党的十九大报告中强调，我国经济已由高速增长阶段转向高质量发展阶段，明确了辽宁经济的发展方向。从"拼消耗"到"重效益"，以深化改革激发市场活力，积极拓展国内、国际两个市场——老工业基地辽宁在迈向全面振兴、全方位振兴的道路上，摆脱旧有发展路径依赖，以供给侧结构性改革为主线，贯彻新发展理念，用"三大转变"撑起振兴新蓝图，一个有活力、重效益、可持续的发展模式正在形成。这也促使锦州通过聚焦高质量发展，积极引入大数据、云计算等新技术，在让当地逐渐摆脱传统产业结构"一柱擎天"的同时，推动了当地新旧动能转换，让越来越多的新兴产业实现了加速起航。因此，将锦州建设为辽西区域中心城市带动辽西区域整体发展已成为当前实现经济提升的有效途径。

一、辽西区域基础分析

（一）总量性分析

1.地区生产总值总体呈缓慢回升趋势

（1）辽西五市地区总产值

辽西五市自2015年以来，地区生产总值呈下降趋势，五市均值由2015

年的936.86亿元下降至2016年的763.41亿元，而于2017年开始呈逐渐上升趋势，至2019年止，为898.45亿元。其中，锦州、阜新、盘锦、朝阳、葫芦岛的地区生产总值在2015年时分别为1327.33亿元、525.54亿元、1256.54亿元、854.73亿元、720.17亿元，之后于2016年下降至1032.8亿元、407.8亿元、1012.5亿元、716.5亿元、647.4亿元，除锦州外，其他四市均呈现上升趋势（见图2.1）。2019年锦州生产总值为1073亿元，盘锦为1280.9亿元。

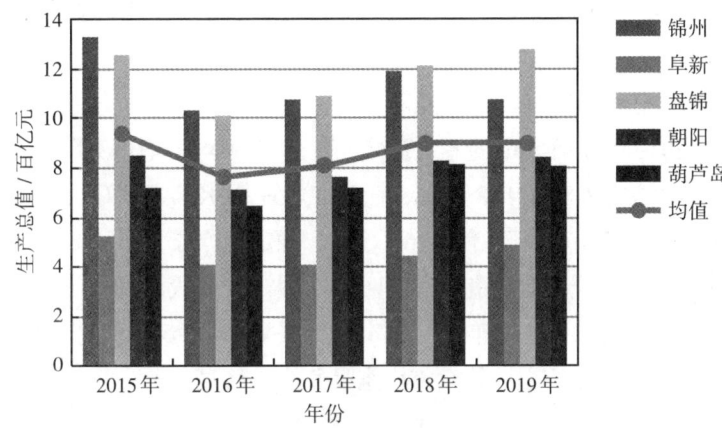

图2.1　地区生产总值

（2）辽西五市地区总产值增速

2015—2016年，辽西五市的地区生产总值增速均为负，而从2017年开始呈现正增长，其中葫芦岛、盘锦在此期间增速较快，2017年增速为11%和7.37%，锦州2019年增速为2.5%（见图2.2）。

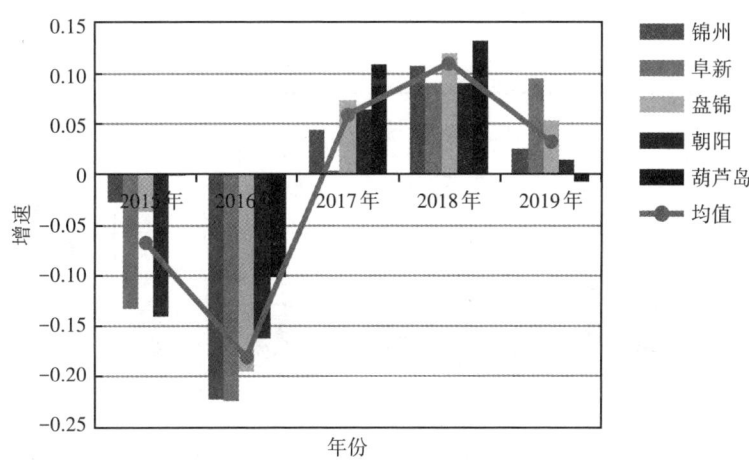

图2.2　辽西五市GDP增速百分比

辽宁省自2015年以来，地区生产总值总体呈负增长，且全国排名大幅度下滑，而作为辽宁重要城市之一的锦州也难以逃脱这一窘境。中国社会科学院经济研究所研究员袁钢明表示，辽宁过去存在的靠政府大量投资造成的后续问题显露，从而进一步导致投资产能过剩。这种靠国家投资重工业的增长，回报率较低，因此这种增长也是不可持续的。辽西地区，尤其是锦州作为辽宁重工业成员之一，同样存在着投资产能过剩、产业结构失调等一系列问题，这也导致了锦州地区生产总值的下降。但从2017年开始增速逐步回升。

2.固定资产投资降幅收窄

（1）辽西五市累计固定资产投资

2015—2019年辽西五市的累计固定资产投资额均值呈现下降趋势，2015年辽西五市的均值为5327148万元，而于2016—2018年下降至3000000万元左右，于2019年又小幅升至3115266万元。固定资产投资方面，盘锦始终处于辽西五市的首位，锦州紧随其后，两市的固定资产投资均高于辽西五市的均值（见图2.3）。锦州2019年累计固定资产投资增速较高的行业主要集中于公共管理和社会组织、居民服务和其他服务业，信息传输、计算机服务和软件业，卫生、社会保障和社会福利业，教育行业；阜新2019年累计固定资产投资增速排名前五的为科学研究、技术服务和地质勘查业，租赁和商业服务业，文化、体育和娱乐业，采矿业，卫生、社会保障和社会福利业；盘锦2019年固定资产投资增速排名前五的行业为信息传输、计算机服务和软件业，电力、燃气及水的生产和供应业，租赁和商务服务业，卫生、社会保障和社会福利业，农林牧渔业；朝阳2019年固定资产投资增速排名前五的行业为信息传输、计算机服务和软件业，批发和零售业，科学研究、技术服务

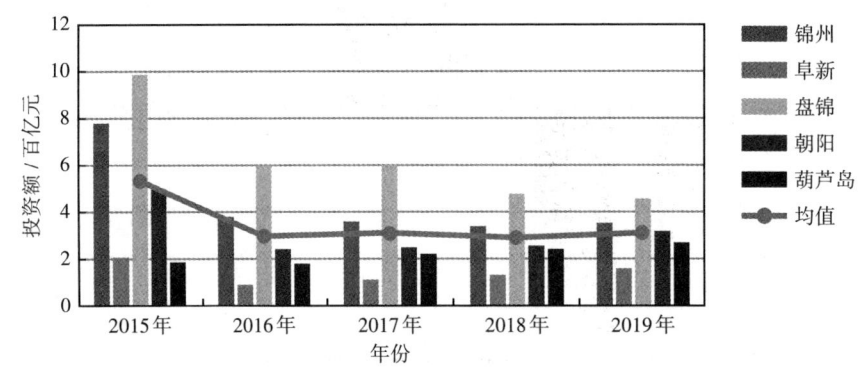

图2.3 固定资产投资额

和地质勘查业，文化、体育和娱乐业，租赁和商务服务业；葫芦岛2019年固定资产投资增速排名前五的行业为教育，租赁和商务服务业，采矿业，房地产业，信息传输、计算机服务和软件业。

总体来看，辽西五市累计固定资产投资增速在2015—2016年呈负增长趋势，于2017年起，逐渐回升，但锦州累计固定资产投资额于2019年增加，但增速较低，仅为5%左右，阜新、朝阳增速较高，均超过20%（见图2.4）。

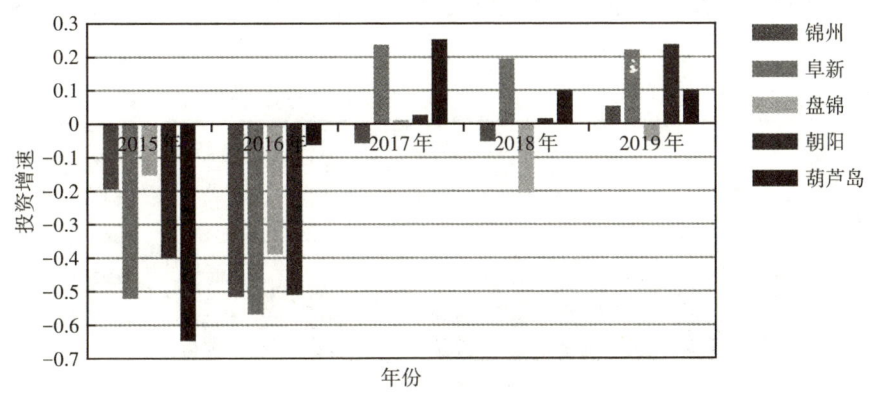

图2.4　固定资产投资增速

（2）辽西五市500万元以上建设项目数

辽西五市500万元以上建设项目数于2015—2016年呈现大幅下滑趋势后，逐渐稳定。其中，锦州在2015年500万元以上建设项目为919个，2016年降为563个，减少了近40%，随后波动幅度较小，建设项目数基本在580个左右变化，且呈缓步回升态势（见图2.5）。

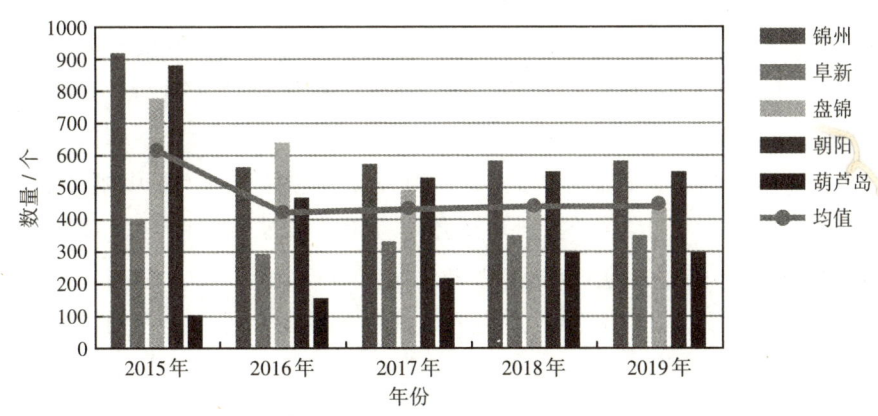

图2.5　500万元以上建设项目数

（3）房地产开发投资

房地产开发投资在由 2015 年的五市均值的 1727987 万元，逐渐下降到 2019 年的 803076 万元（见图 2.6）。其中，锦州在 2016—2018 年的房地产投资均高于辽西五市均值，2019 年基本与均值持平，为 787368 万元；阜新、朝阳的房地产开发投资则均低于辽西五市均值；葫芦岛的房地产开发投资始终高于五市均值，且在 2019 年中，在其他四市的房地产开发投资均低于往年的情况下，葫芦岛的房地产开发投资仍远高于五市均值，为 1402322 万元。

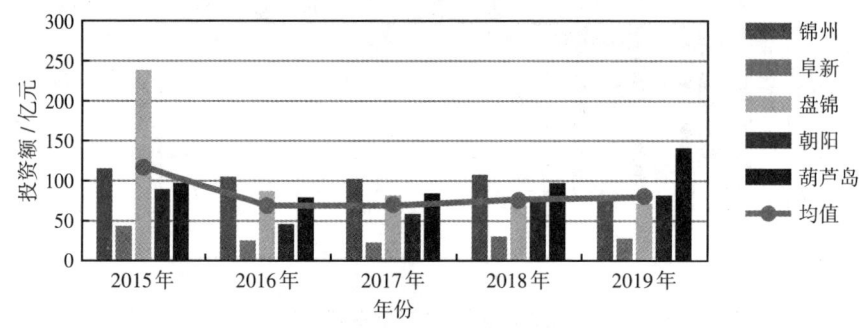

图 2.6　房地产开发投资

3.工业品品种繁多、部分工业品产量逐步提升

辽西五市工业品主要包括原煤、纱、布、机制纸和纸板、啤酒、生铁、钢、铁合金、水泥等工业品。其中，啤酒产量五年间较为稳定。

锦州的主要工业产品为原油加工、水泥、啤酒、原煤、钢、铁合金、成品钢材和化学纤维。原油加工为锦州的主要工业产品之一，五年间产量呈上升趋势，平均产量为 613 万吨，2019 年间达到 623.3 万吨；原煤产量从 2017 年开始，呈现大幅度上升，截至 2019 年达到 110 万吨左右；啤酒产量整体较为平稳，五年产量均值 13500 万吨；水泥产量总体呈现逐年下降趋势，但在 2019 年有所回升，达到 153.7 万吨。铁合金自 2015 年后产量大幅度下降，随后逐渐回升，于 2019 年达到 41.6 万吨；钢、成品钢材的产量自 2015—2019 年呈现上升趋势，且分别达到 40 万吨左右；化纤产品产量相对以上几种工业品而言较低，只有 14 万吨左右。2019 年起锦州的轮胎外胎生产达到了 264.5 万条（见图 2.7）。

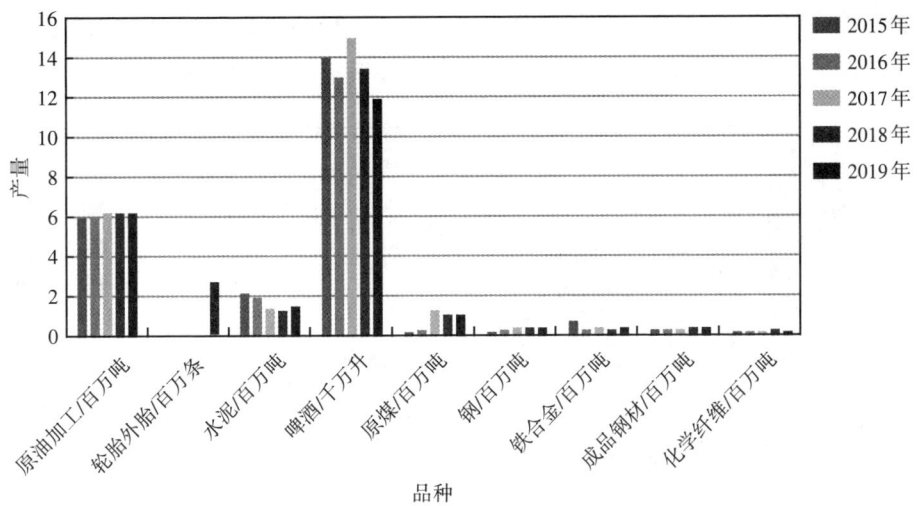

图2.7 锦州工业品品种及产量

阜新的主要工业产品为毛线，2015—2019年毛线产品产量呈持续下滑趋势，从2015年的3640吨下降至2019年的832.1吨，下降幅度超过75%；水泥除2016年产量较高，为215.4万吨，其他均超过200万吨，且2017年开始呈下降趋势，至98.8万吨；阜新另一主要工业品为原煤，2015—2016年大幅度下滑，之后虽然仍呈下降趋势，但降速减缓，至2019年达到163.8万吨。啤酒产量也呈下降趋势，但总体下降幅度较小（见图2.8）。

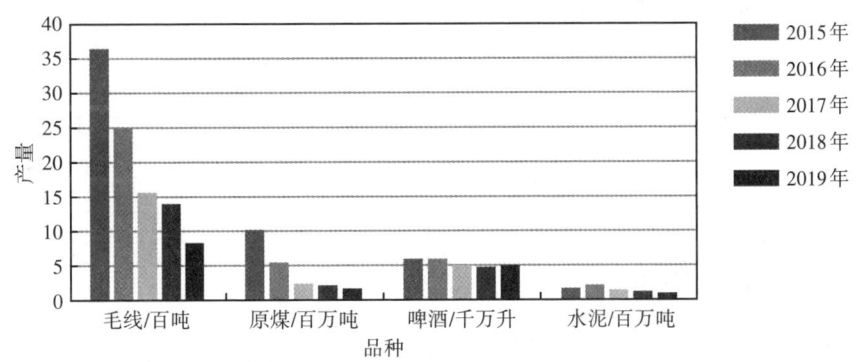

图2.8 阜新主要产品品种及产量

盘锦的主要工业产品为原油和天然气，原油产量整体较为稳定，年均产量为1000万吨左右，天然气产量呈逐年缓慢上升趋势，仅2016年和2017年两年低于年产量5000万立方米，其他年份均超过5500万立方米，2019年达6000万立方米。啤酒产量呈逐年下降趋势，年均降速为9%左右。水泥、塑料和乙烯产量较为均衡，产量变化幅度不大。2015年和2016年化肥产量为十万吨以上，但之后几年产量大幅度下降，至2019年仅为1.3万吨（见图2.9）。

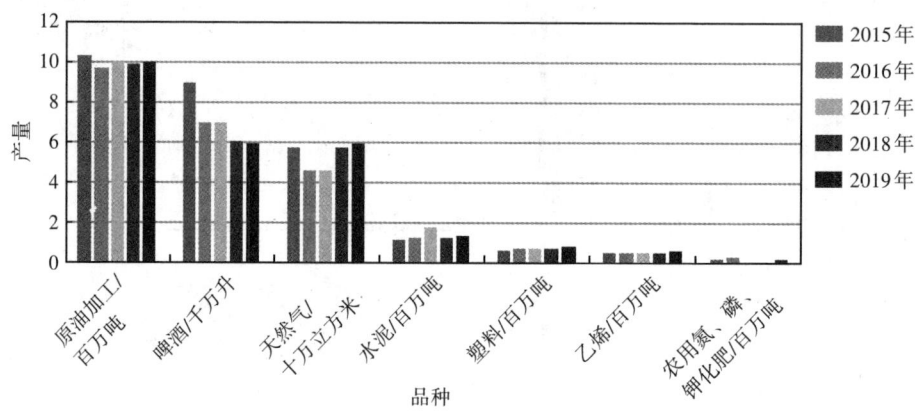

图2.9　盘锦主要工业产品品种及产量

朝阳的主要工业产品为成品钢材、钢、生铁和平板玻璃、水泥。其中水泥产量为五市中最高的，水泥产量变化有增有减，但整体变化幅度不大；成品钢材、钢、生铁的产量均呈逐年上升趋势，成品钢材和钢的产量增速平均为5%，至2019年均超过830万吨，生铁的产量增速平均为2.56%。平板玻璃为朝阳的另一主要工业产品，其产量除2016年有所下降，其他四年均超过了400万重量箱，其五年年均产量为475.1万重量箱，且从2017年起，产量高速增长，2019年达到583.8万重量箱。此外，啤酒、轮胎外胎也是朝阳的重要工业品，啤酒和轮胎外胎产量呈逐年下降趋势（见图2.10）。

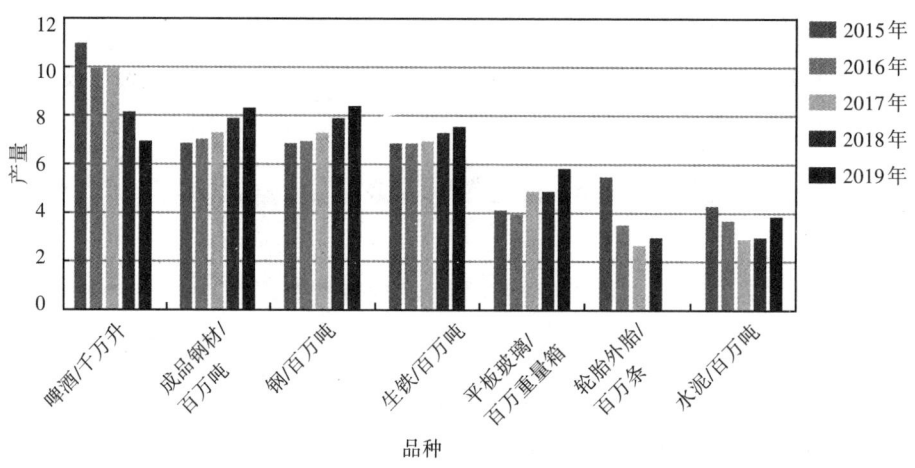

图2.10　朝阳主要工业品品种及产量

葫芦岛的主要工业品为原煤、水泥、硫酸、成品钢材、烧碱及化肥。烧碱、化肥产量远高于其他四市有此类工业品的产量，且此两种工业品产量波动幅度较小，五年年均产量分别为43.8万吨和28.4万吨，其中化肥主要为氮肥；水泥产量仅次于朝阳，在五市中排名第二，产量整体呈上升趋势，2019年产量增至218万吨。原煤产量逐年下降，降速均值为13%（见图2.11）。

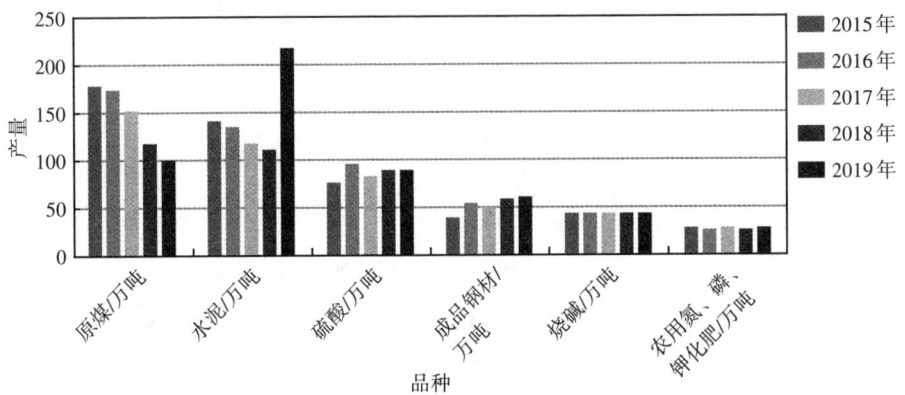

图2.11 葫芦岛主要工业品品种及产量

4.对外开放贸易合作整体呈上升趋势

（1）进出口贸易总额情况

辽西五市进出口总额整体呈上升趋势。辽西五市2015年进出口总额为125046万美元，2016年有小幅度下降，降至118445万美元，之后回升至2017年的127307万美元，2018年和2019年提速较快，升至166900万美元和176210万美元。其中锦州的进出口总额名列首位，2015年为242850万美元，2016年下降至200601万美元，后提升至2017年的243790万美元，到2018年已经至352636万美元，2019年小幅度下降至341495万美元。盘锦进出口总额名列第二，2015年数额较低，仅为89022万美元，2016年辽西五市中仅盘锦市进出口总额大幅度提升至215199万美元，之后回落至2017年的160612万美元，后持续上升，由2018年的255699万美元升至309383万美元。排名第三位的是葫芦岛，葫芦岛2015年的进出口总额为125046万美元，2016年下降至118445万美元，随后开始回升，2017年升至127307万美元，2018年已达166900万美元，2019年提升至176210万美元。阜新地区与朝阳地区的进出口总额较低，二者之和不及以上三所城市的10%（见图2.12）。

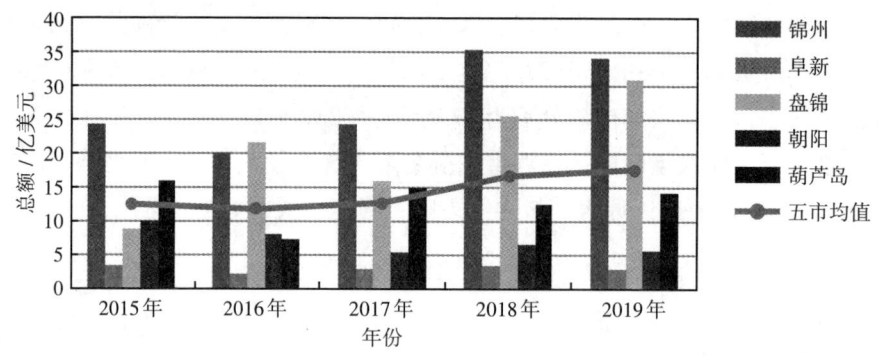

图 2.12　进出口总额

（2）进口总额情况

辽西五市进口额度呈缓慢上升态势。五市均值进口总额在 2015—2019 年间，分别为 47750 万美元、63986 万美元、71412 万美元、115951 万美元、123769 万美元，增速平均为 19.49%，2018 年出现了大幅度的上升，增速到达 62.37%。锦州地区在辽西五市五年的进口总额中排名第一，2015 年进口总额为 107200 万美元，2016 年出现回落，降至 97093 万美元，2017 年大幅度回升至 144334 万美元，2018 年进一步增至 266624 万美元，2019 年已达 2744603 万美元。盘锦的进口总额在五年间排名第二，2015 年较低，仅为 51683 万美元，2016 年增加近 3 倍，为 182218 万美元，2017 年回落至 128968 万美元，2018 年大幅度提升至 224633 万美元，到 2019 年已达 278636 万美元，超越锦州 2019 年的进口总额。锦州、盘锦的进口总额占据辽西五市的 80% 左右，阜新、朝阳、葫芦岛的进口总额不足辽西五市的 17%（见图 2.13）。

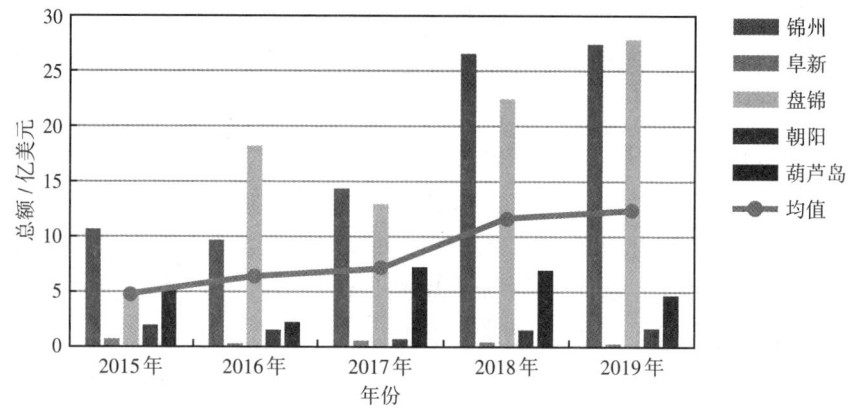

图 2.13　进口总额

(3) 出口总额情况

辽西五市的出口总额在2015—2016年呈现大幅下降趋势，之后趋于稳定。辽西五市出口总额2015年均值为77296万美元，2016年出现下滑，降至54459.8万美元，2017年小幅度回升至55895.06万美元，2018年又回落至50949.8万美元，2019年升至52441万美元。锦州在辽西五市的出口总额中排名第一，但2015—2019年，出口总额整体为下降趋势，2015年出口总额达135650万美元，后从2016—2019年分别降至103508万美元、99456万美元、86012万美元、66892万美元。葫芦岛出口总额排名第二，也呈现整体下降趋势，2015年为106206万美元，2016年大幅度下降为50640万美元，2017年有所回升至77301万美元，2018年再次下降至55838万美元，2019年回升至95917万美元，超越锦州。排名第三的为朝阳，2015—2019年的出口总额分别为80215万美元、64875万美元、47948万美元、50300万美元、40280万美元。阜新和盘锦的出口总额相对较少（见图2.14）。

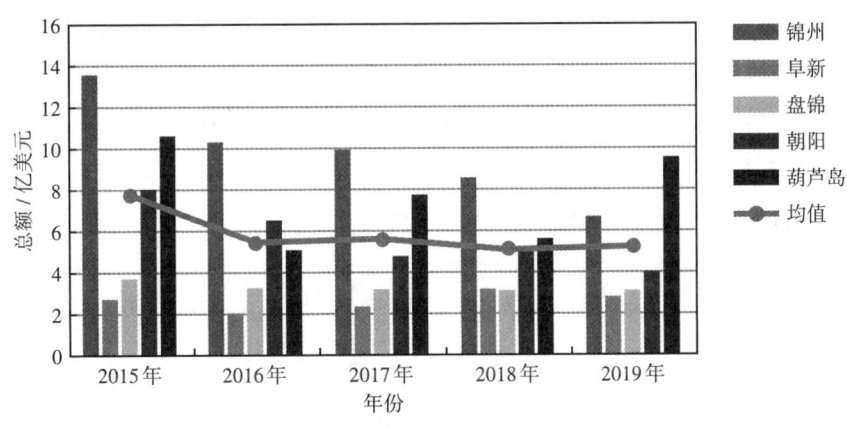

图2.14 出口总额

(4) 进出口差额情况

辽西五市的进出口差额整体为正，即进口总额大于出口总额，仅2015年进出口差额为负，额度为-29546万美元，其后四年均为正，分别是9526万美元、15517万美元、65001万美元、71328万美元，且差额逐年大幅度增加。造成进出口差额的主要因素为锦州和盘锦的进口额度远高于出口额度，且盘锦进出口差额排名第一，其次为锦州。锦州在2015年和2016年时，进口额小于出口额，但从2017年开始，出现大幅度的变化，进口额逐年大于出口额，且差额比例不断增大。朝阳、阜新、葫芦岛的进出口差额五年间始终为出口额大于进口额（见图2.15）。

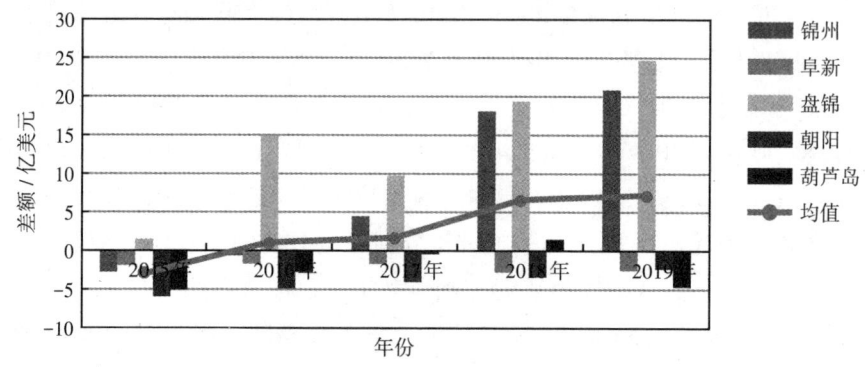

图2.15　进出口差额

5.规模以上工业增加值变化幅度较小

辽西五市规模以上工业增加值较为稳定，2015年辽西五市的规模以上工业增加值均值为2344578万元，2016年升至2694306万元，2017年下降至2525852万元，2018年提升至2966215万元，后又一次小幅下降至2879144万元。锦州2015—2019年的工业增加值分别为2343681万元、3021004万元、2888080万元、3223097万元、227922万元，2019年的工业增加值降速较快（见图2.16）。

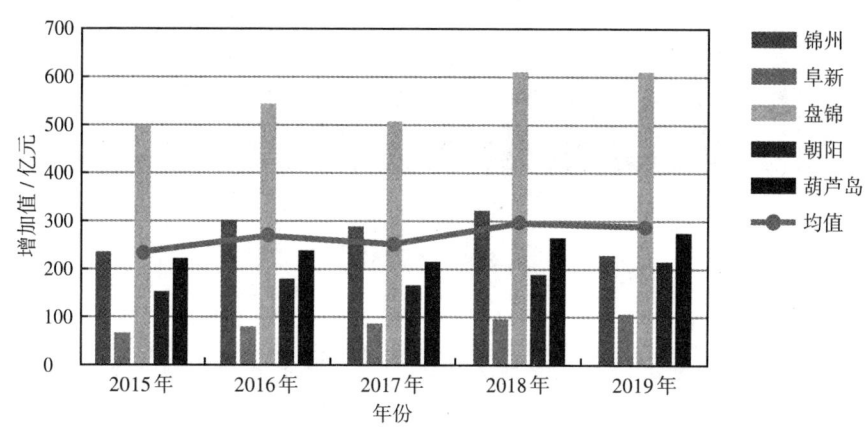

图2.16　规模以上工业增加值

6.社会消费品零售总额整体下降

社会消费品零售总额从2015—2018年呈缓慢上升趋势，五市均值在此期间分别为4165499万元、4371138万元、4539818万元、4693649万元，但2019年则发生了较大幅度的下滑，降至2931435万元。锦州社会消费品零售总额五年均值在辽西五市中排名第一,为5645732万元,但锦州在2015—2017年社会消费品零售总额小幅度上升,分别为5983736万元、6107005万元、6346281万元,从2018年起下滑至6313819万元,但仍排在辽西五市首位,然而,2019年发生大幅度下降,降至3477820.7万元,排名也下滑至第二。葫芦岛的社会消费品零售总额在五年间均值为4445080万元,仅次于锦州排名第二,其变化趋势与锦州相似,前四年逐渐上升,2019年发生大幅度下降,五年间的社会消费品零售总额分别为4351168万元、4713707万元、4979548万元、5130049万元、3050927.2万元。均值排名第三位的为盘锦,2015—2019年的社会消费品零售总额分别为3469981万元、3726915万元、3932545万元、4197858万元、3644703.6万元(见图2.17)。

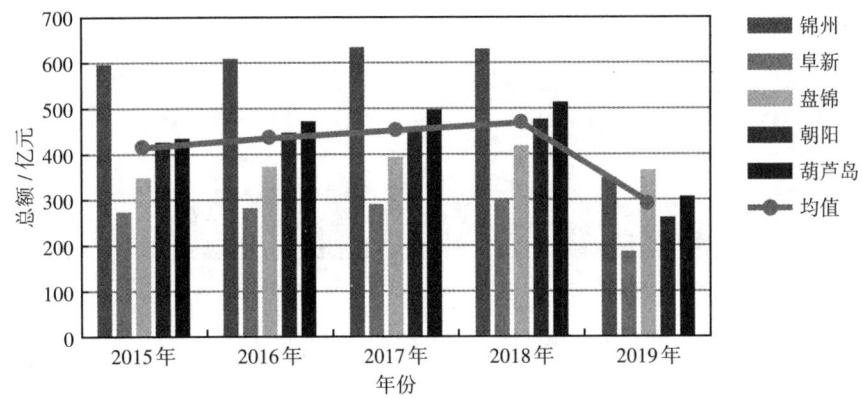

图2.17 社会消费品零售总额

其中,辽西五市的限额以上批发零售业商品销售总额呈上升趋势,2015—2019年均值分别为3114422万元、3089852万元、4107241万元、4460257万元、6064775万元,仅2017年小幅度下降外,其他年份均呈上升趋势,且2019年提升幅度大。盘锦的限额以上批发零售业商品销售总额在辽西五市中排名第一,且五年中持续上升,上升幅度较高,从2015—2019年分别为4932219万元、5578271万元、7613772万元、8600058万元、17664833万元。锦州排名第二,但与盘锦差距较高,仅为盘锦总量的一半以下,2015—2019年分别为3781509万元、2967085万元、4637641万元、4450149万元、4558906万元。朝阳、葫芦岛、阜新均排在后几位,其中葫芦岛的销售总额呈缓慢上升趋势时,阜新的销售总额呈显著下降趋势,朝阳在2015—2018年表现为上升走势,但在2019年下降至3563820万元(见图

2.18)。锦州是辽西地区物资集散地及商贸中心,近几十年来锦州批发零售业销售额始终居于辽西之首。虽然锦州交通发达,但并非所有物流业务都能一地独揽。且随着物流业和互联网经济的迅猛发展,网络直播带货、电子商务等新的零售模式的出现,锦州原有的部分优势逐渐被弱化。从地理位置上来看,盘锦处于辽宁省中间区域,周边有多条高速公路交汇,距沈阳桃仙国际机场仅150千米,同时基础设施成本较低,因此,成为各大快递公司的重要周转站,而快递渠道又是批发零售商品的主要流通渠道,这也在一定程度上促进了盘锦地区批发零售业的迅猛发展。

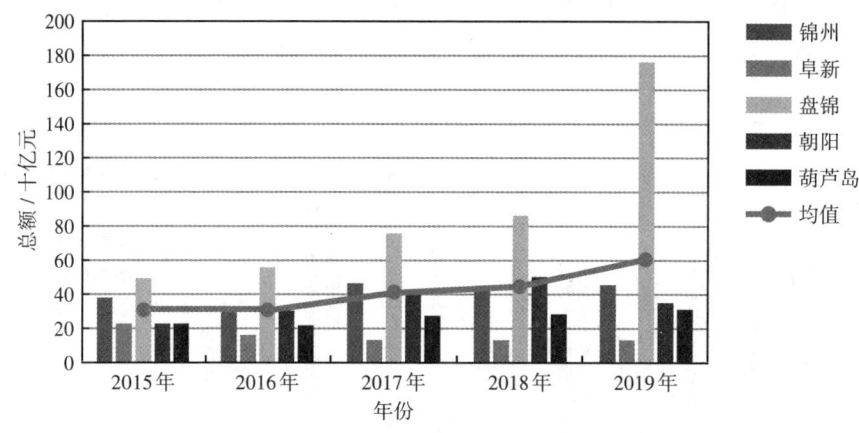

图2.18 限额以上批发零售业商品销售总额

辽西五市限额以上批发零售业企业数呈现"U"形变化,2015—2017年下降后持续上升。其中,锦州的限额以上批发零售业企业数在辽西五市中居于首位,从2015—2019年,分别为245个、206个、115个、200个、208个。盘锦次之,五年数值依次为216个、179个、101个、183个、170个。葫芦岛位列第三,五年数值依次为178个、178个、115个、183个、177个。整体表现为限额以上批发零售企业数量下降(见图2.19)。

7.农业品品种较多、产量整体下降

辽西五市的农产品品种繁多,包括粮食、油料、甜菜、蔬菜、肉类、奶类、羊绒羊毛、禽蛋和蜂蜜。其中,辽西五市粮食总产量较为稳定,整体有所提升,但提升幅度不高,2015—2019年年均产量分别为188.3万吨、203.6万吨、203.5万吨、185万吨、198.5万吨(见图2.20)。油类产量提升幅度较高,辽西五市2015年均值为50364吨,2016年升至111527吨,随后又小幅度回落,2017年为110841吨、2018年为105368吨,而2019年则产量回升至

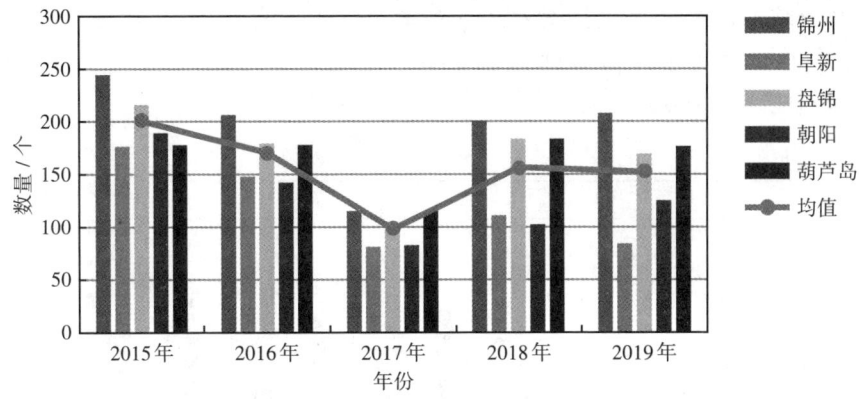

图 2.19 限额以上批发零售业企业数

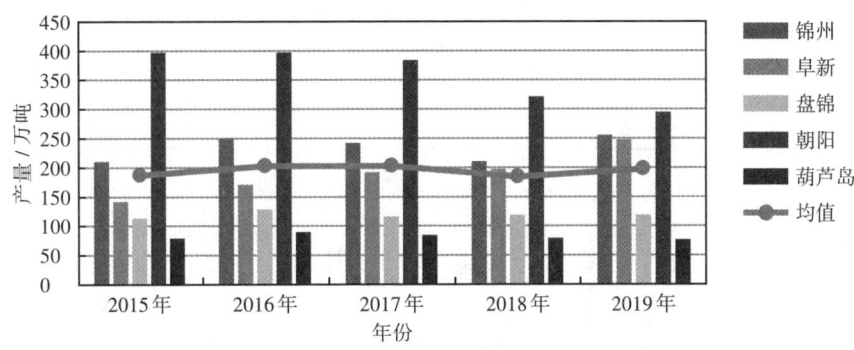

图 2.20 粮食总产量

136973 吨，主要为花生油类（见图 2.21）。甜菜总产量趋势表现为由升至降再升的变化，2015—2019 年五市的甜菜产量均值为 17365 吨、31339 吨、26747 吨、22723 吨、33587 吨，五市甜菜的主产区为锦州、盘锦和朝阳，阜新与葫芦岛产量较低（见图 2.22）。蔬菜产量从 2015—2019 年整体呈下降趋势，产量均值分别为 269 万吨、204 万吨、152 万吨、158 万吨、164 万吨（见图 2.23）。肉类产量呈显著的 "U" 形变化，2015 年至 2017 年肉类产量明显下降，五市的各年均值分别为 58.4 万吨、47.3 万吨、27.5 万吨，尤其在 2017 年下降幅度较高，2018 年开始回升至 53.8 万吨，至 2019 年达 54.2 万吨（见图 2.24）。奶类产量整体呈现下降趋势，2015—2019 年均值分别为 22.2 万吨、15.3 万吨、9.4 万吨、11.1 万吨、10 万吨（见图 2.25）。羊绒羊毛类产量呈下降趋势，2015—2019 年的均值分别为 2292.18 吨、1874.528 吨、1671.395 吨、1412.194 吨、911.0998 吨（见图 2.26）。禽蛋产量初期大幅度下降后趋于稳定，2015—2019 年均值分别为 38 万吨、15.31 万吨、15.61 万吨、

14.76万吨、14.63万吨（见图2.27）。蜂蜜产量初期提升较快，后变化较为稳定，2015—2019年均值分别为93.40吨、472.38吨、481.68吨、434.3吨、494.67吨（见图2.28）。

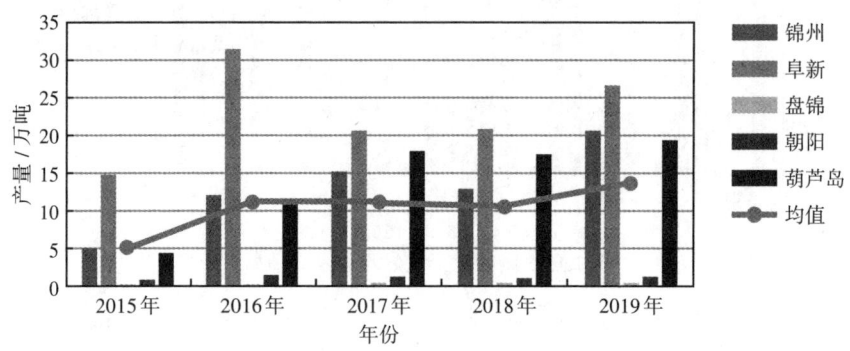

图2.21 油料总产量

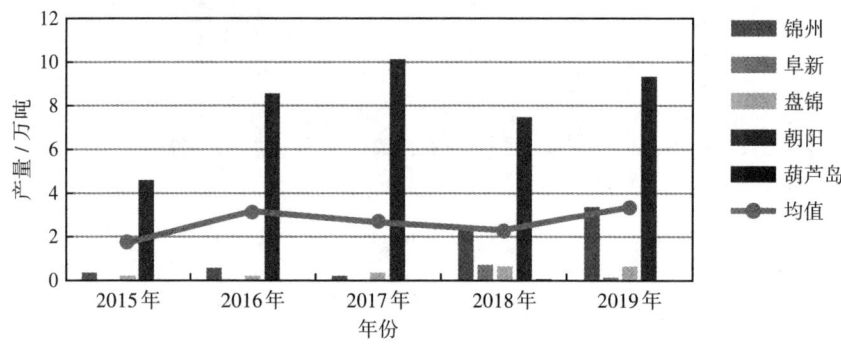

图2.22 甜菜总产量

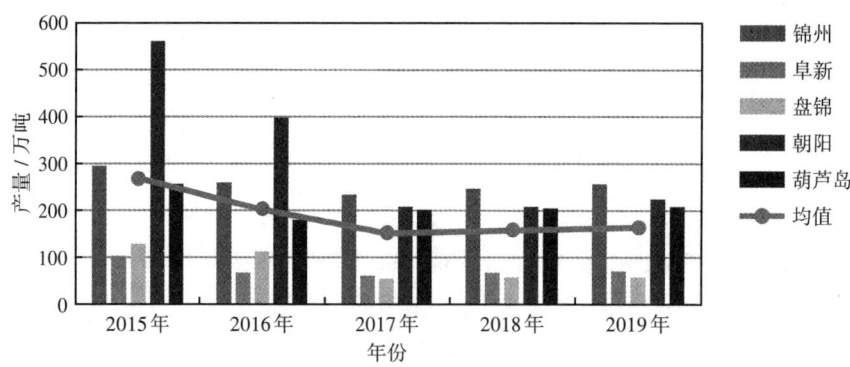

图2.23 蔬菜总产量

第二章 锦州建设辽西区域中心城市的基础和优劣势分析

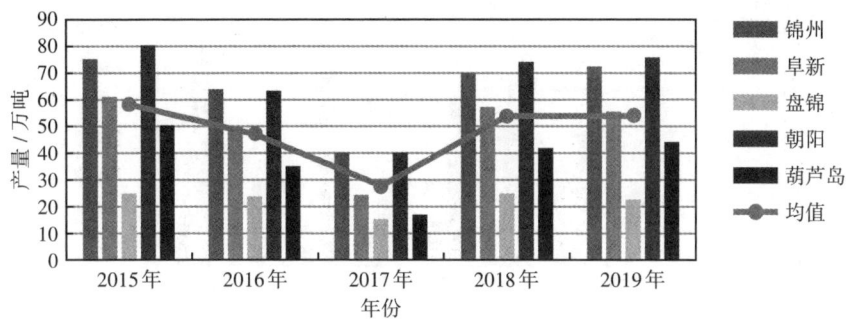

图 2.24 肉类总产量

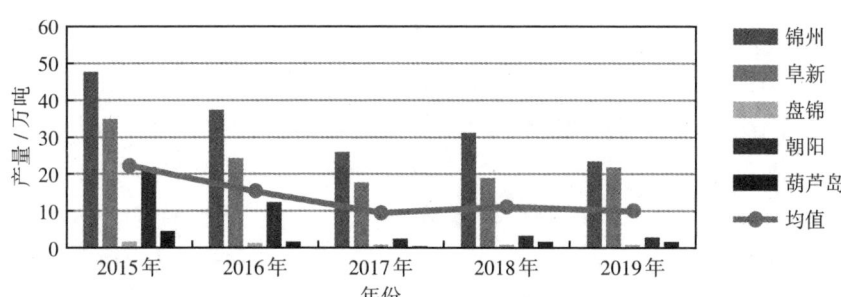

图 2.25 奶类总产量

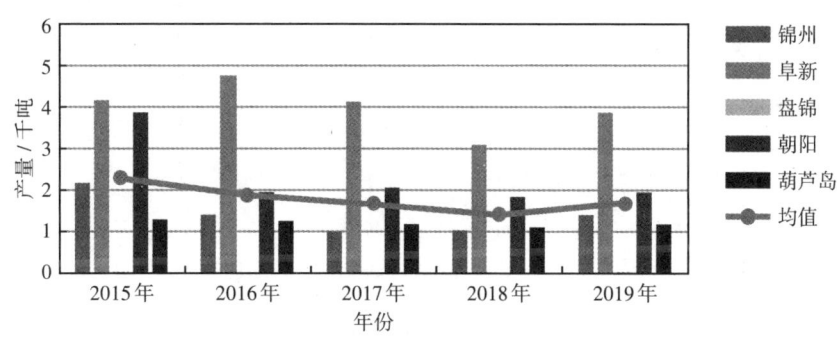

图 2.26 羊绒羊毛总产量

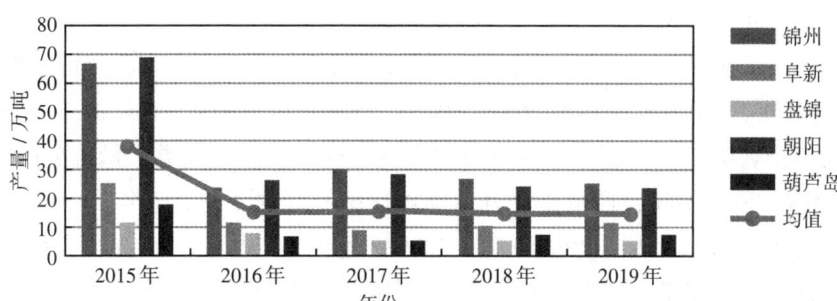

图 2.27 禽蛋总产量

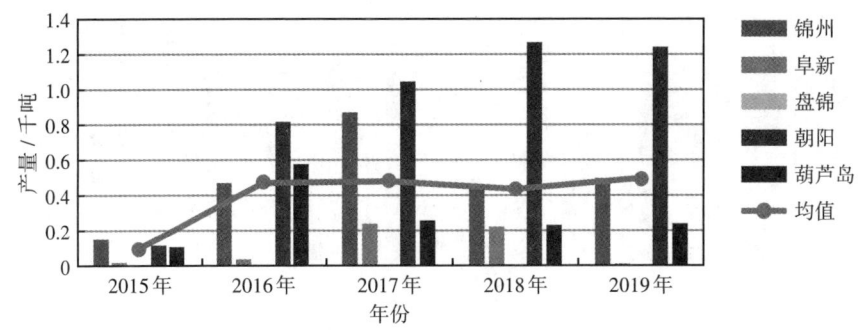

图 2.28 蜂蜜总产量

锦州农产品品种多样。粮食产量波动表现为先升后降再升的变化，2015—2019 年的产量分别为 211.1 万吨、249.7 万吨、243.2 万吨、209.6 万吨、255.4 万吨。油类从 2015—2019 年产量整体呈上升态势，五年均值为 131738 吨，辽西五市中排名第三。甜菜产量在 2015—2017 年较低，2016 年仅为 6023 吨，其他两年均超过 4000 吨，但 2018 年产量大幅度上升至 25357 吨，2019 年达 33846 吨，辽西五市中排名第二。蔬菜产量在辽西五市中也排名第二，2015—2017 年呈下降趋势，分别为 297 万吨、260.9 万吨、235 万吨，从 2018 年逐渐回升至 246.8 万吨，2019 年已达 256.7 万吨。肉类产量变化成 U 形，2015—2019 年的肉类产量分别为 75.1 万吨、64 万吨、40.5 万吨、70.5 万吨、72.5 万吨。奶类产量在辽西五市中排名第一，2015—2019 年产量分别为 47.8 万吨、37.5 万吨、26 万吨、31.2 万吨、23.4 万吨。羊绒羊毛产量 2015—2019 年分别为 2163.82 吨、1399.54 吨、1000.36 吨、1018.04 吨、1396.41 吨，五市中排名第二。禽蛋类产量整体呈下降趋势，产量与朝阳相近，五年均值高于朝阳，五市中排名第一，2015—2019 年产量分别为 66.8 万吨、23.8 万吨、30.2 万吨、26.9 万吨、25.1 万吨。蜂蜜产量变化幅度较大，2015—2017 年大幅度提升，分别为 148.9 吨、468.2 吨、868.7 吨，但之后下降，2018 年为 458.5 吨，2019 年为 495.1 吨。

阜新的粮食总产量呈逐渐上升趋势，从 2015—2019 年粮食产量分别为 141.3 万吨、170 万吨、192.2 万吨、197.8 万吨、247.7 万吨，在辽西五市中五年均值排名第三。阜新是辽西五市中主要的油类产区，油类产量排名第一，从 2015—2019 年间，产量呈先升后降再逐步回升的变化，五年产量分别为 148821 吨、314524 吨、206682 吨、207988 吨、267894 吨。阜新的蔬菜产量在辽西五市中最低，五年均值仅为 75 万吨。肉类产量排名第三，五年产量均值为 49.6 万吨。羊绒羊毛类产量排名第一，2015—2019 年产量分别为

4152.56吨、4769.6吨、4116.34吨、3086.32吨、3856.15吨,其产量占据辽西五市总产量的45%左右。

盘锦农产品品种相对较少,且农产品以粮食产品为主,粮食总产量在辽西五市中排名第三,变化幅度较小,2015—2019年的粮食产量分别为112.6万吨、111.3万吨、115.1万吨、118.6万吨、118.7万吨。其他农产品产量较低,在辽西五市中排名最后。

朝阳为主要的农产品产区,众多农产品产量在辽西五市中排名第一,例如粮食、甜菜、蔬菜、肉类、蜂蜜等。粮食产量变化呈现下降趋势,2015—2019年分别为396.7万吨、397.1万吨、384.1万吨、320.4万吨、293.8万吨。甜菜产量总体呈现上升态势,五年间分别为46362吨、85625吨、101418吨、74590吨、93633吨。蔬菜产量呈大幅度下降趋势,至2017年后出现小幅度回升,具体产量分别为561万吨、397.5万吨、208万吨、210万吨、225.6万吨。肉类产量也表现为先大幅度下降后大幅度提升的变化,2015—2019年产量分别为80.2万吨、63.6吨、40.3吨、74.4吨、76.1吨。羊绒羊毛产量辽西五市中排名第二,产量逐年下降,2015—2019年产量分别为3870.52吨、1968.12吨、2079.57吨、1851.9 7吨、1967.06吨。禽蛋产量在辽西五市中排名第二,2015年产量为68.9万吨,然后大幅度下降至2016年的26.3万吨,随后出现小幅度提升,升至2017年的28.6万吨,随后逐渐下降,降至2018年的24.1万吨,到2019年为23.9万吨。蜂蜜为朝阳的另一主要农产品,产量由2015年的111.5吨大幅度提升至2016年的812.2吨,然后持续增加,2017—2019年的产量分别为1046.3吨、1265.5吨、1244.9吨。

葫芦岛的主要农产品为油类、蔬菜、蜂蜜,其他农产品产量相对较低。油料产量在辽西五市中排名第二,产量逐年上升,2015—2019年分别为43164吨、108171吨、178942吨、175171吨、194184吨。蔬菜产量排名第三,2015—2019年分别为257万吨、178.7万吨、202万吨、205.2万吨、208.8万吨。蜂蜜产量在辽西五市中排名第三,自2015—2019年分别为110.2吨、572.4吨、255.4吨、226.7吨、238.5吨。

(二)结构性要素分析

1.三次产业结构合理
(1)工业增加值增速先降后增
辽西五市工业增加值在2015—2016年均处于下降趋势,自2017年起,大部分城市的工业增加值实现正增长。锦州在2016年下降幅度最高,达到-3.5%,之后实现正增长,但2019年又出现负增长现象,五年间,除2015年外,其他四年的增速均低于五市平均值。大部分年份其他四市的工业增长值增速表现均好于锦州(见图2.29)。

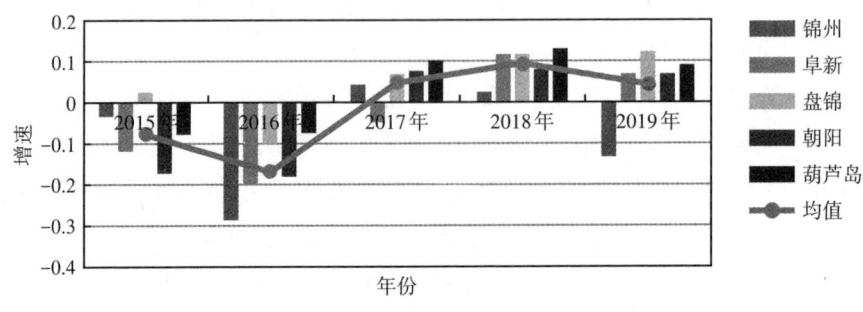

图2.29 工业增加值增速

(2)辽西五市GDP增速与辽宁省GDP增速存在一定差距

辽西五市的GDP增速在2015—2016年间,远低于辽宁省GDP增速,此期间辽宁省的GDP增速为0.92%、0.9%,而五市增速均值分别为-6.76%、-18.06%。2017年开始回升,与辽宁省GDP增速基本持平,2018年高于辽宁省增速,但2019年又一次下降,尤其在此年,锦州和葫芦岛的GDP增速均为负向增长。

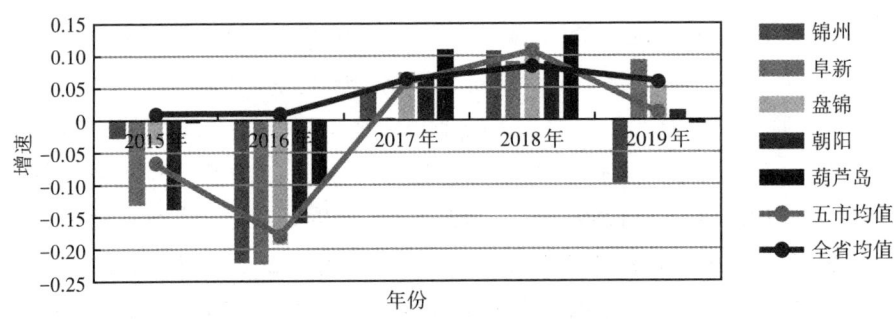

图2.30 各市GDP增速与辽宁省GDP增速比较

2.产业构成比例适中

辽西五市三次产业构成较为合理,其中第一产业均值占总产值的16%,第二产业均值占总产值的40%,第三产业均值占总产值的44%。第一产业中,辽西五市所占产值比例分别为锦州27%、阜新14%、盘锦15%、朝阳27%、葫芦岛17%,锦州和朝阳两区域的第一产业产值均值占辽西五市的

50%以上。在第二产业中,辽西五市所占产值比例分别为锦州24%、阜新8%、盘锦36%、朝阳14%、葫芦岛18%,锦州和盘锦两区域的第二产业产值均值占辽西五市的60%。第三产业中,辽西五市所占产值比例分别为锦州28%、阜新11%、盘锦24%、朝阳20%、葫芦岛17%,锦州和盘锦两区域的第三产业产值均值占辽西五市的50%以上(见图2.31)。

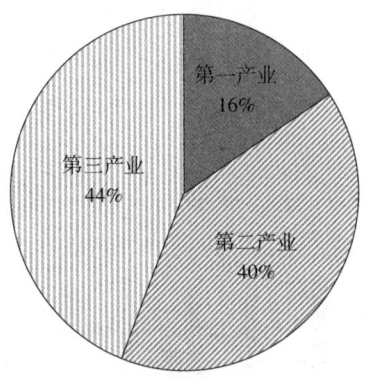

图2.31 辽西三产业占比情况

(1)人均生产总值

辽西五市的人均生产总值呈稳步回升趋势。2015年锦州地区人均生产总值降幅较大后,自2016—2019年变化较为平稳,变化不大,五年间的人均生产总值分别为43207元、33692元、35254元、39211元、35431元。盘锦人均生产总值在五年间占据辽西五市人均生产总值的40%左右,2015—2019年分别为87351元、70486元、75682元、84602元、88983元。葫芦岛排名第三,2015—2019年分别为28176元、25347元、28158元、32012元、31802元(见图2.32)。

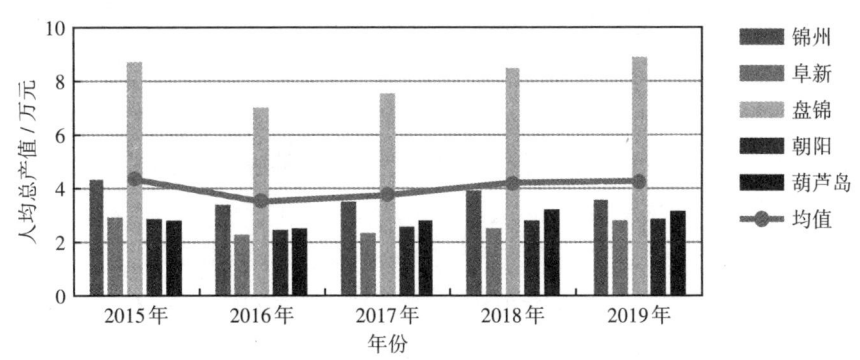

图2.32 辽西五市人均生产总值

(2) 第一产业总产值

辽西五市第一产业产值自2015—2017年呈下降趋势，之后至2019年持续上升。锦州和朝阳是辽西五市中第一产业的主力军。锦州第一产业自2015—2019年产值分别为211.36亿元、205.59亿元、171.4亿元、180.18亿元、198.3亿元，在辽西五市中的第一产业总产值中排名第一；排名第二的为朝阳，自2015—2019年产值分别为220.6亿元、179.39亿元、165.55亿元、176.45亿元、194.6亿元。排名第三的葫芦岛，自2015—2019年产值逐渐提升，分别为104.35亿元、109.32亿元、114.41亿元、123.57亿元、133.1亿元（见图2.33）。

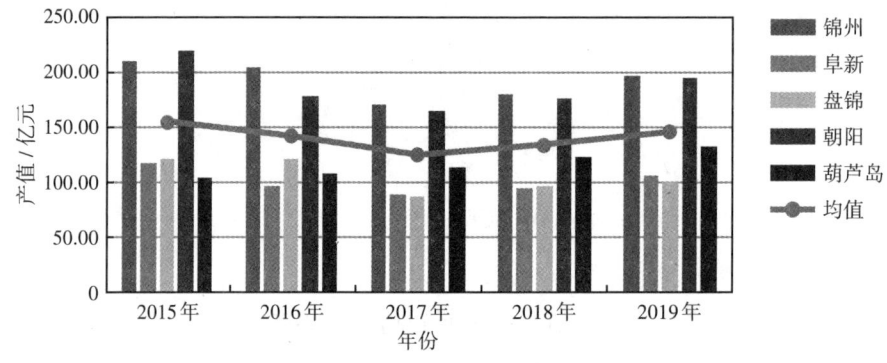

图2.33　第一产业总产值

(3) 第二产业总产值

辽西五市第二产业产值自2015—2016年呈下降趋势，之后至2018年持续上升，2019年又小幅度回落。锦州和盘锦是辽西五市中第二产业的主力军。锦州地区第二产业自2015—2019年产值分别为568.78亿元、353.26亿元、379.86亿元、416.82亿元、279.2亿元；盘锦是辽西五市中第二产业的主要组成区域，为辽西地区在工业产业方面做出巨大贡献，自2015—2019年产值分别为671.99亿元、449.25亿元、527.60亿元、616.21亿元、686.9亿元。排名第三的葫芦岛，自2015—2019年产值逐渐提升，分别为296.29亿元、224.99亿元、289.77亿元、343.62亿元、302.2亿元（见图2.34）。

(4) 第三产业总产值

辽西五市第三产业产值自2015—2016年呈小幅度下降，之后逐年上升。锦州在辽西五市的第三产业产值中贡献较大，排名第一，自2015—2019年产值分别为547.19亿元、473.97亿元、526.27亿元、595.41亿元、595.6亿元；排名第二的为盘锦，盘锦也是辽西五市中第三产业的主要贡献地区，自

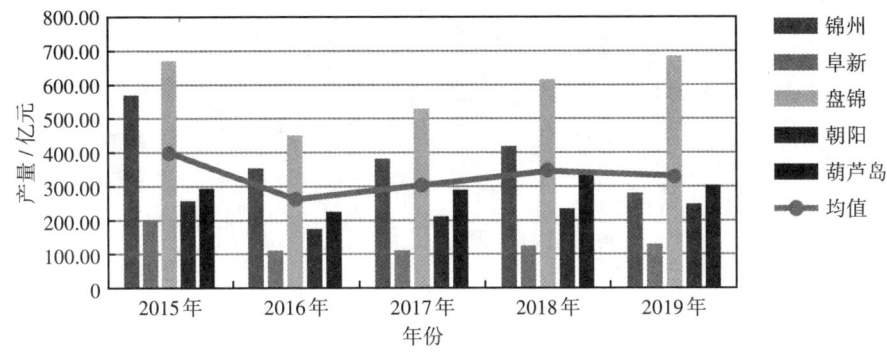

图2.34 第二产业总产值

2015—2019年产值分别为463.48亿元、441.97亿元、470.89亿元、503.59亿元、493亿元。排名第三的为朝阳,自2015—2019年产值逐渐提升,分别为374.55亿元、361.31亿元、387.23亿元、418.97亿元、400.5亿元(见图2.35)。

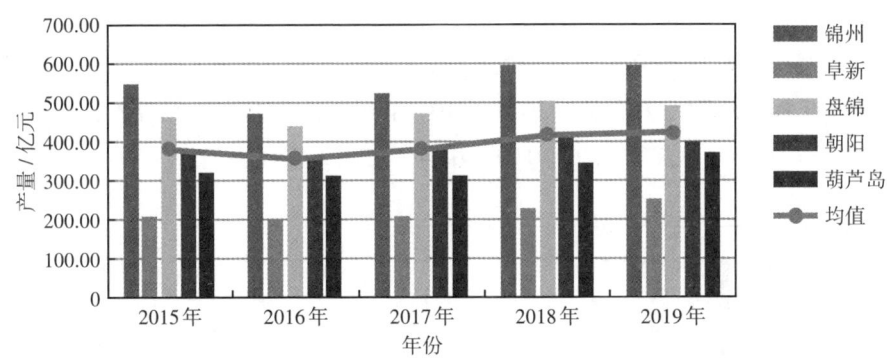

图2.35 第三产业总产值

3.不同经济类型企业工业产值呈整体下降趋势

由于辽宁统计年鉴2020年与2019年存在一定的区别,因此,本部分数据收集自2014—2018年的各种经济类型企业工业产值。

(1)内资企业工业产值

辽西五市的内资企业工业产值在工业总产值中所占比例波动很小。除锦州地区内资企业工业产值与工业总产值占比低于90%,其他四市此比例均高于90%,尤其朝阳、葫芦岛的该比例均高于96%。可见,内资企业是辽西五市的工业总产值的主要贡献者。锦州相对于其他四个地区,规模以上内资企业的工业总产值占比较低,且低于五市均值(见图2.36)。

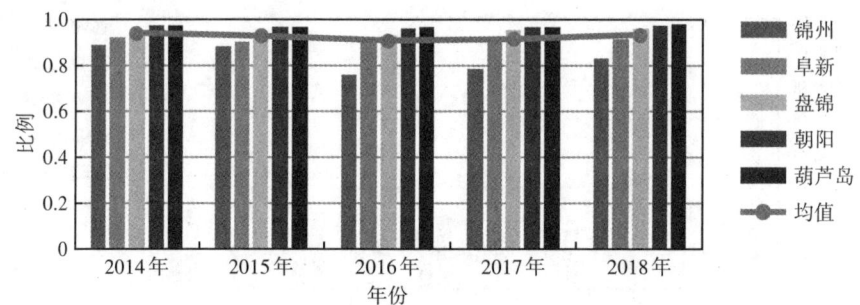

图 2.36　内资企业产值占工业总产值比例

私营企业的工业产值在工业总产值中的比例在辽西五市中整体呈下降趋势。锦州 2014—2018 年私营企业工业产值与工业总产值比例分别为 0.54，0.53，0.24，0.24，0.19，下降趋势显著。阜新该比例变化较小，2014—2018 年私营企业工业产值与工业总产值比例分别为 0.66，0.57，0.50，0.48，0.52。盘锦 2014—2018 年私营企业工业产值与工业总产值比例分别为 0.37，0.44，0.34，0.33，0.50。朝阳该比例下降幅度较大，2014—2018 年私营企业工业产值与工业总产值比例分别为 0.61，0.50，0.25，0.24，0.19。葫芦岛表现为先小幅下降后上升态势，2014—2018 年私营企业工业产值与工业总产值比例分别为 0.30，0.27，0.26，0.21，0.34（见图 2.37）。

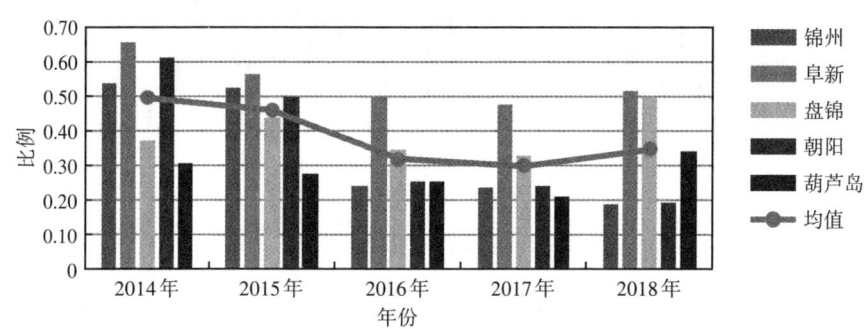

图 2.37　私营企业产值占工业总产值比例

（2）中国港、澳、台及外商投资企业工业产值

中国港澳台及外商投资企业工业产值在工业总产值中的比例表现为先升后降。锦州和阜新在辽西五市中的该比重超过五市均值。锦州该比值远高于其他地区，在 2016 年间高于其他区域的 30% 以上，后逐渐下降，2014—2018 年该比值分别为 0.11，0.12，0.24，0.21，0.17。其他四市该比例波动较

小。阜新地区2014—2018年中国港、澳、台及外商投资企业工业产值与工业总产值比例分别为0.08、0.10、0.09、0.10、0.08。盘锦2014—2018年港、澳、台及外商投资企业工业产值与工业总产值比例分别为0.06、0.07、0.07、0.05、0.04。朝阳该比例下降幅度较大，2014—2018年港、澳、台及外商投资企业工业产值与工业总产值比例分别为0.02、0.03、0.04、0.03、0.02。葫芦岛2014—2018年港、澳、台及外商投资企业工业产值与工业总产值比例分别为0.03，0.03，0.03，0.03，0.02（见图2.38）。

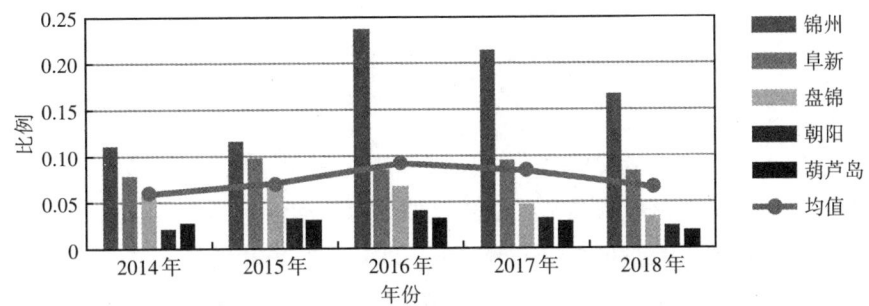

图2.38 港、澳、台及外商投资企业产值占工业总产值比例

（三）质量性要素分析

1.城镇从业人员总量下降，从业人员产业结构产生变化

（1）城镇就业总量

辽西五市城镇从业人员数呈逐渐下降趋势，2015年五市从业人员均值为297735人，之后下降至2017年的248459人，之后下降速度减缓，至2019年从业人员均值为232557人。其中，锦州城镇从业人员数量2015—2019年分别为317006人、292688人、241390人、225713人、222966人。阜新城镇从业人员数量2015—2019年分别为192556人、152441人、151617人、156035人、144703人。盘锦城镇从业人员数量也呈逐年下降趋势，2015—2019年分别为464428人、442102人、416888人、413376人、398208人。朝阳城镇从业人员数量呈逐年下降趋势，2015—2019年分别为266727人、243395人、230903人、218402人、223323人。葫芦岛城镇从业人员数量2015—2019年分别为247957人、216868人、201495人、186658人、173587（见图2.39）。

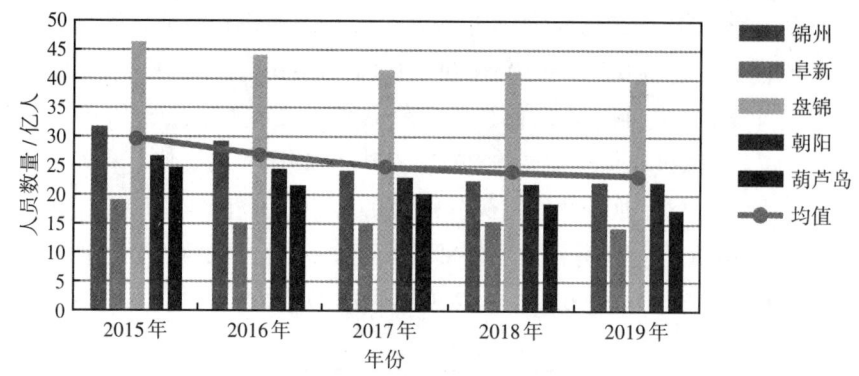

图2.39 城镇从业人员数量

（2）第一产业从业人员

辽西五市中第一产业的从业人员数量整体波动幅度较小，锦州、朝阳和葫芦岛的第一产业从业人员数均超过辽西五市的均值。其中，排名第一的为朝阳，且从业人员数量呈缓慢上升趋势，2015—2019年的第一产业从业人员数分别为1531198人、1602525人、1617545人、1629567人、1754071人；锦州排名第二，呈现先缓慢上升后逐渐下降的变化，2015—2019年的第一产业从业人员数分别为1281978人、1292978人、1337730人、1322190人、1311974人；阜新和盘锦地区第一产业从业人员数量低于辽西五市的均值（见图2.40）。

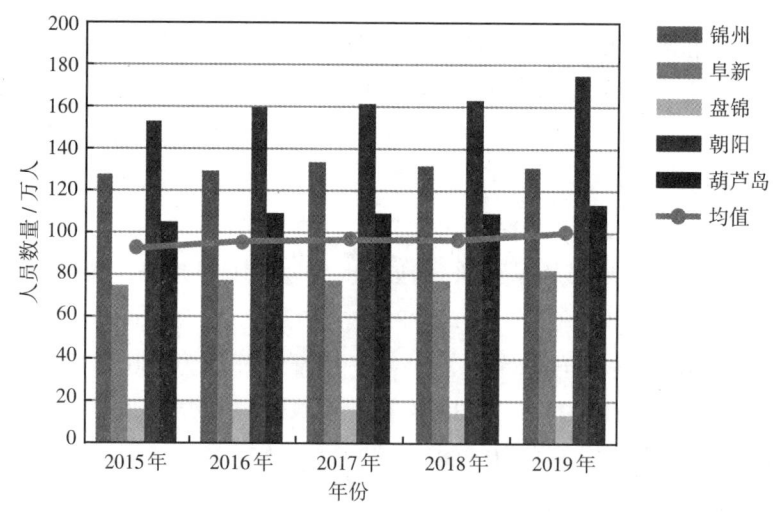

图2.40 第一产业从业人员数量

(3) 第二产业从业人员

辽西五市第二产业从业人员数量呈现下滑趋势。盘锦、锦州和葫芦岛的第二产业从业人员在辽西五市中排名分别为第一、第二和第三，三地区第二产业从业人员数量占辽西五市的70%左右。锦州第二产业从业人员主要从事行业为制造业、建筑业，两行业从业人员占据第二产业从业人员数量的80%左右。阜新第二产业从业人员主要从事行业为采矿业和建筑业，两行业从业人员占据第二产业从业人员数量的65%左右。阜新第二产业从业人员主要从事行业为采矿业和制造业，两行业从业人员占据第二产业从业人员数量的70%左右，其中采矿业占比高达59%。朝阳和葫芦岛第二产业从业人员主要从事行业均为制造业、建筑业，两行业从业人员占据第二产业从业人员数量均达到80%左右（见图2.41）。

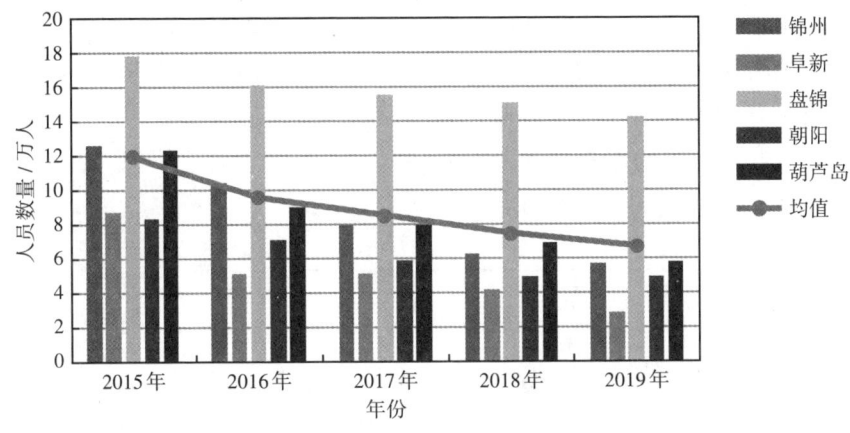

图2.41　第二产业从业人员数量

(4) 第三产业从业人员

辽西五市第三产业从业人员数量呈现先下降后上升的变化。锦州、朝阳的第三产业从业人员在辽西五市中分别排名第一、第二，两地区第三产业从业人员数量占辽西五市的50%左右。辽西五市第三产业从业人员从事行业主要集中于教育业、公共管理和社会组织，且两个行业从业人员总数达到第三产业从业人员数40%以上，尤其是阜新、朝阳、葫芦岛该比例超过了50%（见图2.42）。

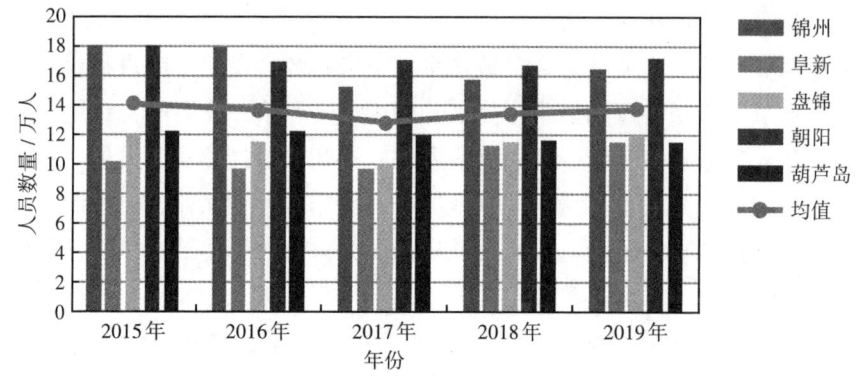

图 2.42　第三产业从业人员数量

2.环境治理力度加大、人居环境不断改善

（1）工业"三废"情况

工业废水排放量：辽西五市工业废水排放量在2015—2016年低于辽宁省废水排放量均值，但2017年开始出现急速上升，2017年和2018年锦州废水排放量分别高达18353.64万吨、19750.09万吨，且高于辽西五市的平均值。之后辽西五市的废水排放量在2019年又发生了大幅度下降，低于辽宁省的平均废水排放量（见图2.43）。

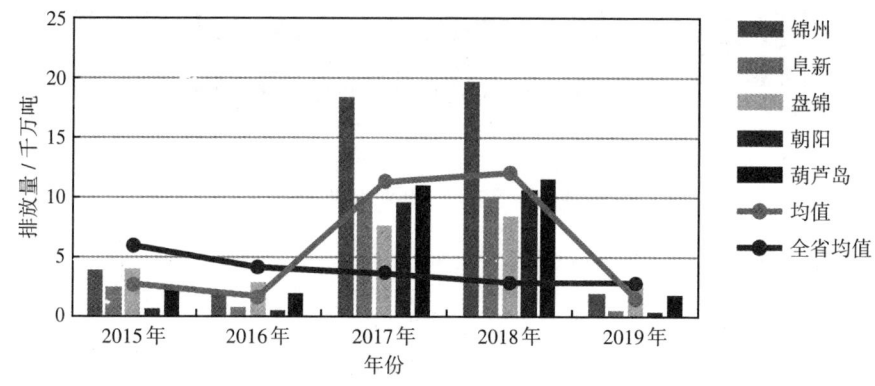

图 2.43　工业废水排放量

工业气体排放量：辽西五市的工业气体排放量除朝阳外，其他四个城市工业气体排放量均低于辽宁省均值。锦州、阜新、盘锦和葫芦岛工业气体排放量远低于五市均值，且波动幅度平稳，辽西五市工业排放量的波动主要受到朝阳地区排放量的拉动。尤其在2018年和2019年间，朝阳工业其他排放量高达8519.8亿标立方米、8787.4亿标立方米（见图2.44）。

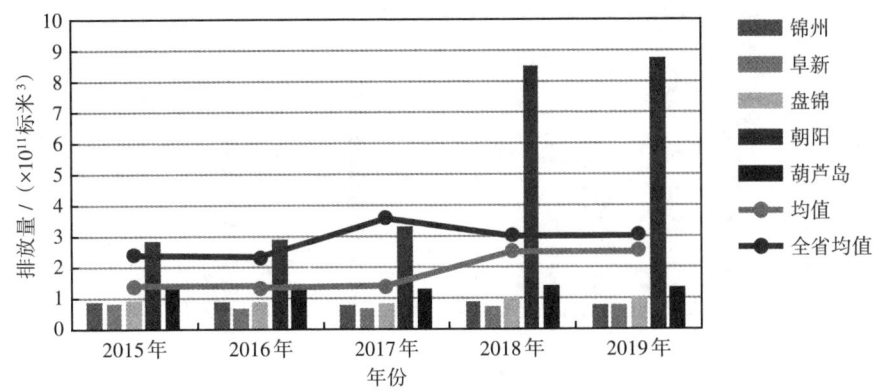

图2.44 工业气体排放量

危险废物产生量：辽西五市中危险废物产生量基本与辽宁省危险废物产生量持平，整体呈上升态势。危险废物的产生主要来自锦州、盘锦和葫芦岛，且三所城市的危险废物产生量均高于辽宁省均值。盘锦地区危险废物自2015—2019年分别为14.89万吨、9.03万吨、11.48万吨、19.5万吨和20.47万吨。锦州排名第二，2015—2019年分别为8.45万吨、9.89万吨、8.89万吨、11.3万吨和12.28万吨（见图2.45）。

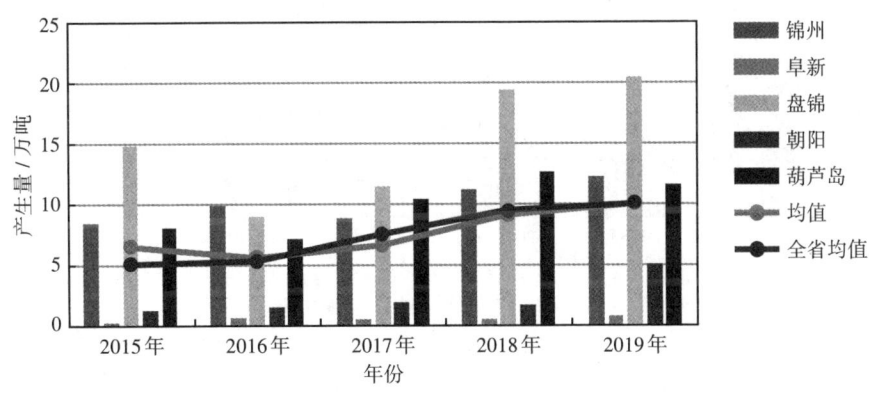

图2.45 危险废物产生量

工业固体废物产生量：辽西五市的工业固体废物产生量远低于辽宁省均值，除朝阳外，其他四市变化幅度不大。朝阳市是辽西五市中工业固体排放量最高的城市，达到辽西五市总量的60%以上，2015—2019年分别为2127.1万吨、1461.51万吨、1766.19万吨、3170.1万吨、2250.65万吨，尤其在2018年达到了五年最高值（见图2.46）。

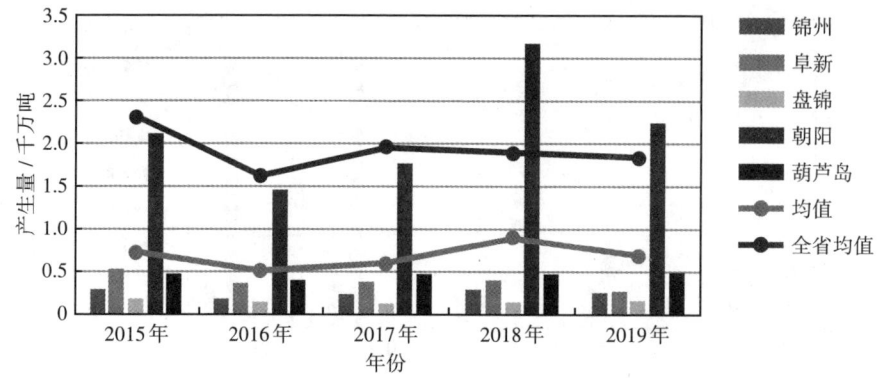

图2.46 工业固体废物产生量

工业烟(粉)尘排放量:辽西五市的工业烟(粉)尘排放量远低于辽宁省均值,排放量呈逐年下降的态势。朝阳是辽西五市中工业烟(粉)尘排放量最高的城市,达到辽西五市总量的50%以上。其他四市工业烟(粉)尘排放量呈明显下降趋势(见图2.47)。

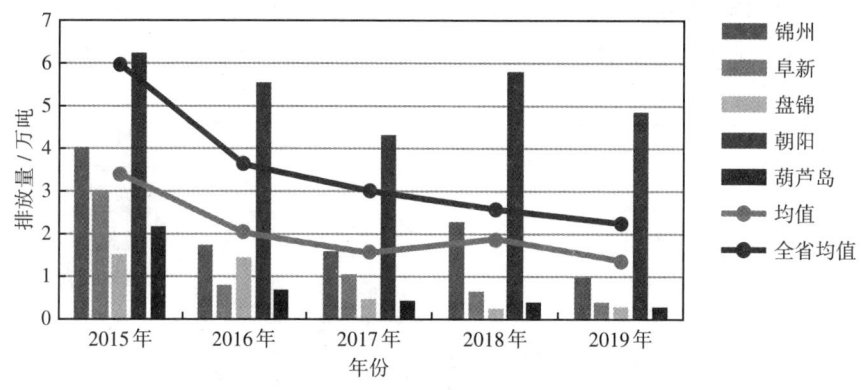

图2.47 工业烟(粉)尘排放量

(2)人居环境情况

人均绿地面积:辽西五市的人均绿地面积远低于辽宁省人均绿地面积,辽西五市人均绿地面积比辽宁省人均绿地面积相差10平方米以上,但从2015—2019年稳步上升。盘锦的人均绿地面积在辽西五市中排名第一,且五年间持续增加。锦州、阜新和葫芦岛变化不大(见图2.48)。

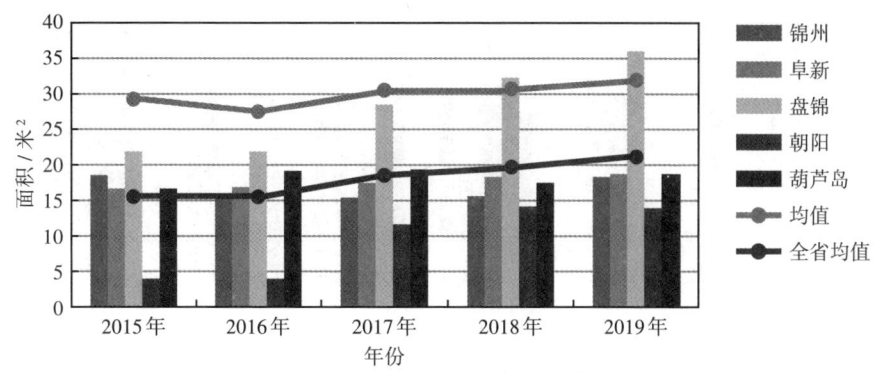

图2.48 人均绿地面积

生活垃圾无害化处理率：辽西五市生活垃圾无害化处理率基本达到95%以上。其中阜新、朝阳、盘锦的生活垃圾无害化处理率较高，基本达到100%，而锦州和葫芦岛在2015—2018年与三市有一定的差距，但2019年已获得很大幅度的提升，均达到了100%（见图2.49）。

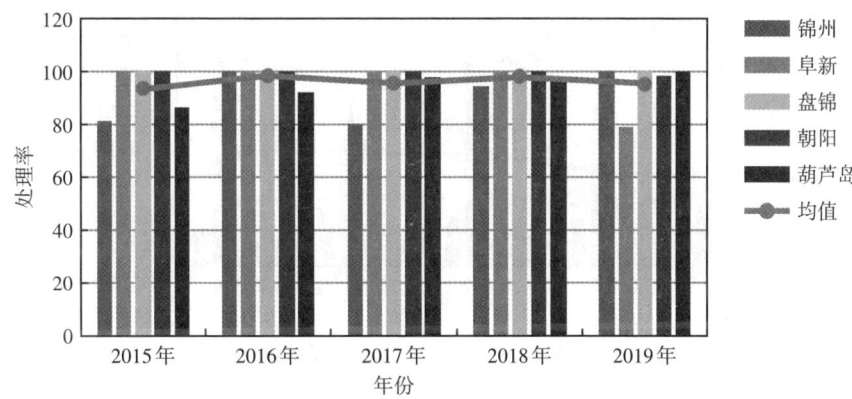

图2.49 生活垃圾无害化处理率

城镇污水处理率：辽西五市的城镇污水处理率呈逐年缓步上升趋势。其中盘锦地区五年的污水处理率均超过了98%，锦州和葫芦岛的城镇污水处理率偏低，均低于97%，但锦州呈逐年缓步上升变化，葫芦岛在五年间的污水处理率有升有降，2017和2018年均达到98%，但其余年份基本在90%左右变化。阜新的城镇污水处理率在2017年和2019年达到了100%，但其他年份在94%左右波动（见图2.50）。

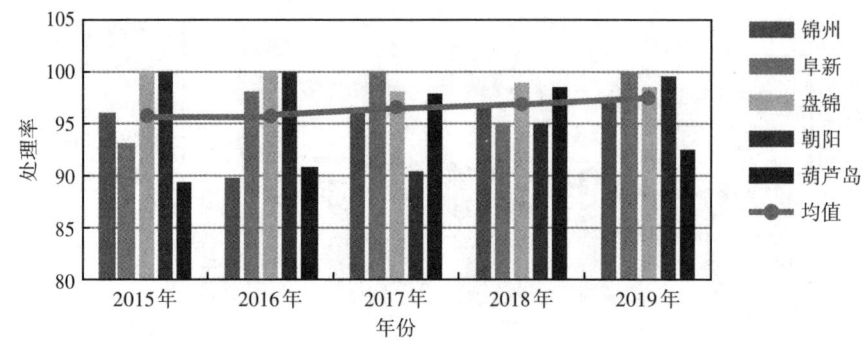

图2.50 城镇污水处理率

一般固体废物综合利用率：辽西五市一般固体废物综合利用量除2016年较低外，其他四个年份整体波动不大，但低于辽宁省均值。其中朝阳的一般固体废物综合利用量远高于其他四个地区，超过了辽宁省的一般固体废物利用量均值，拉高了辽西五市的整体均值（见图2.51）。

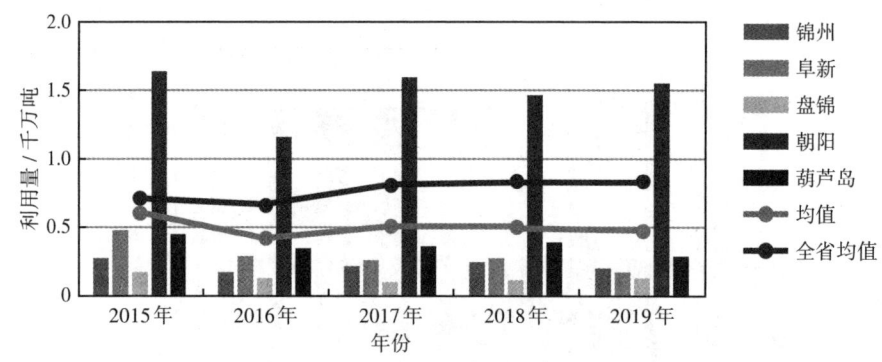

图2.51 一般固体废物综合利用量

空气质量优良天数比例：辽西五市的空气质量优良天数比例超过70%，阜新、盘锦和朝阳的空气质量优良天数达到或超过辽西五市均值。锦州和葫芦岛的空气质量优良天数比例相对较低，锦州和葫芦岛空气质量优良天数比例在65%～78%波动，但锦州和葫芦岛的空气质量优良天数比例整体呈稳步上升趋势（见图2.52）。

3.研发投入逐年提升，科技转化不断改善

（1）研发人员数量

辽西五市的研发人员数量呈现缓步上升趋势，锦州和盘锦的研发人员数量均超出辽西五市均值。锦州2015—2018年研发人员数量分别为4458人、

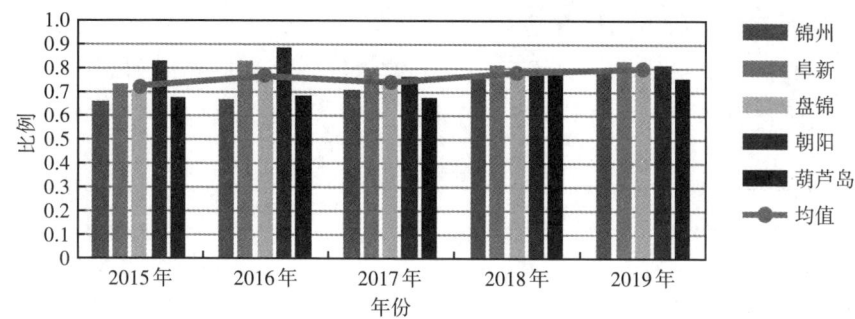

图2.52 空气质量优良天数比例

5532人、5403人和5882人，远超过其他四市。盘锦地区研发人员数量自2015—2018年分别为3263人、4418人、4904人和6130人。在2018年盘锦的研发人员数量超过了锦州地区。阜新的研发人员数量在2015—2018年基本在2000人左右浮动。葫芦岛在2015—2017年呈逐渐上升趋势，但2018年发生较大幅度下降，仅为2098人。朝阳的研发人员数量呈显著的下降，到2018年仅为750人（见图2.53）。

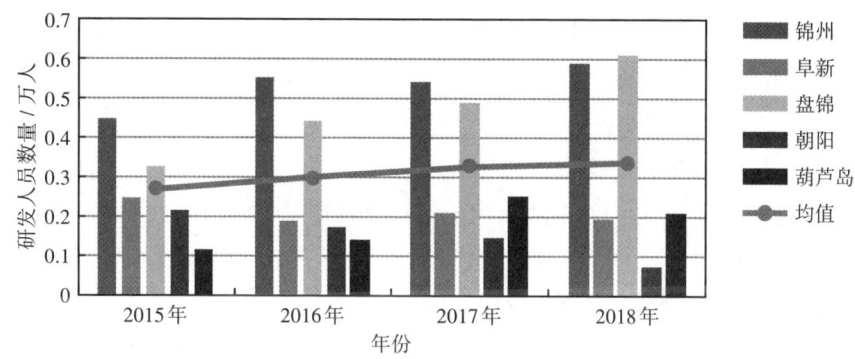

图2.53 辽西五市研发人员数量

（注：由于辽宁统计年鉴统计变化，因此仅收集到2015—2018年数据）

（2）研发经费内部支出

辽西五市中研发经费内部支出自2015—2018年逐年缓步上升。其中，锦州和盘锦在研发经费内部支出中做出的贡献最大。尤其盘锦，其研发经费内部支出变化呈不断上升的趋势，在2017年和2018年上升幅度较大，盘锦2017年和2018年的研发经费内部支出分别为229975万元、326743万元，盘锦两年的研发经费内部支出占据辽西地区相应年份的44.52%和56.63%。锦州的研发经费内部支出总体呈现相近趋势，2015—2018年的研发经费内部支出在辽西五市中所占的比例基本在27%左右波动,具体经费分别为108663万元、125320万元、129886万元、124597万元。阜新、朝阳和葫芦岛三市的研发经费内部支出之和不足辽西五市的30%(见图2.54)。

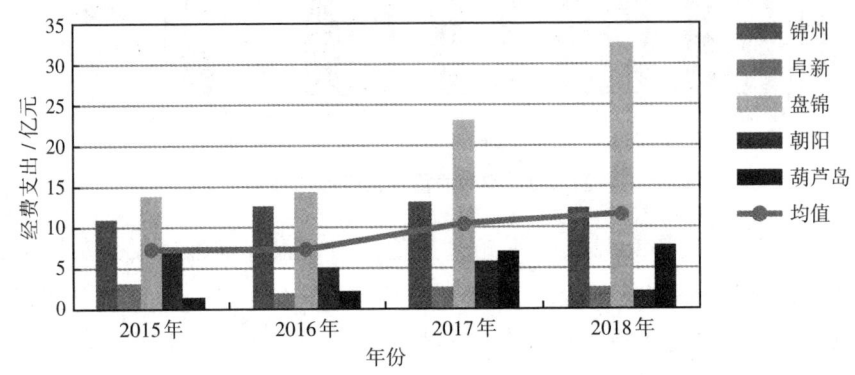

图2.54 研发内部经费支出

(注:由于辽宁统计年鉴统计变化,因此仅收集到2015—2018年数据)

(3)专利授权数

辽西五市的专利授权数呈逐年上升趋势,2015—2017年变化幅度较小,之后从2018年开始迅速上升,至2019年辽西五市专利授权数均值已达到992个。在辽西五市的专利授权中,锦州地区做出的贡献最大,五年间的专利授权数均远超过辽西五市均值,且占据辽西五市总值的1/3,2015—2019年的专利授权数逐年上升,分别为1146个、1294个、1274个、1436个和1536个。盘锦地区五年间的专利授权数基本在辽西五市均值附近波动,2015—2019年的专利授权数分别为748个、627个、656个、1033个和1103个。阜新、朝阳和葫芦岛地区的专利授权数均未达到辽西五市的均值,但整体仍表现为逐年上升(见图2.55)。

(4)发明专利数

在众多文献中均表明,发明专利是最能表现地区或企业创新能力的指标。辽西五市的发明专利数量也表现为逐年缓步上升变化,尤其是锦州地区的发明专利数量显著上升,其他四市的发明专利数偏低。锦州的专利发明数在2018年和2019年均超过了辽西五市相应年份总数的60%,自2015—2019年锦州地区发明专利数分别为157个、217个、262个、610个、968个(见图2.56)。

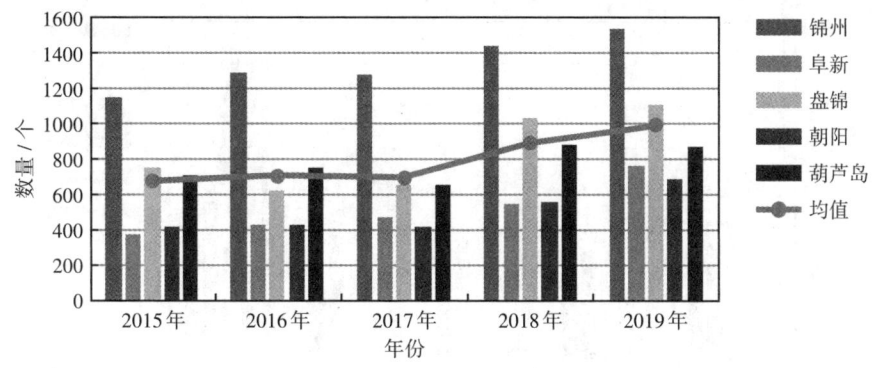

图2.55 专利授权数

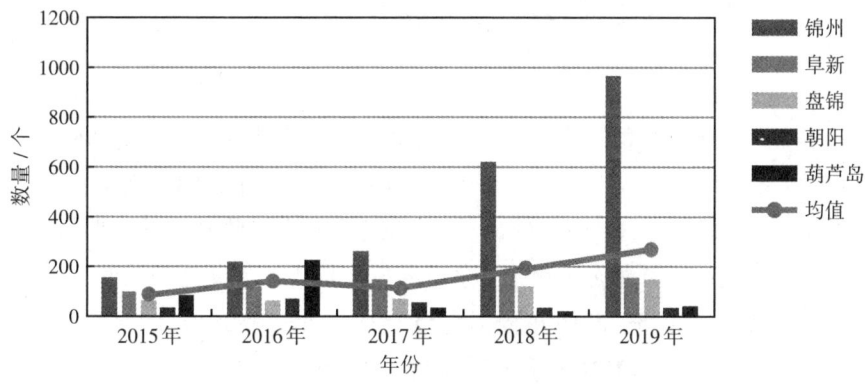

图2.56 发明专利数

（四）效应性要素分析

1.各地区公共预算收入增速放缓，收支缺口扩大

（1）公共预算收入情况

辽西五市公共预算收入逐年缓步上升，但增速下降。辽西五市的公共预算收入中，锦州和盘锦超过了辽西五市的平均值，且盘锦排名为首，锦州紧随其后，锦州和盘锦的公共预算收入增加了辽西五市公共预算收入的总量，且两市之和占据了辽西五市总量的50%以上。锦州公共预算收入2015—2019年呈缓步上升趋势，分别为755188万元、848118万元、912722万元、1003417万元和1020258万元。盘锦公共预算收入自2015—2019年分别为950464万元、1004831万元、1188642万元、1356942万元和1479627万元。其他三市均低于辽西五市均值，阜新的公共预算收入在辽西五市中最低，且各年波动幅度较小（见图2.57）。

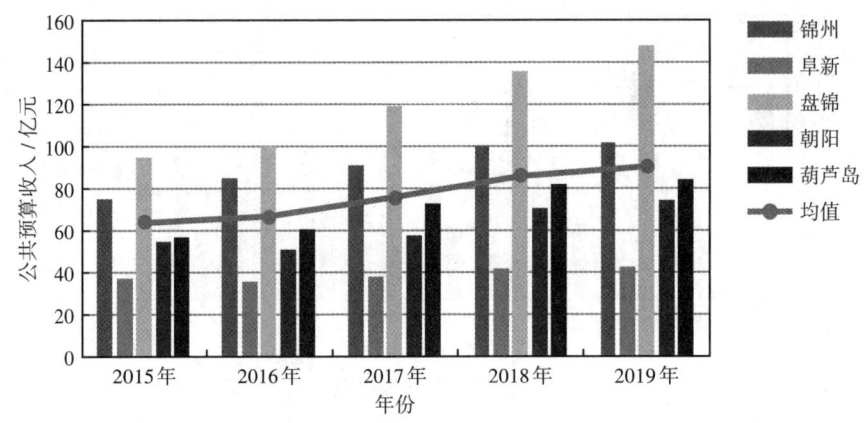

图 2.57 辽西五市公共预算收入

(2) 税收收入

税收收入是公共预算收入的主要来源，占据公共预算收入的70%以上。锦州和盘锦的税收收入在辽西五市中排在前两名，其中盘锦排名第一，锦州排名第二，且均高于辽西五市均值，成为辽西五市税收收入的主要贡献者，两市的税收收入总和占据辽西五市总量的50%以上。锦州的税收收入整体呈缓步上升趋势，2015—2019年分别为585538万元、650830万元、716849万元、796242万元和721165万元。盘锦的税收收入2015—2019年分别为775881万元、822419万元、10033214万元、1089790万元和1159508万元。其他三市的税收收入小于辽西五市均值，且阜新的税收收入在辽西五市中最低，五年间的变化幅度很小（见图2.58）。

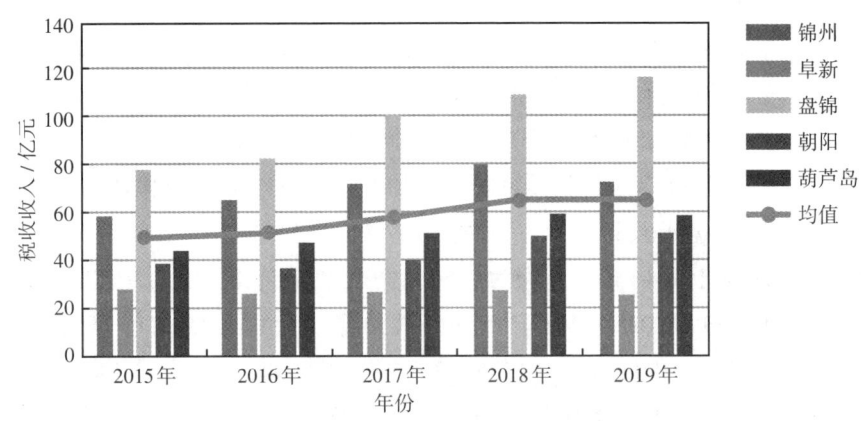

图 2.58 辽西五市税收收入

（3）公共预算收支

辽西五市的公共预算支出逐年上升，且增幅上升。辽西五市中，锦州的公共预算支出高于其他四市，上升趋势明显，且在辽西五市中排名第一，2015—2019年的公共预算支出分别为2095553万元、2170940万元、2375708万元、2686027万元和3609910万元。朝阳的公共预算支出在辽西五市中排名第二，且高于辽西五市的均值，公共预算支出表现为逐步上升的变化，2015—2019年的公共预算支出分别为1940641万元、2151690万元、2344146万元、2680958万元和3005607万元。阜新、盘锦和葫芦岛的公共预算支出均低于辽西五市均值，但整体仍呈上升态势，阜新的公共预算在辽西五市中排名最后，虽略有增加，但上升幅度较小。辽西五市的公共预算支出中，占较大比例的支出为社会保障支出和教育支出，两项之和均达到各地区公共预算总支出的三分之一以上（见图2.59）。

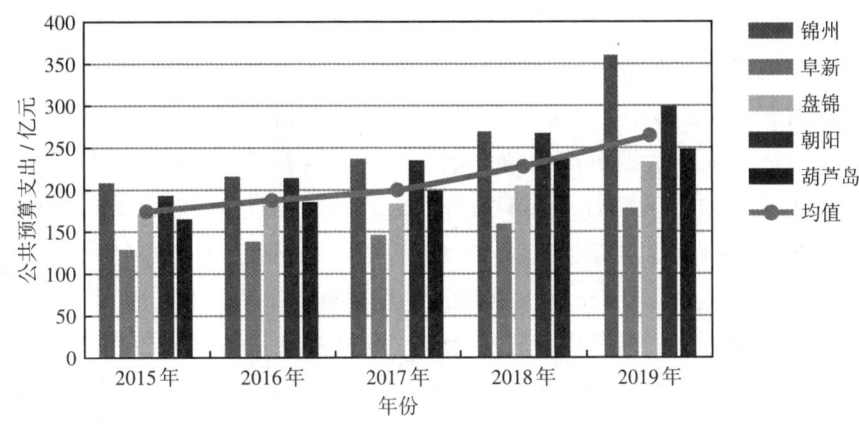

图2.59 辽西五市公共预算支出

2.规模以上工业企业利润增幅收窄，企业数量下降

（1）企业利润

辽西五市规模以上工业企业利润呈下降趋势，且低于全省工业规模以上工业企业利润均值。其中盘锦在2016年和2017年规模以上工业企业利润为负，拉低了辽西五市整体利润值。锦州2015年规模以上工业企业利润较高，但随后发生大幅度下降，之后又有小幅回升，但整体仍呈下降趋势，2015—2019年的规模以上工业企业利润分别为253.77亿元、28.18亿元、46.6亿元、51.4亿元和20.7亿元。盘锦规模以上工业企业利润下滑较快，随后回升，2015—2019年的规模以上工业企业利润分别为99.71亿元、-186.74亿元、

-63.3亿元、51.8亿元和70.0亿元。朝阳2015—2019年的规模以上工业企业利润分别为16.48亿元、3.28亿元、34.0亿元、45.8亿元和33.2亿元。辽西五市整体增速下降（见图2.60）。

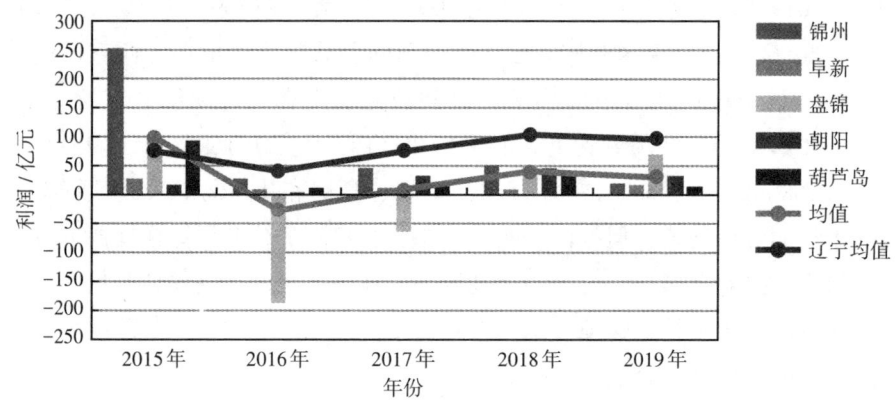

图2.60 规模以上工业企业利润

（2）主营业务收入

辽西五市规模以上工业企业主营业务收入变化呈U形，其中，盘锦的主要业务收入远高于辽西五市均值，也拉高了辽西五市的整体均值。锦州在2016年发生大幅度下滑后，缓步回升，之后波动幅度较小，2015—2019年的规模以上工业企业主营业务收入分别为2273.21亿元、627.20亿元、828.1亿元、944.1亿元和879.8亿元。盘锦的主营业务收入占据辽西五市的50%左右，2015—2019年的规模以上工业企业主营业务收入分别为2629.77亿元、1848.34亿元、2057.4亿元、2558.3亿元和4570.7亿元。阜新、朝阳和葫芦岛波动较小，且均低于辽西五市均值（见图2.61）。

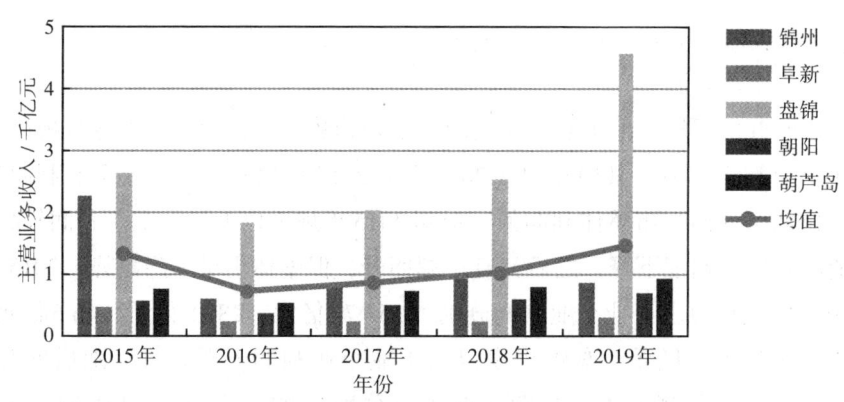

图2.61 规模以上工业企业主营业务收入

(3) 企业数量

辽西五市的规模以上工业企业数量呈下降趋势,但降幅逐渐缩窄。辽西五市中,锦州地区的规模以上工业企业数量最多,且超过辽西五市均值,但从2016年开始下降,2018年缓步回升,2015—2019年的规模以上工业企业数量分别为686个、377个、294个、295个和328个。盘锦规模以上工业企业数量排在第二,2015—2019年分别为497个、345个、250个、252个和288个。排在第三位的是朝阳,规模以上工业企业数量2015—2019年分别为445个、240个、248个、247个和301个(见图2.62)。

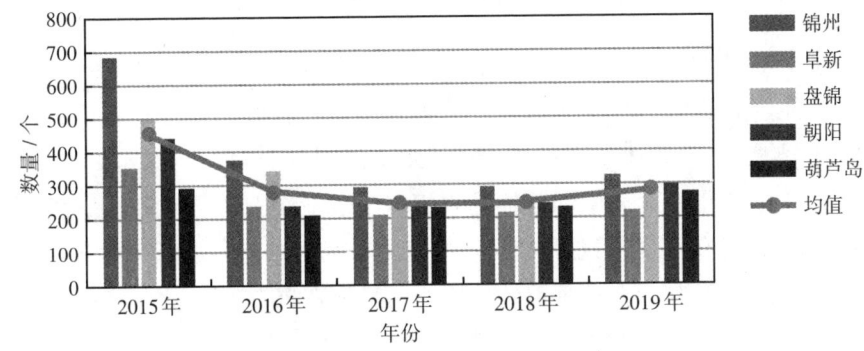

图2.62 规模以上工业企业数量

(4) 利税总额

辽西五市利税总额在2015—2016年下降后,开始回升,2019年又缓步下降。锦州的利税总额在2015年远高于辽西五市其他地区,之后开始大幅度回落,2015—2019年规模以上工业企业利税总额分别为253.77亿元、111.37亿元、138.8亿元、139.2亿元和89.2亿元。盘锦的利税总额在2016年发生大幅度下降,且出现负值,之后回升,且整体呈上升趋势,2015—2019年规模以上工业企业利税总额分别为99.71亿元、-49.65亿元、79.7亿元、207.6亿元和226.1亿元。阜新、朝阳和葫芦岛的规模以上工业企业利税总额波动幅度较小,且阜新和朝阳的利税总额均小于辽西五市均值(见图2.63)。

(5) 总资产贡献率

辽西五市规模以上工业企业总资产贡献率均值高于辽宁省总资产贡献率。锦州的规模以上工业企业总资产贡献率在2015年时较高,随后下滑,后缓步回升,但2019年又出现下降,2015—2019年规模以上工业企业总资产

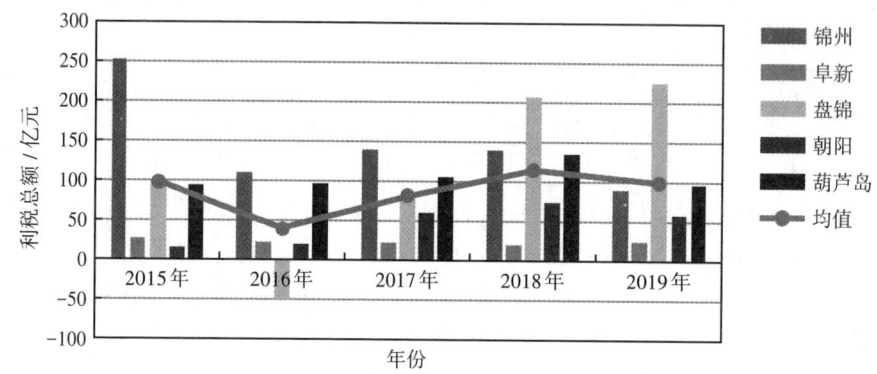

图 2.63　规模以上工业企业利税总额

贡献率分别为 21.11%，12%，15.2%，17%，10.7%。葫芦岛除 2015 年和 2019 年外，其他年份均在辽西五市中排名第一，且波动幅度较大，2015—2019 年规模以上工业企业总资产贡献率分别为 5.54%，-0.74%，5.3%，10.6%，17%。阜新、朝阳和盘锦的规模以上工业企业总资产贡献率基本低于辽西五市均值，阜新的总资产贡献率变化较小；朝阳的总资产贡献率先增后降，至 2019 年为 7.8%；盘锦的总资产贡献率在 2016 年为负，其他年份基本均超过了 5%（见图 2.64）。

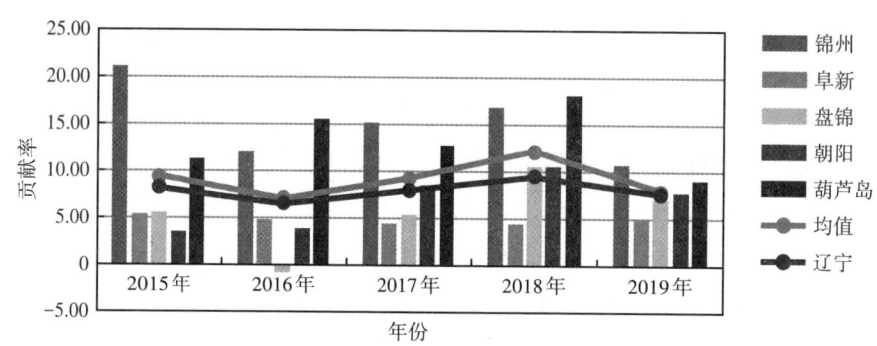

图 2.64　规模以上工业企业总资产贡献率

3.邮电业总收入逐年攀升，信息化建设成效斐然

（1）邮政业务收入

辽西五市邮政业务收入各地区均节节攀升，锦州、盘锦和葫芦岛带动邮政业务发展。锦州 2015—2019 年的邮政业务收入分别为 29000 万元、38023 万元、41235 万元、47765 万元、52212 万元。盘锦 2015—2019 年的邮政业务收入分别为 35100 万元、36152 万元、47996 万元、55803 万元、65996 万元。

葫芦岛2015—2019年的邮政业务收入分别为33654万元、41791万元、47580万元、28444万元、57065万元（见图2.65）。

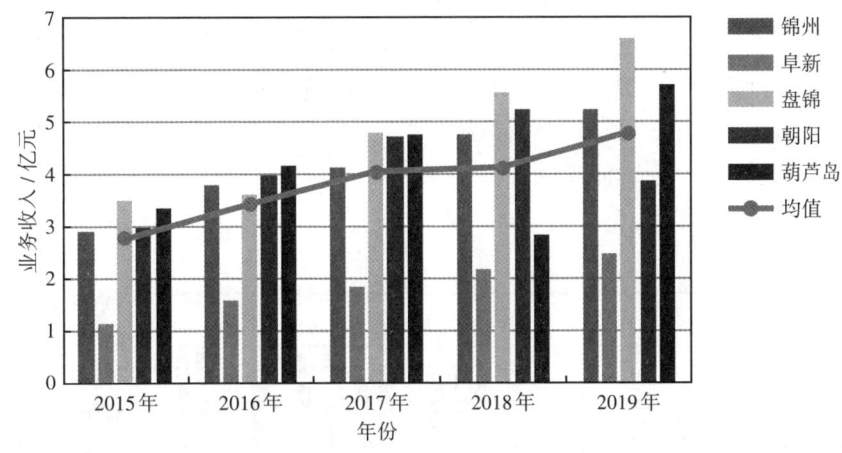

图2.65　邮政业务收入

（2）电信业务收入

辽西五市中电信业务的收入变化较小，但整体呈现先升后降的变化。锦州2015—2019年的电信业务收入分别为181270万元、204877万元、206398万元、199025万元、190110万元。朝阳，2015—2019年的电信业务收入分别为168504万元、186098万元、172510万元、174765万元、182945万元。葫芦岛2015—2019年的电信业务收入分别为149939万元、169605万元、173083万元、166138万元、159128万元（见图2.66）。

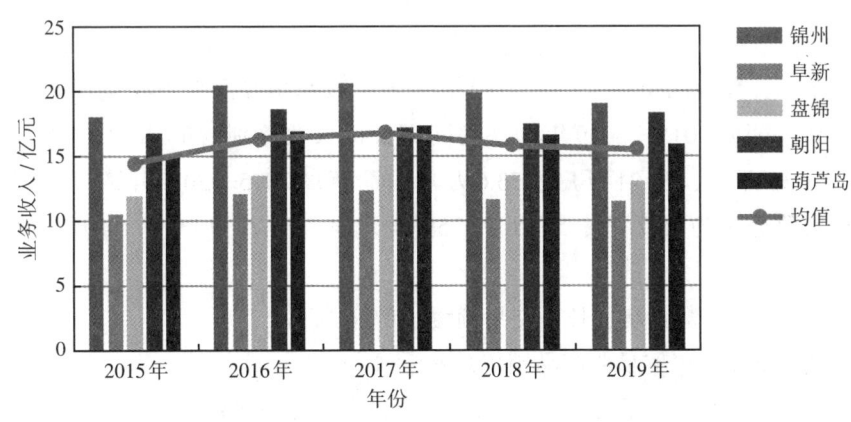

图2.66　电信业务收入

(3) 移动电话用户数

辽西五市移动电话年末用户数逐年缓步上升,增幅较低。锦州移动电话年末用户数2015—2019年的移动电话年末用户数分别为262.82万户、252.6万户、277.27万户、287.07万户、287.5万户。朝阳2015—2019年的移动电话年末用户数分别为205.01万户、216.14万户、238.74万户、247.60万户、244.8万户。葫芦岛2015—2019年的移动电话年末用户数分别为200万户、203万户、226.36万户、241.84万户、241.5万户。阜新和盘锦移动电话年末用户数的变化很小(见图2.67)。

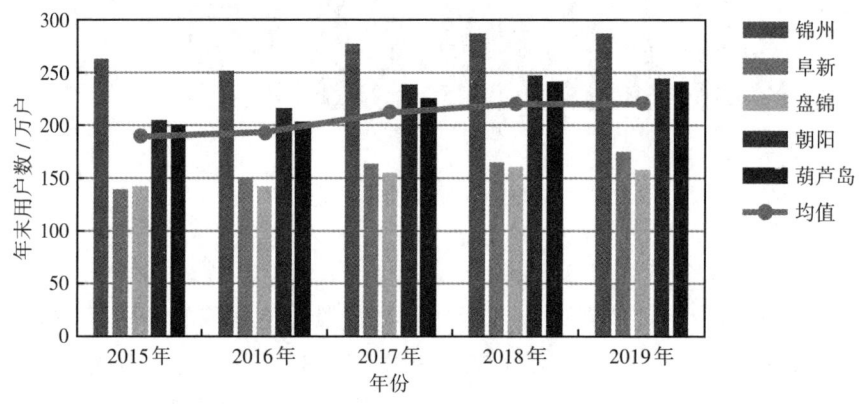

图2.67 移动电话年末用户数

(4) 互联网宽带接入用户数

辽西五市的互联网宽带接入用户数量逐年上升,但增幅减缓。锦州的互联网宽带接入用户数远高于辽西五市的均值,但增幅较低,2015—2019年的互联网宽带接入用户数分别为60万户、68.47万户、74.64万户、78.63万户、83.6万户。其他四市的互联网宽带接入用户数基本在辽西五市均值附近上下波动。朝阳2015—2019年的互联网宽带接入数分别为45万户、54.09万户、61.39万户、68.21万户、73.6万户。葫芦岛2015—2019年的互联网宽带接入数分别为45万户、55万户、59.04万户、66.77万户、71.4万户(见图2.68)。

4.商贸企业数量负增长,交易额缓步增加

(1) 批发零售贸易业商品销售总额

辽西五市批发零售贸易业销售总额缓步提升,增幅加大。辽西五市中,盘锦地区的限额以上批发零售贸易业的商品销售额排名是第一位,且2019

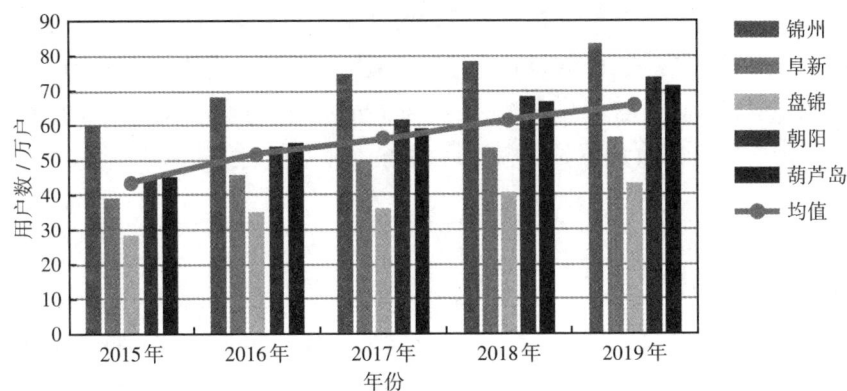

图 2.68　互联网宽带接入用户数

年远高于其他四市，呈现整体上升趋势，2015—2019年的限额以上批发零售贸易业的商品销售额分别为4932219.4万元、5578271.0万元、7613771.8万元、8682308.3万元、19006472万元。锦州位列第二，在2016年发生下滑后，迅速回升，之后波动幅度较小，2015—2019年的限额以上批发零售贸易业的商品销售额分别为3781508.5万元、2967084.7万元、4637641.1万元、4450149.0万元、4558906万元（见图2.69）。

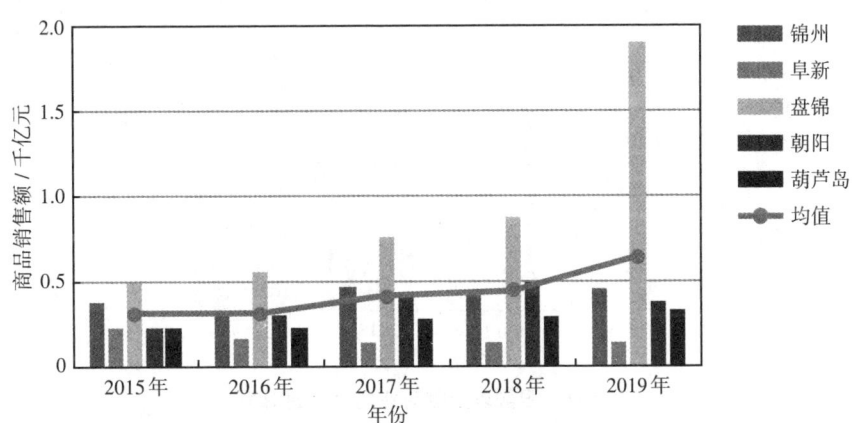

图 2.69　限额以上批发零售贸易业商品销售总额

其中，批发业商品销售总额缓步上升，且盘锦仍处于领先位置，占据辽西五市总额的三分之一以上，拉动辽西五市的限额以上批发业商品销售总额上行发展，且增速提高，2015—2019年的限额以上批发业的商品销售额分别为4100785.9万元、4842428.3万元、6847506.2万元、7783344.1万元、4558906万元（见图2.70）。零售业商品销售总额缓步下降，锦州限额以上零售业商品销售总额占首位,其销售总额占辽西五市总额的三分之一,也带动辽西五市零售业商品销售总额上行变化,但增速整体收窄,2015—2019年的限额以上零售业的商品销售额分别为1867468.1万元、1327673.8万元、1323995万元、1462878万元、1502455.6万元(见图2.71)。

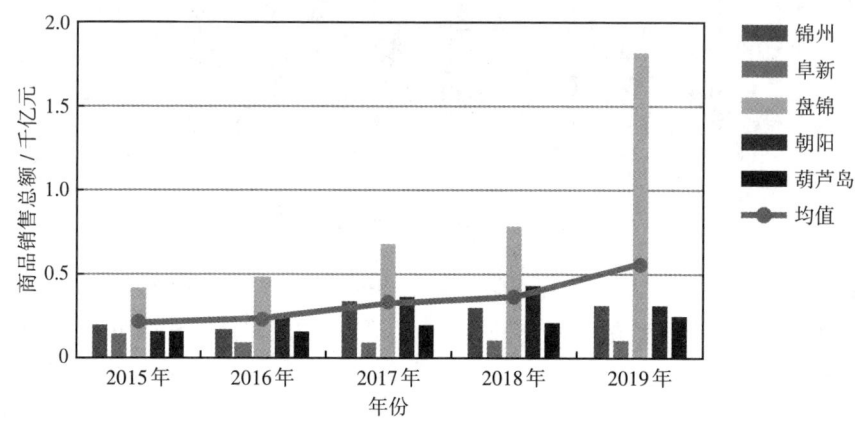

图2.70 限额以上批发业商品销售总额

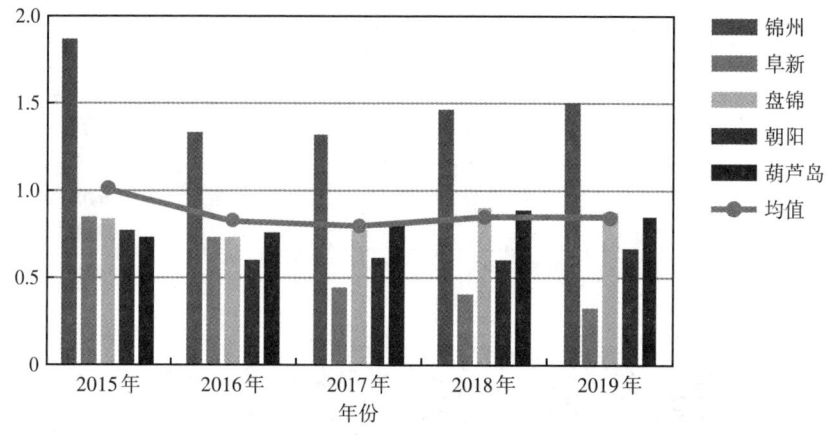

图2.71 限额以上零售业商品销售总额

(2)批发零售贸易业企业利润总额

辽西五市的限额以上批发零售贸易业企业利润总额呈现"U"形变化,2015—2017年为下行趋势后发生转折。锦州2015年限额以上批发零售贸易业企业利润总额远高于其他地区,之后发生大幅度下滑,2017年利润为负,也致使辽西五市整体批发零售贸易业利润总额下降,之后缓步回升,2015—2019年的限额以上批发零售业利润总额分别为89378万元、21440万元、

15971.6万元、13294.3万元、15488.1万元。盘锦限额以上批发零售企业利润总额降幅收窄后回升，2015—2019年的限额以上批发零售业利润总额分别为71555万元、34264万元、34358.3万元、52740.2万元、63301.5万元（见图2.72）。

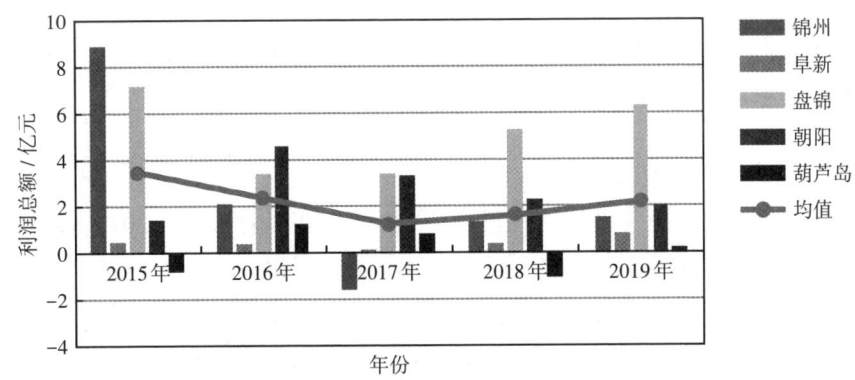

图2.72 限额以上批发零售贸易业企业利润总额

（3）商贸企业数量

辽西五市的批发零售业企业数量呈现下降趋势，但降速逐步减缓。其中，锦州批发零售业企业数量在辽西五市中排名第一，但整体呈下降趋势，但变化幅度较小，2015—2019年的限额以上批发零售业法人企业数分别为245个、206个、210个、200个、208个。盘锦批发零售业企业数量紧随锦州之后，2015—2019年的限额以上批发零售业企业数分别为216个、179个、189个、183个、170个（见图2.73）。

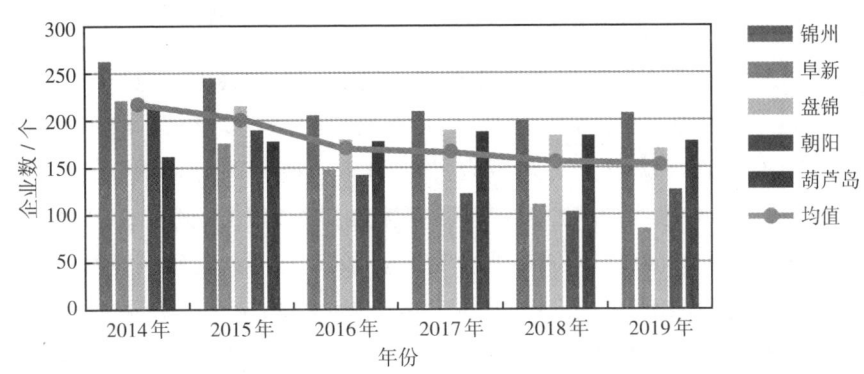

图2.73 批发零售业企业数

5.工业国有控股企业获利缓步回升,助力经济发展

(1)工业国有控股企业利润总额

辽西五市规模以上工业国有控股企业利润总额逐渐回暖,获利为正。锦州规模以上工业国有控股企业2015年负增长后回升,但2019年又大幅下滑,2015—2019年的限额以上批发零售业利润总额分别为-0.95亿元、5.66亿元、13.7亿元、24.7亿元、3.9亿元。盘锦作为辽西五市中主要的规模以上工业国有控股企业中主营业务收入最高的地区,其利润在2015—2017年中均为负值,2018年回升后又发生下降,2015—2019年的限额以上批发零售业利润总额分别为-93.84亿元、-206.15亿元、-102.3亿元、20.7亿元、3.4亿元。辽西五市中规模以上工业国有控股企业数量最多的地区朝阳,2015—2019年的限额以上工业国有控股企业利润总额分别为-12.68亿元、0.46亿元、28亿元、37.4亿元、19.7亿元(见图2.74)。

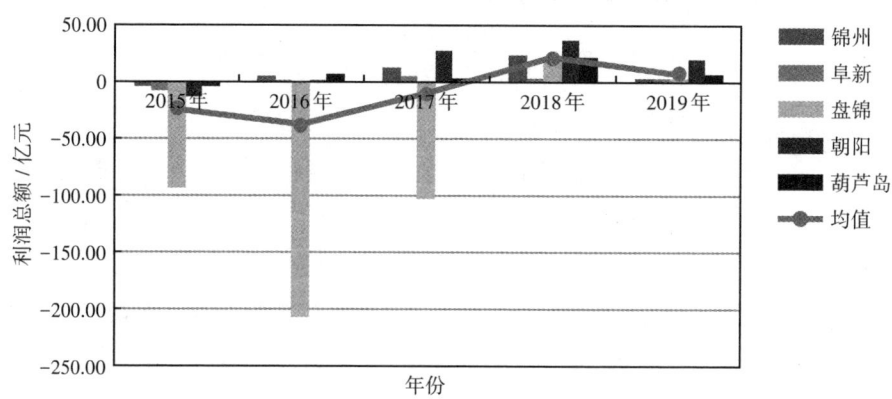

图2.74 规模以上工业国有控股企业利润总额

(2)工业国有控股企业利税总额

辽西五市的工业国有控股企业对地区经济的贡献突出,但2019年发生较大幅度的下滑。锦州除2019年外,其他年份利税总额整体表现较好,2015—2019年的限额以上工业国有控股企业利税总额分别为80.77亿元、75.86亿元、90.4亿元、96.2亿元、3.3亿元。盘锦2016年利税总额为负值,之后回升,2015—2019年的限额以上工业国有控股企业利税总额分别为25.47亿元、-90.61亿元、18.6亿元、144.5亿元、36.0亿元。葫芦岛的规模以上工业国有控股企业利税总额在2019年发生下滑,其他年份为上升趋势,2015—2019年的限额以上工业国有控股企业利税总额分别为83.08亿元、85.78亿元、88亿元、106.9亿元、9.8亿元(见图2.75)。

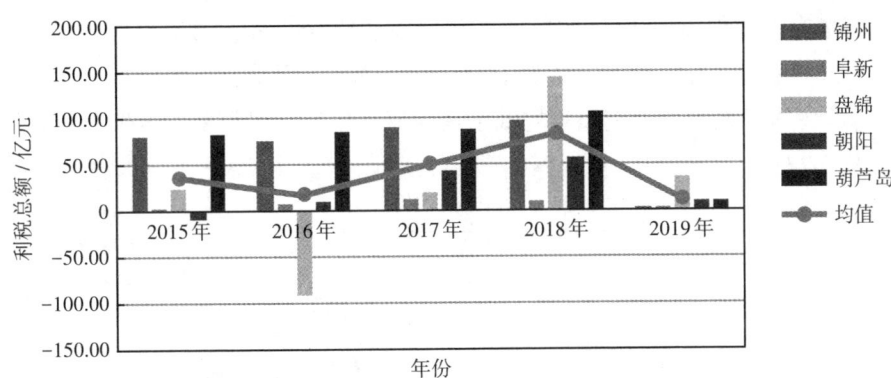

图2.75 辽西五市规模以上工业国有控股企业利税总额

6. 城乡居民可支配收入持续增加，人均消费支出增加

（1）城镇常住居民人均可支配收入

辽西五市的城镇常住居民人均可支配收入持续走高，但低于辽宁省平均水平。盘锦城镇居民人均可支配收入水平在辽西五市中最高，增幅基本在6%左右，2019年达41575元。锦州与盘锦均高于辽西五市均值，城镇常住居民人均可支配收入增幅基本在6.7%左右，2019年达34699元。葫芦岛可支配收入增幅也基本在6%左右，2019年达到32031元（见图2.76）。

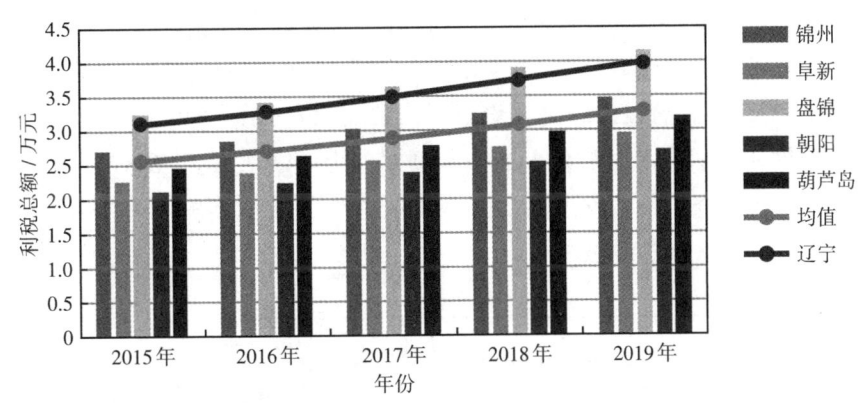

图2.76 规模以上工业国有控股企业利税总额

（2）农村常住居民人均可支配收入

辽西五市农村常住居民人均可支配收入与辽宁省均值基本持平，表现为逐年增加，增幅变化较小。锦州农村常住居民人均可支配收入2015—2017年增幅基本维持在7%左右，但2018年增幅下降至15384元后，2019年回升至16817元。盘锦农村常住居民人均可支配收入2015—2017年增幅基本维持在7.5%左右,但2019年与2018年相比增幅达到10.23%。锦州和盘锦的农村常住居民人均可支配收入拉高了辽西五市的总量,但阜新、朝阳和葫芦岛的农村常住居民人均可支配收入均低于辽西五市均值,但仍呈现缓步上升趋势(见图2.77)。

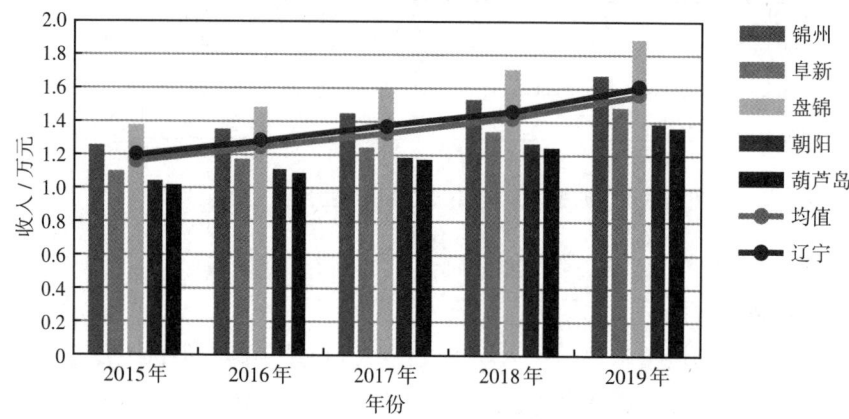

图2.77 农村常住居民人均可支配收入

(3)城市居民人均全年消费支出

辽西五市城市居民人均全年消费支出低于辽宁省均值,但缓步上升,且整体增幅基本维持在7%左右。锦州城市居民人均全年消费支出在2015—2019虽逐年增长,但增幅逐年下降,2019年与2018年相比增幅仅为3%,达到21860.1元。盘锦城市居民人均全年消费支出在2015—2019年逐年增加,但2017年和2019年增幅较低,2019年增幅仅为4.42%,达到26872元。阜新城市居民人均全年消费支出除2016年增幅较大,其他年份增幅基本维持在4.5%左右,2019年达到20598元。

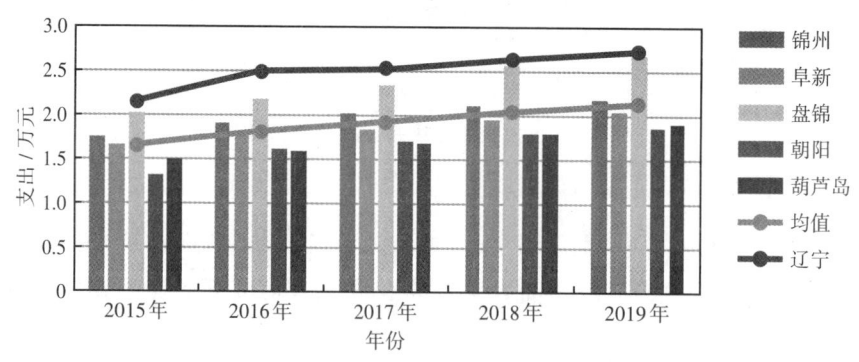

图2.78 城市居民人均全年消费支出

(五)关联性要素分析

1.医疗卫生环境持续改善,文教业较为发达

(1)医疗卫生机构床位数

辽西五市的医疗环境得到不断改善,医疗卫生机构床位数持续增加。锦州2015—2016年床位数增幅为6%,2017年增幅高达14.34%,但2018年增幅下降仅为2.3%,2019年增幅进一步下降,仅为0.55%,至2019年锦州医疗卫生机构床位数为18328张。朝阳的医疗卫生机构床位数在辽西五市中居于首位,2015—2018年的床位数增幅均高于5.5%以上,且2018年增幅达14.33%,但2019年增幅大幅下滑,仅为0.29%,2019年朝阳医疗卫生机构床位数为19944张。阜新、盘锦和葫芦岛的医疗卫生机构床位数2015—2019年也基本呈现上升变化(见图2.79)。

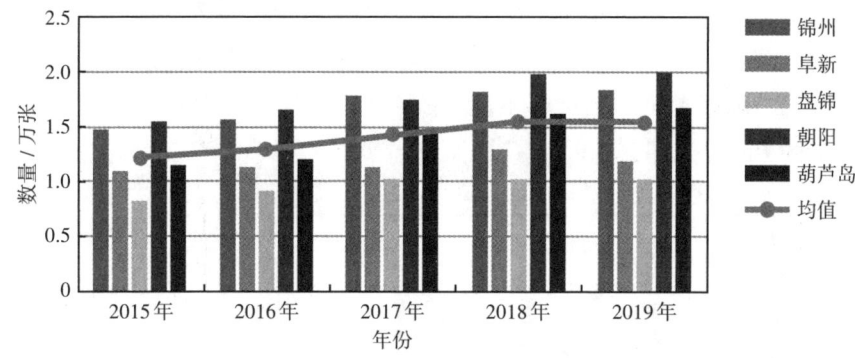

图2.79 医疗卫生机构床位数

(2)公共图书馆藏书情况

辽西五市的公共图书馆藏书量断崖式下滑,2015年和2016年辽西五市的公共图书馆藏书量均值超过了760.72千册,但2016年大幅度下滑,各地区的藏书量下降至100千册左右。锦州在辽西五市中的藏书量最高,2016年高达1463.31千册,但2017年仅为151.09千册,后略有提升,2019年增幅为10.35%,达到169.5千册。阜新、盘锦、朝阳和葫芦岛2017年的藏书量均大幅度下降,后逐步回升,到2019年,阜新、盘锦、朝阳和葫芦岛的公共图书馆藏书量分别为155.5千册、59.7千册、97.5千册、104.2千册(见图2.80)。

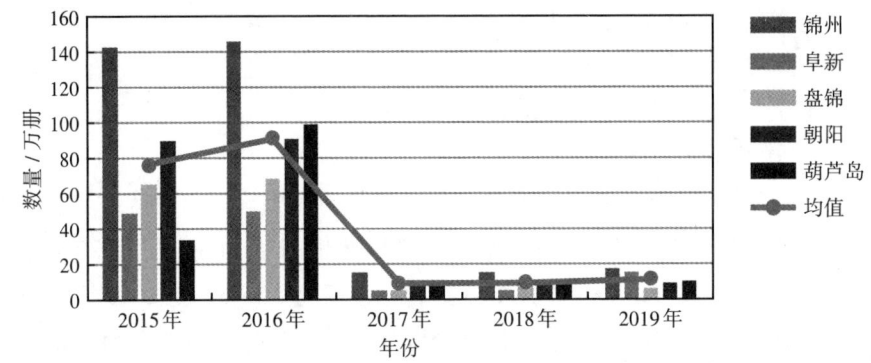

图 2.80 公共图书馆藏书量

（3）本科生数量

辽西五市中本科生数量主要集中于锦州，其次为阜新，本科生数量变化幅度较小。锦州本科生数量占据辽西五市总量的50%以上，但数量逐年缓步下降，降幅减缓，2019年为77635人。排名第二的为阜新，2015—2018年逐年下降，降幅平均在2%左右，但2019年本科生数量有所增加，达到41237人。盘锦、朝阳和葫芦岛的本科生数量相较于锦州和阜新较低，不足辽西五市总额的20%（见图2.81）。

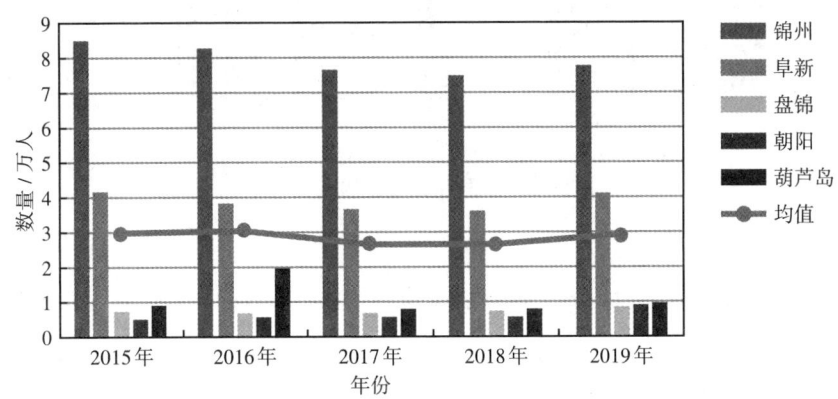

图 2.81 辽西五市本科生数量

（4）普通高校教师人数

辽西五市普通高校教师人数缓步下降，降幅缩窄。锦州为辽西五市中高校最多的地区，普通高校教师人数占辽西五市总量的50%以上，2015—2019年波动幅度较小，其中2017年和2018年为负增长，至2019年锦州普通高校教师人数为4808人。阜新的普通高校教师人数在辽西五市中排名第二，变动幅度很小，2019年达到1888人。盘锦、朝阳和葫芦的普通高校教师人数较少，且基本无变化（见图2.82）。

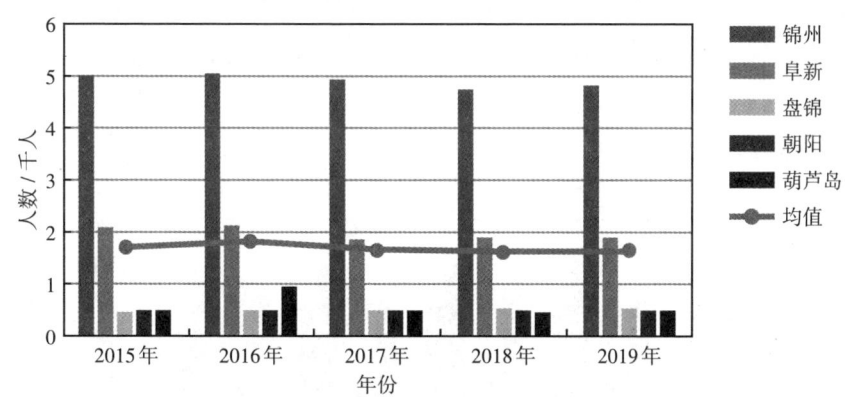

图2.82　普通高校教师人数

（5）影院数量

辽西五市的影院数量逐年上升。锦州地区影院数量五年间增幅较大，由2015年的9家发展到2019年的20个；其次为葫芦岛，2015年为10个，至2019年发展为14个；盘锦的发展速度较快，在2015年时仅有3个，而在2018年增加至12个，2019年未变；朝阳的影院数量变化幅度较小，2015年时为9个，2016—2019年保持在10个；阜新的影院数量最少，2019年仅为2个（见图2.83）。

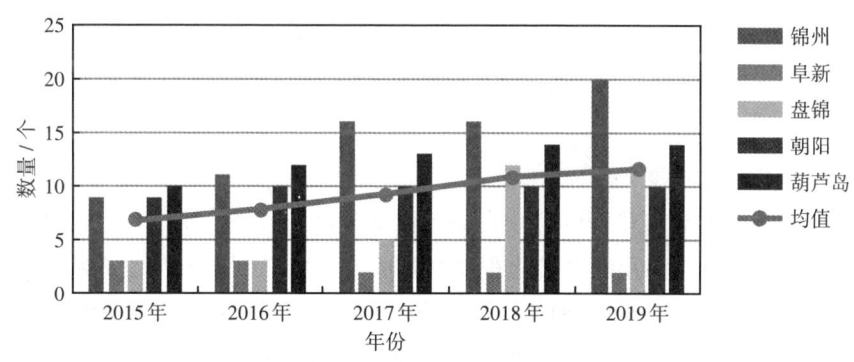

图2.83　影院数量

2.人口老龄化加剧

（1）总人口数量

辽西五市的总人口数量出现负增长，下降幅度较小，降幅基本在0.4%

左右。锦州总人口数量在辽西五市中排名第二，降幅平均为0.8%，至2019年锦州总人口数为293.4万人；朝阳总人口数量在辽西五市中最高，人口数量仍呈缓步下降，至2019年为334.9万人；葫芦岛的总人口数排位第三，也表现为逐年缓步下降，降幅在0.2%左右，至2019年为275.8万人。阜新和盘锦的总人口数变化幅度同样较小，盘锦在2017—2019年总人口数缓步回升（见图2.84）。

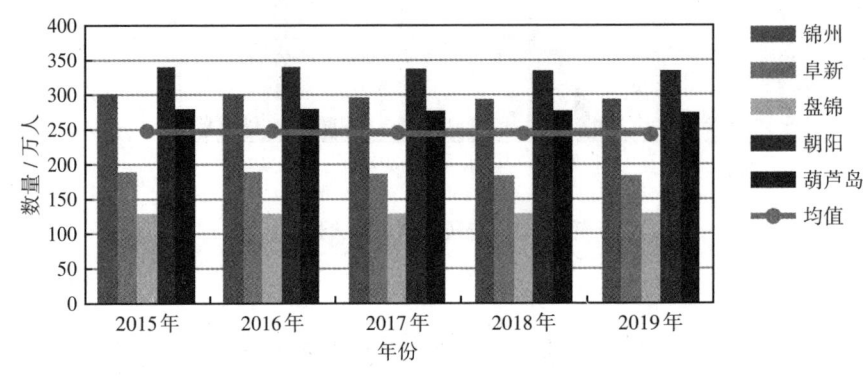

图2.84 总人口数量

（2）60岁以上人口数量

辽西五市60岁以上人口数量逐年增加，幅度在5%左右波动。锦州60岁以上人口数量在辽西五市中最高，且至2019年已达至81.6万人；排名第二的为朝阳，至2019年60岁以上人口数量为74.3万人；葫芦岛排名第三，2019年60岁以上人口数量为65万人。阜新和盘锦的60岁以上人口数量也持续上升，至2019年60岁以上人口数量分别为45.1万人和29.8万人（见图2.85）。

（3）老龄化程度

辽西五市的老龄化程度持续走高，但低于辽宁省平均水平，五年增幅均值为6.16%左右。锦州的老龄化程度增幅收窄，且在辽西五市中老龄化程度最高，至2019年已达到27.81%；阜新的老龄化程度排名第二，至2019年已达到24.55%；排名第三的为葫芦岛，至2019年已达到23.57%；之后为盘锦和朝阳，2019年的老龄化程度分别为22.92%和22.19%（见图2.86）。

第二章 锦州建设辽西区域中心城市的基础和优劣势分析

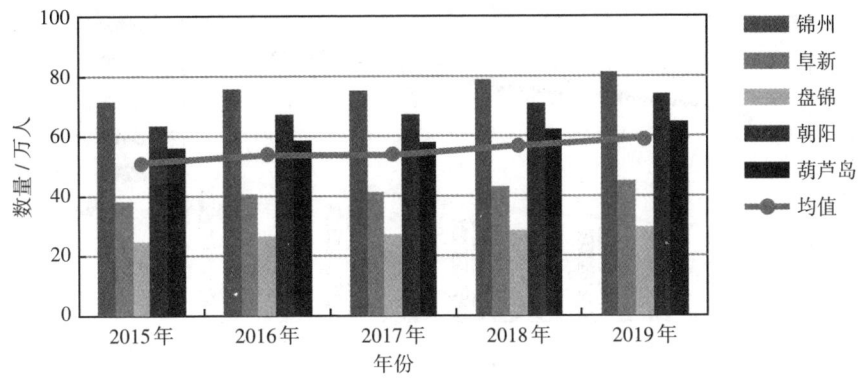

图2.85 60岁以上人口数量

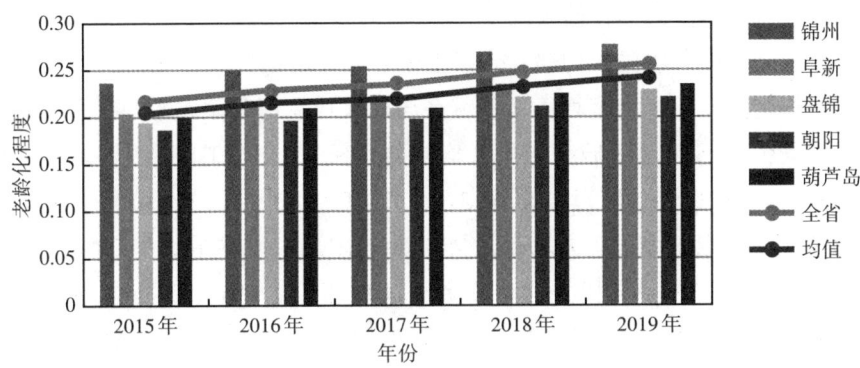

图2.86 老龄化程度

(六) 支撑性要素分析

1.存款余额增幅扩大，贷款持续增加

(1) 金融机构存款余额

辽西五市的金融机构存款余额远低于辽宁省均值，但整体呈上升态势，增幅收窄。锦州金融机构存款余额远高于其他四市，占据辽西五市总额的30%以上，2015—2018年增幅在20%左右，但2019年为负增长，比2018年降低了8.25%，2019年锦州金融机构存款余额为36343458万元。阜新、盘锦、朝阳和葫芦岛的金融机构存款余额均小于辽西五市的均值，并逐年缓步上升，至2019年存款余额分别为12470903万元、22232412万元、19989050万元、22963151万元（见图2.87）。

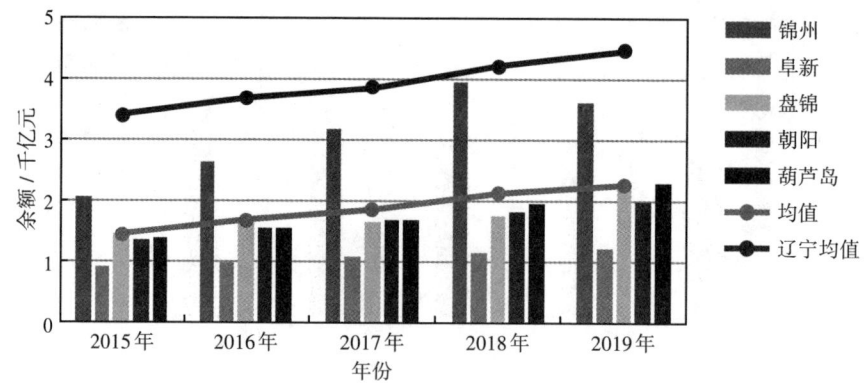

图 2.87　金融机构存款余额

（2）城乡居民人均存储余额

辽西五市城乡居民人均储蓄余额不断升高，增幅扩大，2015—2018年低于辽宁省均值，2019年辽西五市的城乡居民人均储蓄余额大幅度提升，超过辽宁省均值。锦州地区城乡居民人均储蓄余额2015—2018年的增幅基本在20%左右，2019年增幅提高至63.37%，2019年城乡居民人均存款余额达123870元。盘锦城乡居民人均存款余额波动幅度在8%左右，但2019年迅速提升至83.57%，城乡居民人均存款余额2019年为171018.554元。阜新、朝阳和葫芦岛的人均存款余额低于辽西五市均值，2015—2018年波动幅度较小，2019年增速较快（见图2.88）。

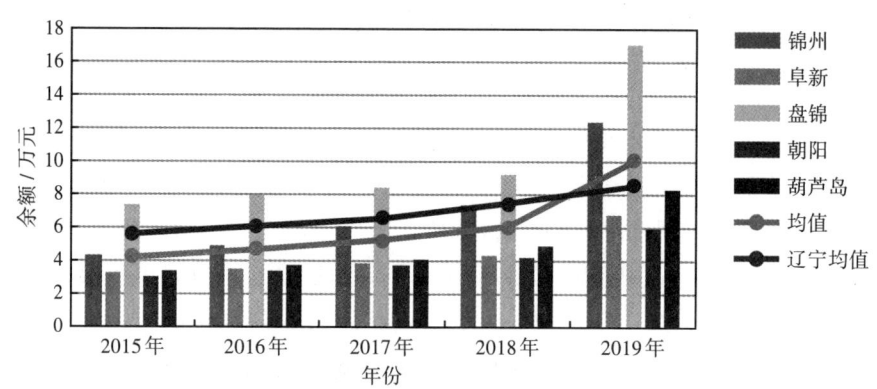

图 2.88　城乡居民人均储蓄余额

（3）金融机构贷款余额

辽西五市的金融机构贷款余额低于辽宁省均值二分之一左右，但呈上升趋势，增幅加大。锦州的金融机构贷款余额远高于辽西其他四市，尤其在

2018年和2019年，占据辽西五市总额的四分之一，五年的平均增幅为7.8%，至2019年锦州金融机构贷款余额为32921022万元。朝阳和葫芦岛的金融机构贷款余额五年的平均增幅在13%左右，阜新和盘锦金融机构贷款余额五年的平均增幅为6%（见图2.89）。

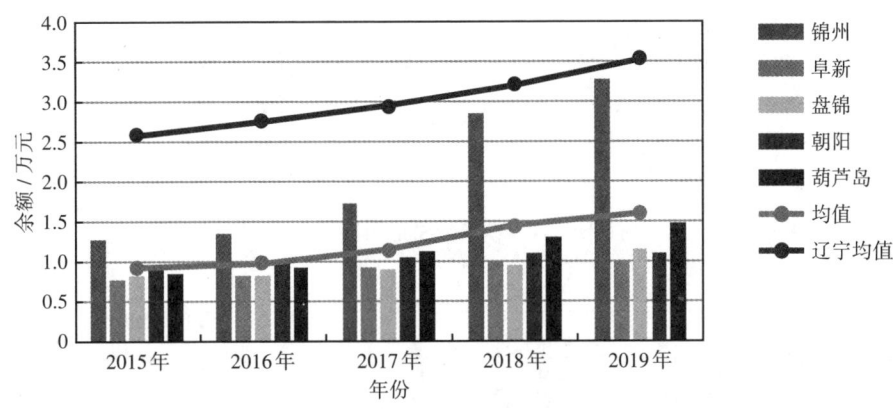

图2.89　金融机构贷款余额

2.交通运输基础设施不断完善，货运总量略有提升

（1）铁路货物运量

辽西五市的铁路货物运输量下滑，虽2018年回升，但2019年再次回落。锦州2015—2018年铁路货运量呈上升态势，增幅为15%左右，但2019年大幅度回落，下降约42.53%，至132.3万吨。阜新的铁路货运量2015—2017年呈断崖式下滑，降幅超过30%，2018年降幅回缩，但仍持续下滑，2019年降幅约为15%，至105.2万吨。盘锦除2019年外，其他四年均下降，2019年有所回升，升至114.1万吨。葫芦岛铁路货运量整体表现为下滑趋势，波动幅度较大，2019年铁路货运量为164.8万吨（见图2.90）。

（2）公路货运量

辽西五市的公路货运量变化较为稳定，缓步上升，虽2015—2016年有所下降，之后回升，增幅为2%左右。锦州的公路货运量在辽西五市中排名第一，货运量最大，增幅平均为1.7%，至2019年达16937万吨。盘锦的公路货运量稳步上升，增幅为2%左右，至2019年为13820万吨。葫芦岛的公路货运量在2015年略高于锦州，之后大幅下降，降幅为28.9%，之后持续增加，增幅基本维持在3%左右，至2019年达12665万吨。阜新和朝阳的公路货运量稳步提升，增速基本在4%左右（见图2.91）。

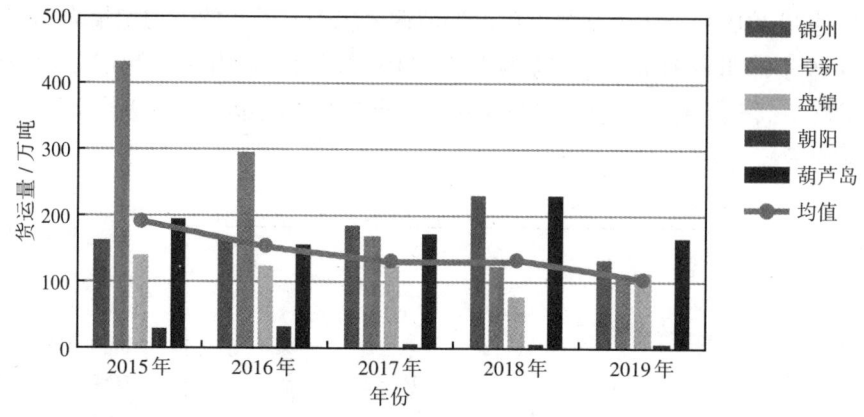

图 2.90　铁路货物运输量图

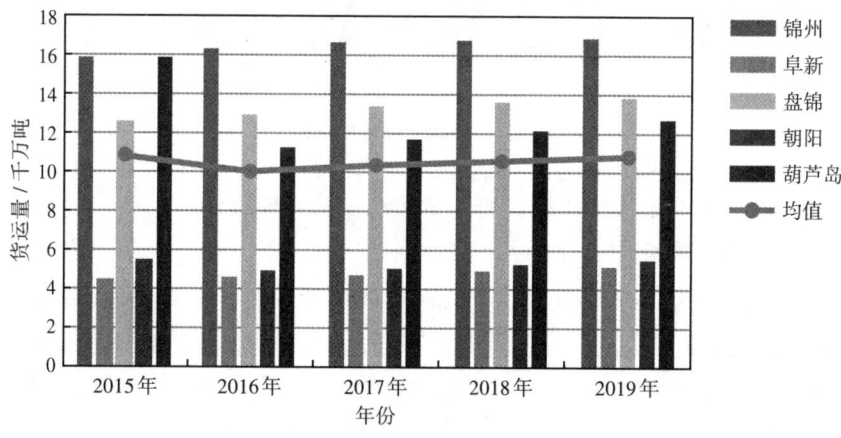

图 2.91　公路货运量

(3) 公路总里程

辽西五市的公路总里程稳步增加，增幅约为3%，虽2018年又小幅回落，但后续进一步增加，但高速公路总里程数约占公路总里程的4%。辽西五市中公路总里程数最高的为朝阳，占辽西五市公路总里程数的三分之一，且五年中公路总里程数均有所增加，增幅约为2%，至2019年已达16572公里。锦州的公路总里程数增幅虽有所收窄，但仍缓步提升，至2019年达9464公里。葫芦岛的公路总里程数至2019年达9709公里。阜新和盘锦的公里总里程数变化较小，至2019年分别为7753公里和4050公里（见图2.92）。

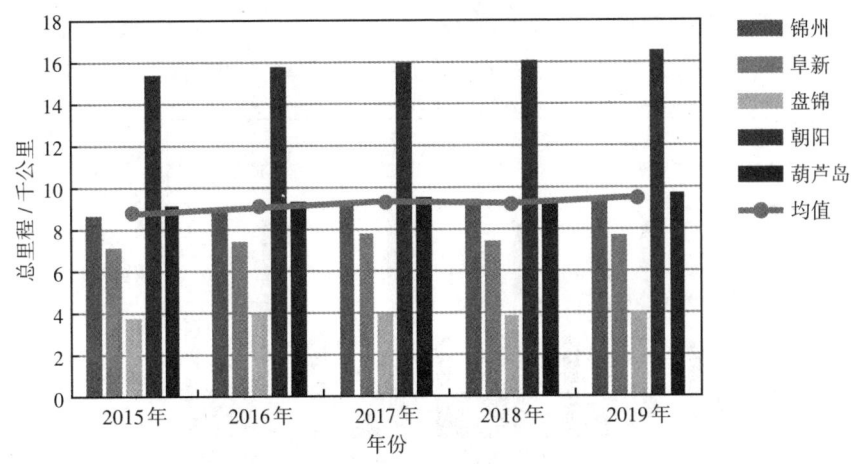

图 2.92　公路总里程

(4) 民用汽车拥有量

辽西五市的民用汽车拥有量逐渐增加,虽 2017 年有所下降,但之后持续回升,且增幅缩窄。锦州的民用汽车拥有量在辽西五市中排名第一,2015 年至 2016 年大幅提升,增幅为 34.5%,之后回落,2018 年增加了 21.85%,2019 年波动较小,已达 472959 辆。朝阳的民用汽车拥有量 2017 年和 2019 年有所下降,但整体表现为上升趋势,至 2019 年已达 418232 辆。葫芦岛的民用汽车拥有量在 2016 年大幅度增加,但之后有所下降,至 2019 年达 420000辆。阜新和盘锦的民用汽车拥有量未达到辽西五市的均值,但整体呈逐年上升趋势(见图 2.93)。

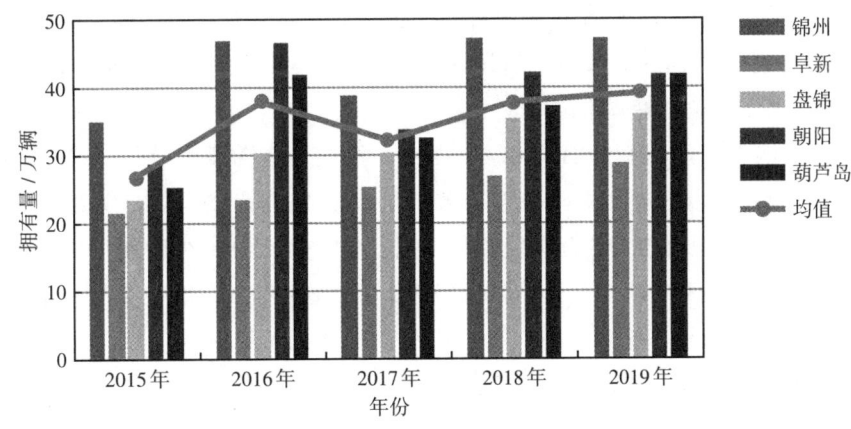

图 2.93　民用汽车拥有量

(5) 港口情况

辽西五市共有三个港口,分别是锦州港、葫芦岛港和盘锦港(见图2.94)。

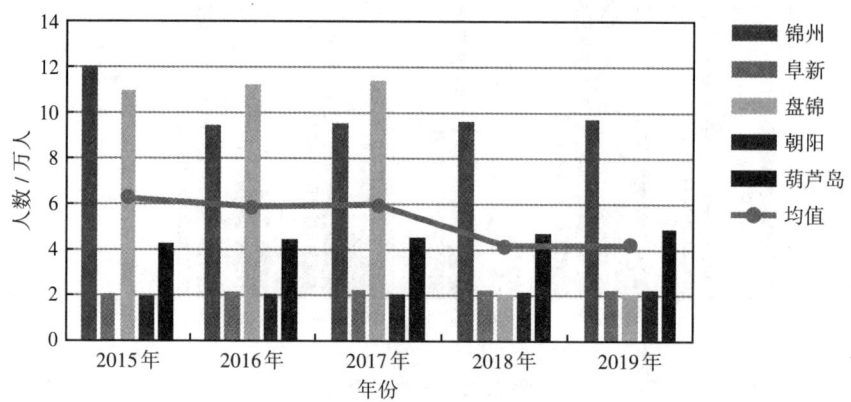

图 2.94 接待入境旅游人数

锦州港位于北纬40°48′,是距辽宁西部,吉林、黑龙江两省中西部、内蒙古东部,华北北部乃至蒙古国,俄罗斯西伯利亚地区最便捷的进出海口,是辽宁省重点发展的北方区域性港口,是国家辽宁沿海经济带建设战略中的重要节点之一。锦州港现有泊位27个,其中包括1个30万吨级油泊位、5个10万吨级散杂货泊位、4个10万吨级集装箱泊位,年通过能力超亿吨,集装箱通过能力360万标箱。主航道全长31千米,底宽320米,航道水深–17.9米,可满足25万吨级油船减载单向通航,5万吨级及以下船舶双向通航。

葫芦岛港地处渤海辽东湾西北岸,总体规划陆域面积7平方千米,水域面积10万平方千米。液体散货码头区泊位9个,最大泊位10万吨级;通用码头区泊位13个,最大泊位10万吨级;集装码头区泊位2个,最大泊位1万吨级。航道总长14.6千米,航道设计底标高为–14.5米,有效宽度为170米,可满足7吨级船舶通航靠泊要求。

盘锦港在东经121°59′,北纬40°41′的交汇处,在渤海湾最北端的海岸线上。盘锦港规划陆域面积31平方千米,现已形成26平方千米;规划建设生产泊位41个,现已投产5万吨级泊位25个。其中,5万吨级通用泊位16个、5万吨级油品专用泊位5个、7万吨级粮食专用泊位2个、集装箱专用泊位2个,年通过能力超过6000万吨。

3.外汇旅游收入下降

(1) 接待入境旅游人数

辽西五市接待入境旅游人数逐年下滑,降速平均为6%左右。锦州接待入境旅游人数在辽西五市中最高,占辽西五市总和的三分之一,但整体呈下降趋势,至2019年人数为97500人。盘锦的入境旅游人数在2015—2017年逐渐上升,且高于辽西五市的平均水平,约占辽西五市总量的15%,但2018年和2019年大幅下降,2019年仅为21104人。葫芦岛地区的入境旅游人数虽低于锦州地区,但五年间呈缓步上升趋势,增速约为2%,至2019年为49100人。阜新和朝阳地区的入境旅游人数较为稳定(见图2.94)。

(2)旅游外汇收入

辽西五市的旅游外汇收入下降,2018年下滑幅度较大。锦州的旅游外汇收入在辽西五市中最高,占辽西五市总量的44%以上,且波动幅度约为1.4%,至2019年旅游外汇收入降为11871万美元。盘锦的旅游外汇收入在2015—2017年较高,但之后大幅下滑,2019年旅游外汇收入仅为1159万美元。阜新、朝阳和葫芦岛的旅游外汇收入合计仅占辽西五市的15%左右,且波动幅度较小(见图2.95)。

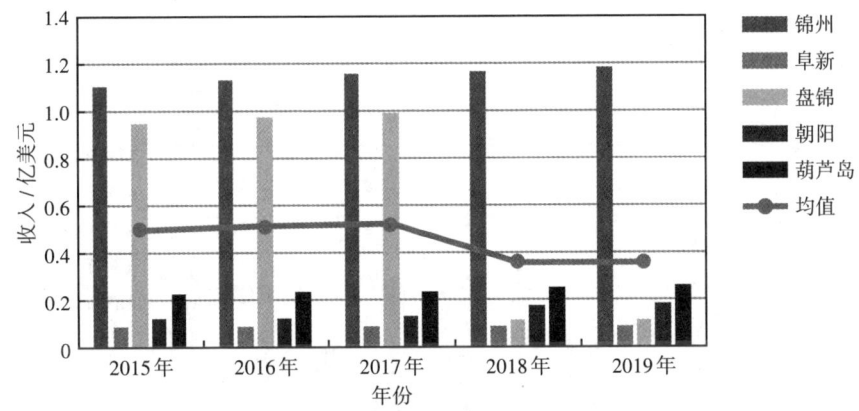

图2.95 旅游外汇收入

4.货物进出口额增加,外贸依存度升高

(1)货物进出口总额

辽西货物进口额逐年上升,且增幅扩大。锦州的货物进口额除2016年外,其他四年均在辽西五市中排名第一,整体呈上升趋势,五年平均增幅约为31%,至2019年达274603万美元。盘锦的货物进口额2017年下降较快,与2016年相比降幅为29%,后迅速回升,至2019年为278636万美元。锦州和盘锦的进口总额占据辽西五市总量的70%以上(见图2.96)。

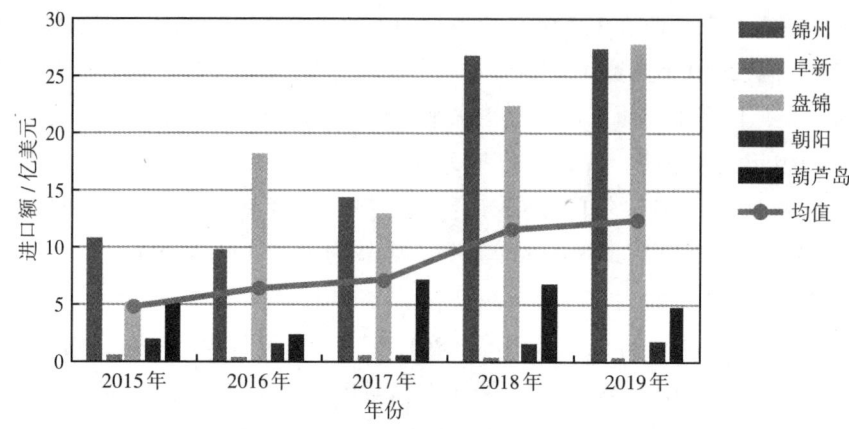

图 2.96　货物进口额

辽西五市的货物出口额下降幅度约为6%。锦州在辽西五市的货物出口额中居于首位，但整体下降，降幅在10%左右，至2019年货物出口额为66892万美元。葫芦岛的货物出口额在辽西五市中位列第二，但降幅低于锦州，与2018年相比大幅增加，增加幅度约为73%，达95917万美元（见图2.97）。

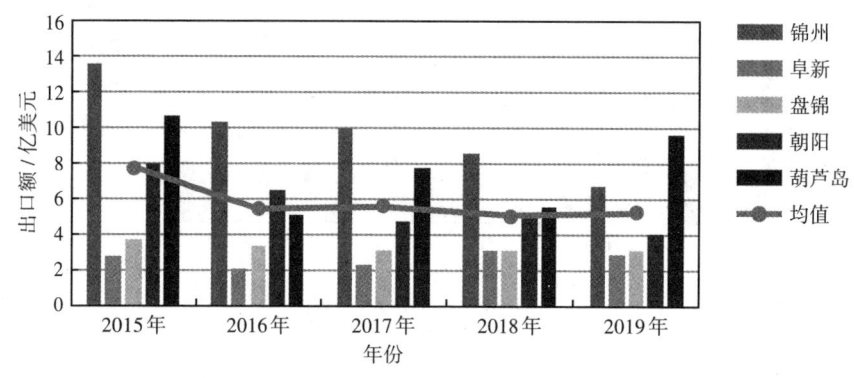

图 2.97　货物出口额

（2）外商直接投资合同项目

辽西五市的外商直接投资合同项目2015—2018年有所增加，但2019年下降。锦州在2015—2018年外商直接投资合同项目数最多，高峰期为14项左右，但2019年仅为4项。盘锦的外商直接投资项目2015年和2017年较高，为12项，但2019年降为7项。葫芦岛的外商直接投资项目2017年时10项，2019年降为8项（见图2.98）。

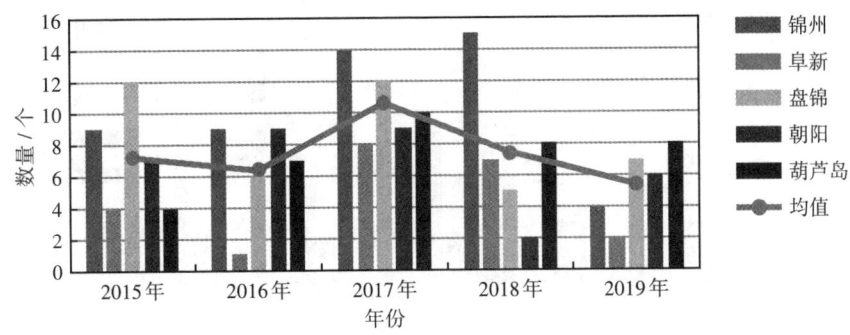

图2.98 外商直接投资合同项目数

(3) 实际使用外资额

辽西五市的实际使用外资额波动较大。锦州2015—2019年间的实际使用外资额整体下降,降幅较大,至2019年仅为6410万美元。盘锦的实际使用外资额在辽西五市中最高,且整体呈上升趋势,至2019年达44330万美元。阜新除2017年的实际使用外资额较高,其他年份均较低(见图2.99)。

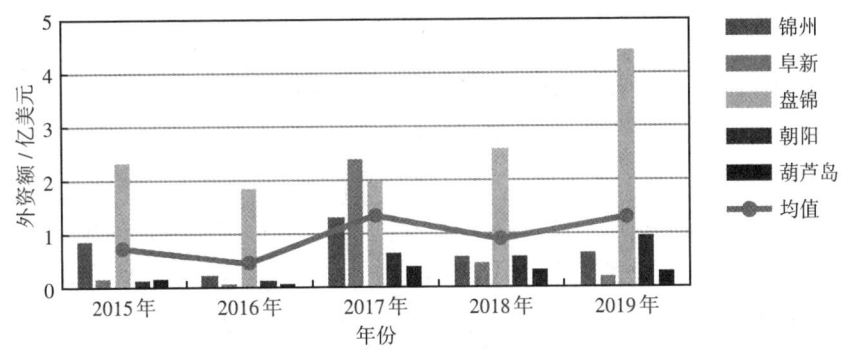

图2.99 当年实际使用外资额

(4) 外贸依存度

外贸依存度为进出口总额与地区生产总值的比值。辽西五市的外贸依存度逐年上升,增幅约为10%。锦州外贸依存度持续上升,增幅在15%左右,至2019年达0.22。葫芦岛的外贸依存度在2015年和2017年较低,其他年份均高于辽西五市均值,至2019年为0.12。盘锦的外贸依存度也同样不断增高,2016—2019年的年增幅超过20%,至2019年外贸依存度为0.17(见图2.100)。

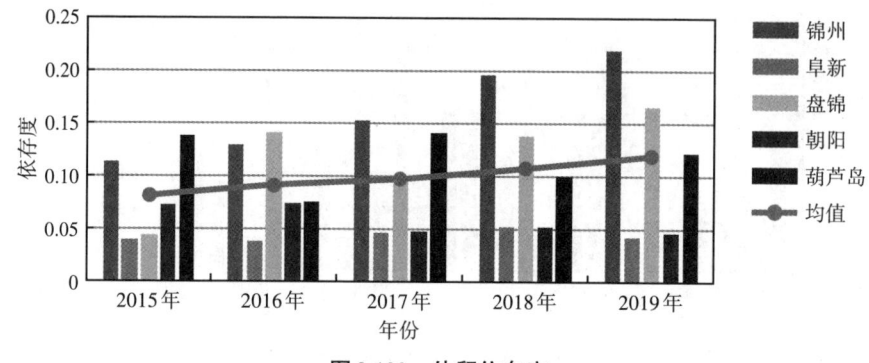

图2.100 外贸依存度

二、锦州建设辽西区域中心城市的优势分析

通过对辽西五市的现状分析,不难发现将锦州地区建设为辽西区域中心城市具有其得天独厚的优势,也成为发展辽西地区经济的必要途径。

（一）地理区位优势

锦州市位于辽宁省的西南部,南临渤海,北依松岭山脉,连接东北内陆与渤海的黄金走廊,位于辽西地区的中心位置,被阜新、朝阳、盘锦、葫芦岛包围;北纬40°48′~42°08′;锦州市是连接华北和东北两大区域的交通枢纽,总面积10301平方千米,海岸线105千米。锦州市境内山脉连绵起伏,地势特征是西北高、东南低,东北部义县和北镇市交界处有医巫闾山脉,西北部有松岭山脉,形成由西北向东南倾斜的地势,依次为低山区、丘陵区、平原区。锦州市土地结构大体是"五山一水四分田"。耕地面积35.78万公顷。其中,水田面积2.04万公顷,旱田面积33.73万公顷;果园面积3.15万公顷;宜林地面积11.09万公顷;牧草地面积1.98万公顷;水域面积8.5万公顷;未利用土地面积20.75万公顷。海岸线总长97.7千米,近海水域面积（0~20米）12万公顷,沿海滩涂面积1.77万公顷。锦州市海岸带东起大凌河口,西至青浦河,全长166.5千米（包括陆岛沙）。锦州市沿海由东北向西南延伸,处于我国内海渤海的北部、辽东湾西岸。锦州市海岸较平直,沙岸多,岩岸少,岛屿较少,主要岛屿有大笔架山岛、小笔架山岛等。锦州有明礁和干出礁共4座,为石车子礁、石坟礁、大风匣礁、小山子礁。

（二）交通运输优势

锦州是连接华北和东北两大区域的交通枢纽，是秦沈高速铁路客运专线、京哈铁路和京沈、锦朝、锦阜高速公路与国道102线的交汇之处，距离省会城市沈阳只有2个小时的车程，距离首都北京只需3个小时的火车车程，通过锦州机场中转联航可在一日内飞往全国各地。在东北地区，锦州拥有得天独厚的交通优势，是东北地区唯一同时具有海港、空港、铁路、公路和管道运输的枢纽城市。锦州与朝阳、阜新、盘锦、葫芦岛等周边城市形成"1小时城市群"，是交通部批准的辽西唯一的国家级公路运输枢纽城市。

1.公路

锦州拥有通往全国28个省、市、自治区的公路客运线路452条，公路客运车辆1080台，日发车班次1885个，日均输送旅客5.9万人次。锦州公路总里程9464千米，其中高速公路234千米，普通公路9230千米。锦州已形成了以高速公路为主骨架、国省干线为主通道、县乡和农村公路为脉络，干支相连，城乡互通，四通八达，顺畅便捷的公路网体系，为拉动锦州经济社会快速发展起到了重要作用（见图2.101）。截至2019年以来，锦州地区在辽西五市中公路货运量和客运量均处于首位2019年公路货运量为16937吨，占据辽西五市的31%；客运量为4271万人，占据辽西五市的31%（见图2.102和图2.103）。锦州民用汽车保有量截至2019年已达472959辆，约占辽西地区的24%（见图2.104）。

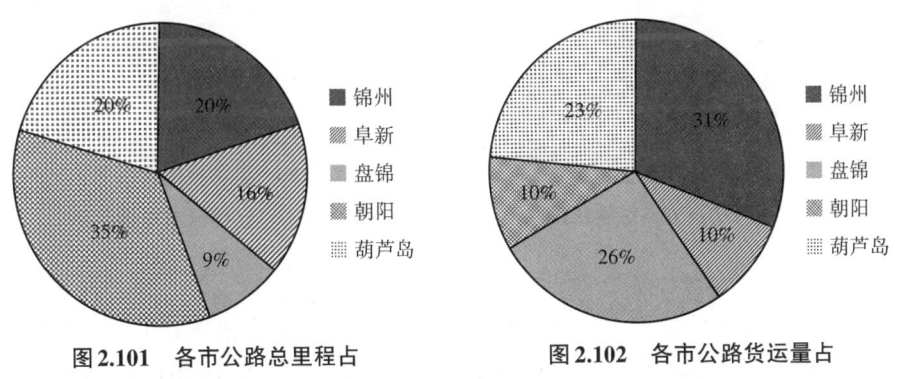

图2.101　各市公路总里程占辽西五市总量比例

图2.102　各市公路货运量占辽西五市总量比例

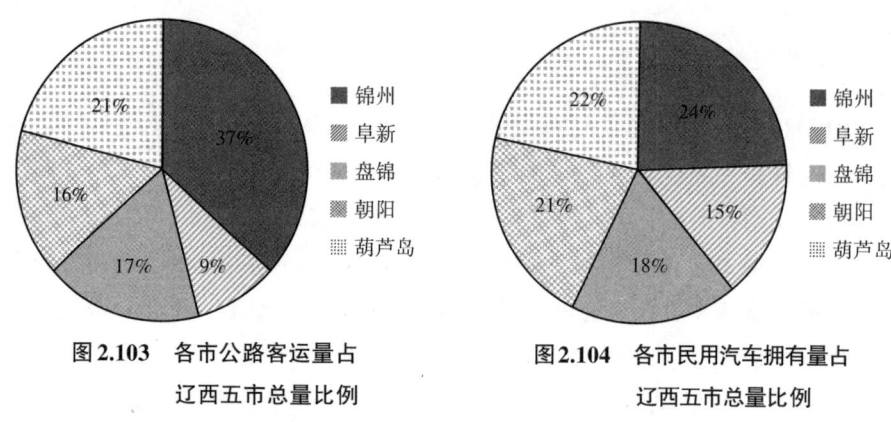

图2.103　各市公路客运量占　　　　图2.104　各市民用汽车拥有量占
　　　　辽西五市总量比例　　　　　　　　　　　辽西五市总量比例

2.铁路

作为中国交通大动脉的京哈铁路和秦沈电气化高速铁路客运专线横贯锦州全境，境内8条铁路纵横交错，与沈阳、大连、天津等城市形成了"3小时城市群"。锦州市主要车站为锦州站、锦州南站（普高一体）、黑山北站、大虎山站（二等站）、新立屯站（二等站）、沟帮子站（三等站）、凌海站（三等站）、义县站（三等站）等。锦州的铁路货运量占据辽西五市总量的26%，铁路客运量占据辽西五市总量的40%（见图2.105和图2.106）。

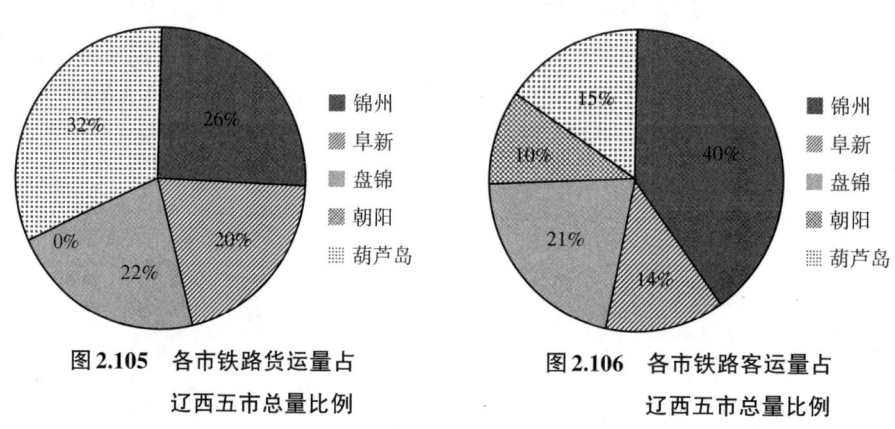

图2.105　各市铁路货运量占　　　　图2.106　各市铁路客运量占
　　　　辽西五市总量比例　　　　　　　　　　辽西五市总量比例

3.航空

锦州湾机场，位于中国辽宁省锦州市凌海市建业乡机场路1号，距辽东湾8千米，距锦州港22千米，距锦州市中心24千米，为4C级中国国内支线机场、东北地区第一个迁建机场、中国第一个考虑机场建设与航空工业园区规划统一布局的机场，位于辽宁省锦州市滨海新区机场路1号，是辽西地区的枢纽机场，距锦州火车站25千米、距盘锦市130千米、距阜新市130千米、距朝阳市110千米、距葫芦岛市50千米。2008年，锦州市启动锦州机场迁建工作；2015年12月10日，锦州湾机场启用，原锦州机场民航业务全部转场至此。锦州湾机场航站楼面积1万平方米，设廊桥3座；站坪设6个机位，其中1个B类机位，5个C类机位；跑道长2500米，宽45米；可满足年旅客吞吐量80万人次、货邮吞吐量3750吨的使用需求。2019年，锦州湾机场共完成旅客吞吐量38.5467万人次，同比增长31.0%，全国排名第161位；货邮吞吐量801.0吨，同比下降1.0%，全国排名第133位；飞机起降3248架次，同比增长26.5%，全国排名第188位。

4.航运

锦州是辽西地区乃至中国环渤海地区重要的港口城市。锦州龙栖湾港位于辽东湾西部、锦州市西南滨海，港区所属龙栖湾新区辖境，是辽宁沿海经济带的重要组成部分，是锦州市建设辽西区域中心城市、发展临港产业的重要依托。随着辽宁沿海经济带上升为国家发展战略，龙栖湾港已被列入国家"十二五"发展规划，成为环渤海乃至东北经济发展的重要核心区域。锦州港是中国沿海最北部、渤海西北部400千米海岸线唯一全面对外开放的国际商港，中国沿海最北部对外开放商港和中国首家股份制港口，已跻身于中国港口二十强，是辽宁省重点发展的北方区域性枢纽港。锦州港全年均可正常作业，腹地覆盖中国东北西部、内蒙古东部乃至蒙古国和俄罗斯远东地区，运输航线通达中国南北方各个港口，已同80多个国家和地区建立通航关系。港口已建成包括25万吨级油泊位、10万吨级散杂货泊位和5万吨级集装箱专用泊位在内的19个泊位，具备内外贸集装箱运输、油品、大宗散杂货的装卸、仓储、运输等多项功能。锦州港拥有4油、3集、8杂15个生产性泊位和1个辅助性泊位。锦州港2015—2019年货物吞吐量分别为9192万吨、8949.9万吨、10510.97万吨、10960.4万吨、11340万吨，已突破亿吨大关；集装箱吞吐量分别为81.9万TEU、82.5万TEU、121.77万TEU、162.1万TEU、188万TEU（见图2.107）。

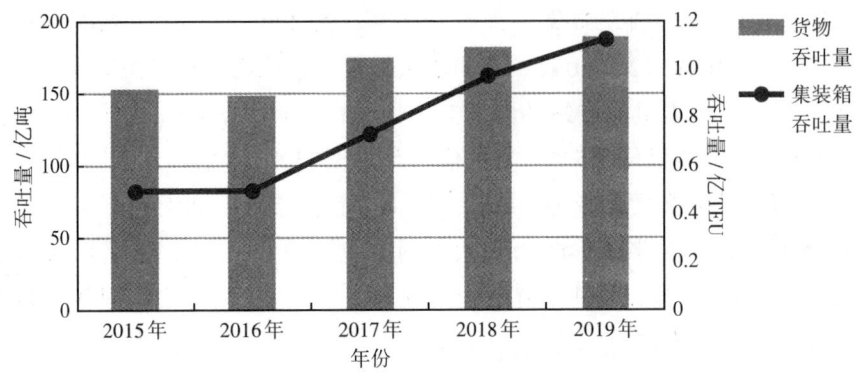

图2.107 锦州港货物吞吐量和集装箱吞吐量

(三)自然资源优势

1.海洋资源

锦州是辽宁省主要产食盐区之一,海岸线总长97.7千米,素有"海上锦州"的美誉。近海水域面积12万公顷,沿海滩涂面积26.6万亩,25万亩近海渔场。

2.矿产资源

锦州市区域成矿地质条件较好,大地构造位于华北地台的东北部,区域构造位于山海关台拱、辽西台陷带南部及辽北断陷这三个构造的相接部位,由其控制的沉降带和中生代断陷盆地产有煤、耐火黏土、石灰石、石油、天然气。不同期次的侵入岩,尤其是燕山期的侵入岩,控制着内生矿产分布,西部以中生代的火成岩为主,赋存有金、银、铜、铅、锌、铁、锰、磷、煤及其他一些非金属矿产,在沿海一带赋存着丰富的石油、天然气与地下水,东部山区以建平岩群和火成岩为主,赋存着煤、膨润土及其他非金属矿产,平原区主要为第四系,赋存有地下水。锦州地区中生代地层发育,不仅赋存着丰富的煤、石油、天然气及与岩浆作用有关的矿产资源,在我国乃至世界地层研究中有重要的位置,而且有鸟类、鱼类、爬行类、叶肢介、昆虫、植物、孢粉和轮藻等各门类的化石,组成了极其丰富的"热河生物群",并已称著于世。全区现已发现矿种48种,可开发利用的34种,已被开发利用的22种,其中主要有煤、石油、天然气、金、银、萤石、膨润土、花岗岩等。

(1)能源矿产

区内已知有煤、石油、天然气、油页岩和泥炭。煤资源较为丰富,据统计，截至2004年年底全区尚有煤炭储量1.2亿吨，主要分布在凌海市班吉塔镇、义县九道岭镇、前杨乡和黑山八道壕镇地区。石油、天然气主要分布在凌海市与盘锦市交接地区及辽东湾锦州海域，锦州采油矿区面积57.27平方千米，提供地质储量1.8亿吨。油页岩分布于义县头台满族乡上侏罗统金刚山组中，估计储量50万吨（由于销路不清，未开发利用）。泥炭分布于凌海市大湖乡，估计储量30万吨，由于地质工作程度低未被利用。

（2）金属矿产

锦州市已发现矿产地45处，其中贵金属23处，矿种为金、银；黑色金属7处，矿种为铁、锰；有色金属13处，矿种为铜、铅、锌、钼、汞和镍；稀有元素1处，矿种为锗；稀有金属1处，矿种为独居石。除金、银、铁外，其余矿种均未被开发利用。截至2004年年底金储量为34.2万吨，铁储量为42万吨。

（3）冶金、化工辅助原料及特种非金属

硅石共有矿点8处，位于义县大榆树堡镇，凌海市三台子镇、高峰和双羊镇，太和区女儿河、营盘乡和天桥区。白云岩主要分布在义县头台、留龙沟满族乡和聚粮屯满族乡，北镇市高山子、汪家坟，保有储量7585万吨。耐火黏土分布于凌海班吉塔镇一带，保有储量53万吨。萤石、重晶石分布于义县头道河满族乡、刘龙台和地藏寺，仅地藏寺三宝屯为大型矿床，保有储量61万吨。水晶仅在义县瓦子峪，有压电和熔炼2种，保有储量71吨。其他如钾长石见于凌海高峰乡、义县头台乡、天桥孙家湾和后三角山；磷矿见于天桥、凌海娘娘宫和高峰乡、义县头台乡、北宁广宁和汪家坟乡；红柱石见于黑山蛇山子。上述矿产均未被开发利用。

（4）建筑材料及其他非金属

膨润土是锦州市主要矿产，其中黑山钠质膨润土矿为大型矿床，余者为义县后营沟、凌海羊草甸子、义县小石厂等，截至2004年年底保有储量3218万吨。石灰岩主要分布于凌海班吉塔镇，小凌河后石灰窑子规模最大，储量1.09亿吨。沸石有7处矿点，在义县上石厂、下石厂、后营沟、土岭沟、从查沟和市区观音洞，保有储量404万吨。高岭土仅义县二台一处，储量为40万吨。花岗岩是锦州市主要矿产，分布于闾山周边地区，储量达1.4亿立方米。其他还有长石、珍珠岩、黑耀岩、玄武岩、滑石、硅藻土、玛瑙、白垩土、石墨、石棉等。

(5) 矿泉水和地热

矿泉水现已发现4处，即太和区钟屯和电厂附近、北宁沙河子和凌海大碾子地区。地热共发现2处，汤池子地热位于凌海市沈家台乡汤池子村，汤河子地热位于太和区女儿河乡北汤河子村。锦州市主要泉水有白碴子泉、稍户营子泉、牛角山泉、老黑山泉、兴龙泉、双兴泉、汤池子温泉、汤河子温泉。

3.风能资源

辽宁锦州藏东风电场位于锦州北侧的余积镇藏东村。其地理坐标为东经121°15′，东纬41°15′，场址位于辽宁风能资源丰富区内。藏东场址为台地，台地四周为平原。台地又可分为南北两块，每块呈东西走向，长约3km，南北约2km。由于该场址周围大多为平原，加之处于季风气候区内，夏季盛行偏南风，冬季盛行偏北风，南北向气流在这里受地形强迫作用抬升加速，风速比周围地区明显偏大。该场地的地形特点及道路、电网等社会自然条件有利于建设风电场。

(四) 文化科技优势

1.文化底蕴深厚

锦州历史悠久，目前拥有各级文物保护单位166处，其中国家级文物保护单位10处。锦州战国时属燕、秦；西汉属辽西郡；东汉属辽东国；魏、晋、北朝属昌黎郡；隋属柳城郡；唐初属营州，后属安东都护府。公元911—926年，辽太祖耶律阿保机"以汉俘建锦州"，始有锦州之名。当年耶律阿保机将中原一带养蚕织锦业者作为汉俘掳掠至此，让这些人为辽国在此地种桑养蚕，织锦刺绣，此地遂成锦绣之州，故名锦州，锦州之地的繁荣也由此开始。正是这一历史时期，给锦州城及其周围区域留下大量的古迹建筑，很多至今保留完好，成为其历史遗存之精华所在。比如锦州义县奉国寺、锦州大广济寺及众多的辽塔遗存。又因为辽代以佛教作为国教，所以辽代古迹遗存以佛教建筑为多，也是古迹遗存中的精华部分。

2.旅游资源多样

旅游资源类型齐全，素以一桥一盘古（笔架山天桥、三清阁海上盘古）、一窟一墓群（万佛堂石窟、辽代龙岗墓群）、一酒一化石（道光廿五宫廷宴酒、宜州古生物化石）、两果两馆（北镇鸭梨、锦州苹果和辽沈战役纪念馆、锦州市博物馆）、三山三河（医巫闾山、北普陀山、笔架山和大凌河、小凌河、女儿河)、三塔(大广济寺塔、崇兴寺双塔)、四寺庙(奉国寺、青岩寺、大广济寺、北镇庙)、五菜(沟帮子熏鸡、北镇猪蹄、干豆腐、锦州烧烤、锦州小菜)而著称。锦州市优势比较明显的旅游资源包括历史文化旅游资源、宗教旅游资源、辽代文化旅游资源、滨海旅游资源、化石旅游资源、红色旅游资源、乡村旅游资源、医巫闾山自然山林旅游资源。

3.教育资源丰富

锦州是辽宁重要的教育中心,拥有辽宁工业大学、渤海大学、锦州医科大学、锦州师范高等专科学校等8所高等院校、24所职业中等专业学校、22家科研院所和15万科技人员,教育和科研实力居辽宁省第3位。锦州地区的公共图书馆藏书量占辽西五市总和的29%;本科生数量超过辽西五市的二分之一,达53%,高校教师数量高达辽西五市的59%(见图2.108、图2.109、图2.110)。

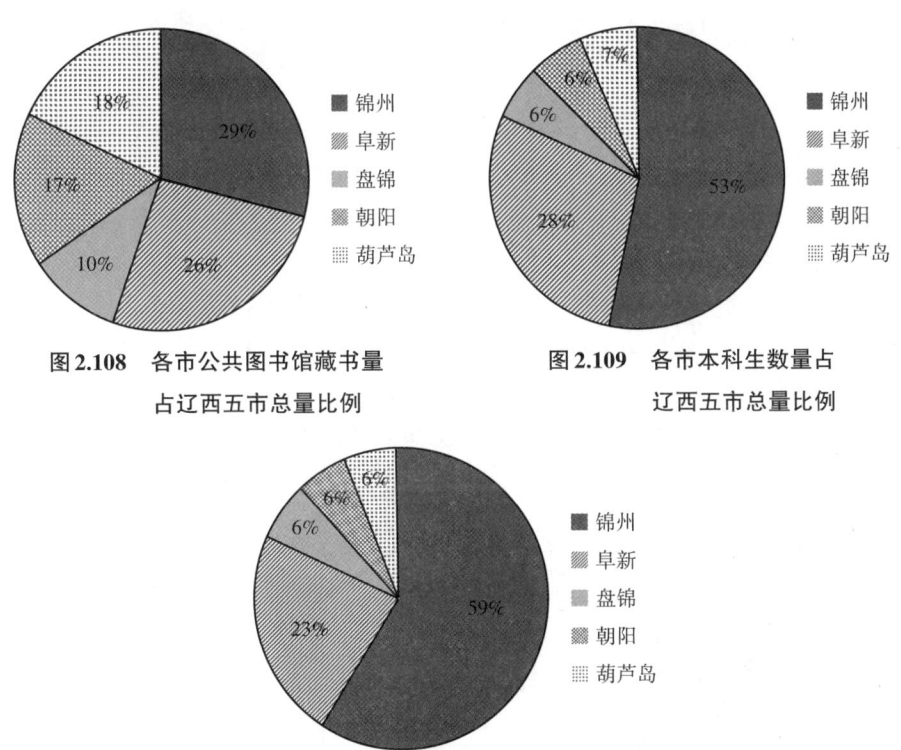

图2.108 各市公共图书馆藏书量占辽西五市总量比例

图2.109 各市本科生数量占辽西五市总量比例

图2.110 各市普通高校教师数量占辽西五市总量比例

4.科技实力夯实

锦州市高技术制造业增加值完成12亿元,占规模以上工业增加值比重

8%。捷通铁路等10家企业被认定为辽宁省"专精特新"小巨人企业称号,神工半导体等21家企业列入省"专精特新"中小企业称号。研发经费支出占地区生产总值比重1.1%,国家高新技术企业154家,15家企业入选辽宁瞪羚独角兽企业,7家高新技术企业"新三板"上市,神工半导体成功上市"科创板",科技创新型中小企业80个,科技进步对经济增长的贡献率为54.5%。国家农业科技园区1个,省级农业科技园区1个,新增省级科技特派团4个,组建省重点实验室24个,省专业技术创新中心34个,市产业技术创新研究院2个,市产业(共性)技术创新中心51个,引进培育科技创新创业人才(团队)21个,引进海外研发团队56个,松山新区升级为国家级高新技术产业园区。锦州创业创新孵化基地和滨海电子商务创新创业基地荣获"国家小型微型企业创业创新示范基地"称号,省备案的众创空间1个,国家备案的星创天地3个,省备案的星创天地13个。锦州市专利申请1929件。其中,发明专利申请415件;专利申请授权量1536件,其中发明专利授权180件。4个企业被评为辽宁省知识产权优势企业,技术合同交易额实现18.1亿元,同比增长3.8%。

(五)产业发展优势

1.经济发展迅速、产业结构合理

按可比价格,锦州的地区生产总值虽自2015—2016年增速下降,降速为6.7%,但2017年开始呈逐年上升的态势,2017—2018年的增速均为6%,2019年增速收窄,为2.5%(见图2.111)。锦州的生产总值2019年占辽西五市总量的24%,位列辽西五市第二,仅低于盘锦(见图2.112)。

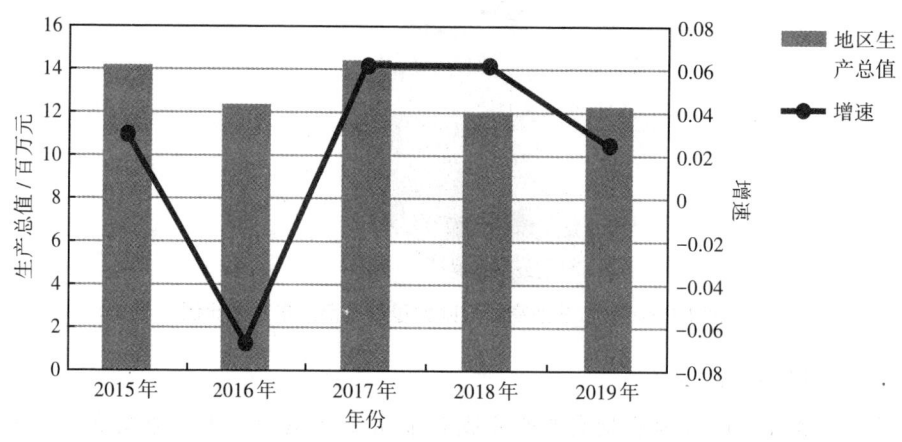

图2.111 锦州地区生产总值与增速

第二章 锦州建设辽西区域中心城市的基础和优劣势分析

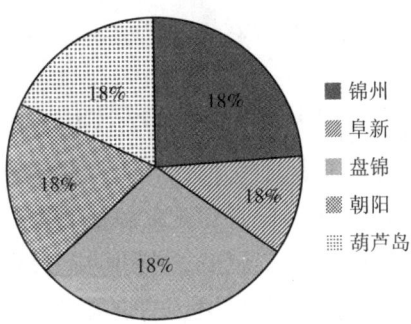

图2.112　2019年地区生产总值占比

锦州三大产业比例由2015年的第一产业为16%、第二产业为43%、第三产业的41%，转变为2019年的第一产业为18%、第二产业为26%、第三产业为56%，已实现了产业结构由"二三一"向"三二一"的转变，"三二一"的产业结构被世界公认是一种理想的经济结构，这也标志着作为传统工业城市的锦州进入了由现代服务业引领发展的新时代，锦州已实现由过去单一的工业拉动经济向服务业与工业共同拉动经济转变（见图2.113）。从"二三一"向"三二一"转变，反映的是锦州发展理念的不断提升，体现的是锦州在新时代下的高质量发展。而盘锦2019年的三大产业占地区生产总值的比例为第一产业为8%、第二产业为54%、第三产业为38%。

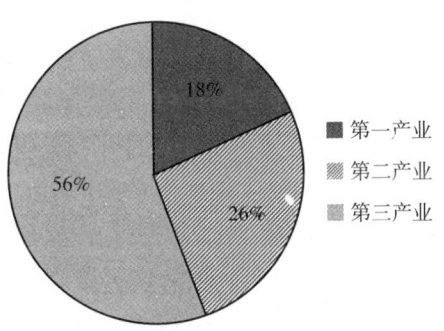

图2.113　锦州2019年三大产业占比情况

2.工业基础雄厚、工业品种多样

锦州作为辽宁工业的重要组成部分，其工业发展具有悠久的历史，也是我国的重要工业城市之一，工业基础雄厚。中国第一只晶体管、第一块石英玻璃、第一根锦纶丝、第一座电子轰击炉、第一支人造塑料花都诞生在这里。以石油、化工、机械电子业为主体构成锦州坚实的工业基础，中国石油集团公司锦州分公司、东港电力有限公司、攀枝花钛业有限公司、锦泰金属

77

工业有限公司等一批大型企业坐落在锦州。锦州经济技术开发区、锦州高新技术产业开发区蓬勃发展起的一大批高新技术先导企业成为极具国际市场竞争力的新锐。锦州有近百种高新技术产品和数千种产品远销四海，50米举高平台消防车填补国内空白，"道光廿五"白酒誉满海内外；三峡工程、"神舟五号"飞船都用上了锦州的产品。锦州正加快精细化工、焊接材料等产业为重点的六大工业生产基地建设，打造着"锦州号"行业巨轮、新材料、汽车零部件等四大新兴产业。锦州通信发达，是中国东北三大通信枢纽之一，移动电话占有率居辽宁省前列。随着国家经济由高速增长阶段转向高质量发展阶段，锦州也不断转变观念，开拓思路，形成了八大新兴产业。

（1）精细化工产业

锦州现有精细化工企业37户，2019年实现产值近50亿元，占锦州市工业总产值的5.8%。拥有9万吨顺丁橡胶、2万吨聚丙烯、6万吨氯化法钛白粉、10万吨润滑油添加剂和特种氟化物等一批拳头产品。中信钛业氯化法钛白粉填补了我国历史性相关技术空白，康泰润滑油（锦州康泰润滑油添加剂股份有限公司）是国内知名的润滑油添加剂和复合剂专业生产商，永嘉化工（锦州永嘉化工有限公司）已经成为国内二芳基乙烷和苄基甲苯生产能力最大的精细化工企业，惠发天合（锦州惠发天合化学有限公司）氟碳醇及其系列产品达到国际领先水平。

（2）光伏及新能源产业

锦州形成了以阳光能源（锦州阳光能源有限公司）为龙头的产业集群。光伏制造业有阳光能源、创惠新能源（锦州创惠新能源有限公司）等7户企业，主要产品有单晶硅棒、硅片、太阳能组件等。2019年产业链产出太阳能单晶硅棒1.5GW，太阳能单晶硅片2.7GW，太阳能组件2.3GW。锦州市能源电力产业52户，其中风电企业27户，总装机容量124.48万千瓦，年发电量28.89亿千瓦时；光伏发电企业22户，装机容量28.6万千瓦，年发电量3.76亿千瓦时；生物质发电企业3户，总装机容量2.85万千瓦，年发电量1.13亿千瓦时。2019年光伏及新能源产业完成工业总产值75.09亿元，同比增长24.98%，占锦州市工业比重9.22%。太阳能单晶硅棒、硅片行业国内排名前五，组件国内第11名。优势产品为BS组件，电池转换效率高达23%。拥有IBC电池FPC铜箔封装技术，国内只有两家拥有这项技术，这种组件技术处于世界领先水平。

(3) 汽车及零部件产业

锦州有汉拿电机（锦州汉拿电机有限公司）、锦恒气囊（锦州锦恒汽车安全系统股份有限公司）、万友机械（锦州万友机械部件有限公司）等汽车零部件规上企业22家，有国家级企业技术中心1户、省级企业技术中心5户。2019年实现产值42亿元，占锦州市工业总产值5%。汉拿电机是国内知名的汽车发电机与起动机制造商，是国家智能制造及智能服务试点示范项目单位，20万台新能源驱动电机动力总成项目被列为辽宁省高质量发展项目。锦恒气囊是国内最大的自主品牌安全气囊和预紧式安全带制造商，国内综合市场占有率排名第三。

(4) 生物医药产业

锦州有制药企业11户，2019年实现产值27亿元，占锦州市工业总产值的3.1%。共拥有国家基本药物批准文号115个，拥有国家一类新药1个和在研一类创新药3个，省级企业工程技术研究中心3家。奥鸿药业的"奥德金"持续保持国内小牛血制品领域的领先地位，"邦亭"一直名列中国血凝酶类止血药市场三甲。九泰药业消化类用药奥美拉唑畅销国内市场，曾被国家有关部门授予"妇科用药生产基地"的称号。

(5) 新材料及节能环保产业

锦州拥有新型原材料产业企业30余家，主要围绕先进基础材料、关键战略材料和前沿新材料等重点领域，发展新型有色金属材料、新型钢铁材料，发展高性能防水卷材、保温装饰一体板等新型材料，2019年实现工业产值23亿元。锦州市节能环保产业相关企业共计20余家，其中义县西山产业园落户企业18家，规模以上企业2家、投资10亿元以上企业2家。太和区的中信锦州金属（宝钛华神钛业有限公司）、宝钛华神（中信锦州金属股份有限公司）为龙头企业的钛系深加工产品，特别是海绵钛产能可达年产1.1万~1.2万吨，占全国市场的14%。在建的宏拓新材料（辽宁宏拓新材料科技有限公司）钼酸铵产能可达年产1.2万吨，处于业内领先地位。在松山新区锦州大学科技园打造新型金属材料中试基地，先后引进了中科院金属研究所、大连理工大学、东北大学等研究所和高校内的近百名高端人才，拥有特种钢铁材料及高端制品制备技术、高品质铜合金制备技术、钛铝合金绿色制备技术、高熵合金制备技术、镍铝合金催化剂制备技术、3D打印金属粉末制备技术等多项产业化技术，为锦州市特种金属材料研究和产业质量升级提供了有力的技术支撑。金属钛、钼、锆、铬等占有相当大的国内市场份额，二氧化钛、氮化钛、氮化铬、三氧化钼等产能也位居辽宁省省内前列，具有良好的产业优势和发展前景。

（6）装备制造产业

锦州现有规模以上装备制造企业51户，2019年实现产值47亿元，占锦州市工业总产值的5.6%。拥有省级企业技术中心18个。锦州市装备制造业具有输变电、矿山机械、轨道交通、真空设备、包装机械、现代农机制造等多门类产业体系。天晟重工自主研发的63MVA大型密闭电石炉属国内首创，打破国外对超大型电石炉长期垄断。新锦化（锦州新锦化机械制造有限公司）已具备尖端的离心透平技术，其技术和产品与德国西门子、日本三菱等国际厂商相比处于同等水平。捷通铁路（锦州捷通铁路机械制造有限公司）的多项产品已通过中铁检验认证中心（CRCC）及中国中车集团合格供应商的认证；航星新材料（辽宁航星新材料装备有限公司）的单晶定向炉处于国内领先水平，该设备国内市场率50%；科诚电气（凌海科城电气股份公司）生产的电阻器达到国际先进水平。

（7）电子及半导体产业

锦州电子及半导体产业现有规模以上企业18户。2019年实现产值23亿元，占锦州市工业比重3%。锦州市电子及半导体产业具有硅材料、集成电路、汽车电子、电力电子、电子元器件等体系。神工半导体（锦州神工半导体股份有限公司）生产的单晶硅棒、硅环、硅盘、硅筒等产品指标均达到了国际先进水平，产品主要出口日本、韩国，公司已于2020年年初在上海证券交易所科创板成功上市（目前整体收购天工）。辽晶电子产品有十几个系列产品，用户领域涉及航空、航天、兵器、船舶等共计300余家科研院所。圣合科技（锦州市圣合科技电子有限责任公司）研制出我国最大容量的晶闸管模块、组件生产线，填补国内电子领域的多项空白，接近于国际同类顶尖科技水平。锦恒汽车与中国人民解放军第三军医大学合作，成功进行了国内首例采用完整人体样本的静态气囊点爆试验，在技术创新上继续领跑国内同行业。

（8）大数据产业

华为辽宁大区（锦州）云计算中心已投入使用，为锦州市发展大数据产业提供基础支撑。5G基础设施建设和应用推广逐步展开，工业互联网建设持续推进。锦州市信息资源统筹整合，城市综合指挥体系、社会治安综合管理体系不断完善。"锦州通"生态圈初步成型。锦州滨海国家级电子商务示范基地正在建设东北地区最大的互联网呼叫中心、国家电子商务示范基地，为电子商务全产业链提供服务。华为辽宁大区（锦州）云计算中心是华为公司在辽宁省唯一的节点级数据中心，锦州市市政府将全市信息化系统部署至华为云平台，后续与华为全国30余个节点打通后，将对外提供华为公司云相关服务。

3.经济开放度提升

锦州2019年进出口总额235.6亿元，比上年增长0.9%。其中，出口总额46.0亿元，下降18.5%；进口总额189.7亿元，增长7.1%。外商直接投资6410.9万美元，增长10.2%。其中，第二产业外商直接投资5434.5万美元，第三产业外商直接投资976.4万美元。接待旅游入境人数97500人，增加0.5%；旅游外汇收入11871万美元，增加1.5%，在辽西五市中接待旅游入境人数与旅游外汇收入分别占辽西五市总量的45.7%和64.4%，位居辽西首位。

4.商贸集聚效应

锦州是我国北方重要的棚菜种植基地、水果生产鲜贮基地和肉蛋奶供应基地。锦州是辽宁省规划的三大物流中心之一，批发零售贸易额居辽西之首，是辽西地区物资集散地及商贸中心。2019年锦州社会消费品零售总额占辽西五市总量的24%，限额以上批发零售企业数占辽西总量的27%（见图2.114、图2.115）。辽西最大的小商品批发市场位于锦州，是一所综合大型小商品批发市场——辽西小商品批发市场。辽西小商品批发市场由门市和交易大厅及库房区三部分组成。其中，市场交易大厅分东西两个大厅，占地4.6万平方米，宽敞明亮；东大厅分四个区，六扇大门连通市场内外，内设固定摊位1700个，西大厅摊位600个。东西大厅内的商户经营种类繁多，包括小百货、小食品、调料、服装、鞋帽、床上用品、文化用品、小五金、电料、土杂产品等16大类近4万种商品。批发市场有4000多个国内品牌销售点，还包括全国知名品牌鞋系列及全国十大知名品牌衬衫等。全国各地厂家驻辽西小商品批发市场总代理已达4000多家，市场周边有门市300余间，同时设有库房1000余间。在市场的从业人员已达1.5万余人，日均客流量5万多人次，年销售额达20亿元。经销的商品除前店后厂生产的商品及本地商品之外，还来自北京、天津、上海、广东、福建、湖北、山东、浙江、江苏等全国28个省、直辖市。它的从业者和顾客辐射到阜新、朝阳、葫芦岛、盘锦等14个市（县、区）及河北、内蒙古、吉林等省（自治区）的周边地区，目前通往各地的专用物流汽车线路就达46条。

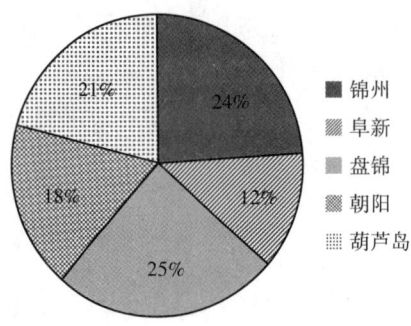

图2.114　2019年各市社会消费品零售总额占辽西五市总量比例

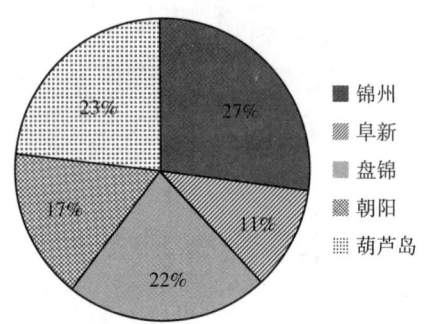

图2.115　2019年各市限额以上批发零售业企业数占辽西五市总量比例

5.金融机构种类齐全、体系完善

锦州市金融业不断发展壮大,金融机构数量、存贷款余额、金融从业人员数量、上市公司数量等指标均居辽西首位,为锦州市加快辽西区域金融中心发展奠定了坚实的基础。2017年新引进设立金融机构6家,其中新增银行机构2家(辽阳银行、营口银行),证券营业部3家(国融证券、长江证券、中银国际证券),融资担保机构1家。2019年锦州金融机构存款余额为3634.3458亿元,比上年下降8%,占辽西五市总量的31.8%;金融机构贷款余额为3292.1022亿元,比上年增加了40.84%,占辽西五市总量的40.85%(见图2.116、图2.117)。锦州多次举办银企对接会议,努力促成意向签约授信,组织金融机构深入资金困难企业,进行"点对点"融资对接服务活动,帮助企业复工复产和上市申报,目前企业通过资本市场发展的能力和意愿不断增强。积极发展小微金融,解决小微企业融资难问题。推动担保公司开展"过桥贷"等业务,为锦州及辽西地区有相关需求的企业提供信贷过桥服务。

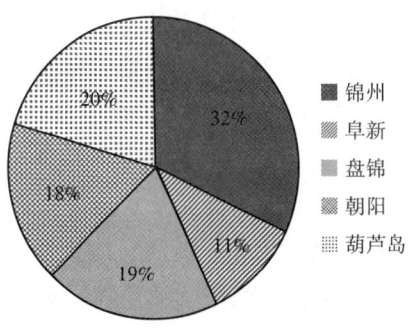

图2.116　各市金融机构存款余额占辽西五市总量比例

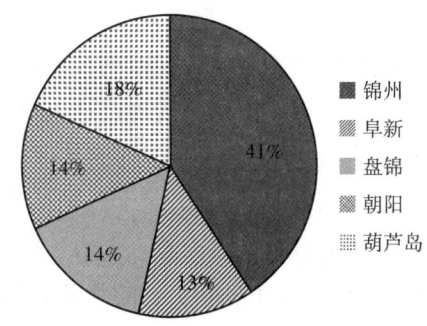

图2.117　各市金融机构贷款余额占辽西五市总量比例

三、锦州建设辽西区域中心城市的劣势分析

（一）经济规模有限，带动能力不足

中心城市的经济规模大小直接影响着其对周边城市的带动和辐射能力。如表2.1所示，目前辽西五市中，盘锦的GDP略高，而锦州仅排名第二，锦州GDP虽为正增长，但增长速度在辽西五市中排名最末，锦州人均GDP不足盘锦人均GDP的二分之一。工业增加值方面，锦州虽高于阜新、朝阳、葫芦岛，但远低于盘锦，盘锦2019年工业增加值占辽西五市总量的43%，葫芦岛占19%，而锦州仅占16%（见图2.121）。2019年固定资产累计投资中，锦州位列第二，仅占辽西五市总量的23%，盘锦则占据辽西五市总量的29%（见图2.119）。

表2.1 2019年辽西五市GDP统计表

城市	2019年GDP/亿元	2019年GDP增速	2019年人均GDP/元
锦州	1222.2	2.5%	35431
阜新	488.1	6.4%	27945
盘锦	1280.9	9.0%	88983
朝阳	843.1	5.3%	28761
葫芦岛	807.1	5.3%	31802

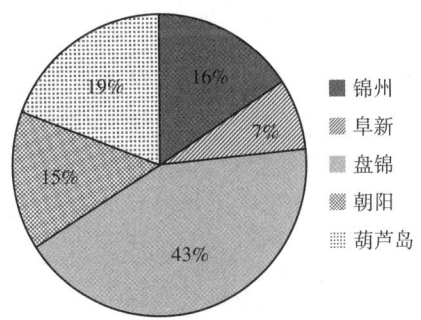

图2.118 2019年各市工业增加值占辽西五市总量比例

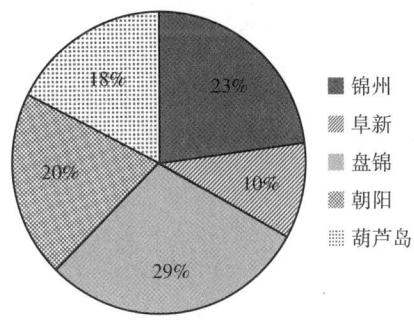

图2.119 2019年各市固定资产累计投资额占辽西五市总量比例

（二）所在城市群规模较小，经济腹地支撑能力受限

区域中心城市的建设和发展，都是依托着一定的城市群作为发展基础和影响腹地。如表2.2，辽宁省被分为辽东、辽西、辽中三个区域，进而形成了相应的沈阳城市群、大连城市群和辽西城市群，锦州处于辽西城市群中，其地理面积除了仅大于大连城市群中的盘锦外，比沈阳、大连、丹东的面积都小很多。而在GDP方面，辽西城市群差距明显，锦州在辽西五市中的GDP排名尚可，但除高于丹东外，与其他城市群的中心城市相比差距很大。这些都反映出锦州在区域服务能力方面存在较大不足。

表2.2 辽宁中心城市所在城市群情况统计表

城市	所在城市群	面积/平方千米	2019年GDP/亿元	总人口/万人
沈阳	沈阳城市群	12948	6470	832.2
大连	大连城市群	12573.85	7002	700.4
锦州	辽西城市群	10301	1073	302.5
丹东	辽东城市群	15222	768	238.0
营口	大连城市群	5402	1328	243.1

（三）文化潜力发掘不足，文化产业发展缓慢

锦州拥有深厚的文化底蕴和文化产业发展基础。目前锦州市共有国家级文化产业示范基地1个（锦州古玩城）；省级文化产业示范园区1个（锦州世博园）；省级文化产业试验园区1个（辽宁石山石雕文化产业园）；省级文化产业示范基地3个（锦州市夏氏满族工艺发展有限公司、凌海花园集团有限责任公司、北镇大朝阳生态民俗文化旅游产业园）；市级文化产业示范基地53个，这些都有利于锦州文化产业的发展。但在产业发展过程中锦州并没有很好地发掘深层次的文化特色，文化产业发展仍然没有达到很好的规模效应。表现在三个方面：一是文化产业发展很不平衡，发展较好的主要是文化旅游等行业，而影视制作、文化创意和印刷包装等产业发展较为缓慢；二是文化产业关联度不够高，还停留在文化资源的浅层次的开发和重复开发上，而深层次的产业开发不足；三是没有形成龙头企业，企业规模普遍较小，没有能够发挥引领、带动作用的领军企业。

（四）创新优势未发挥，科技转化率低

锦州在辽西五市中拥有的高校和科研机构量最多，具有很强的科研实力，在科技创新方面展现出了很强的发展潜力，2019年锦州的专利申请数占辽西五市总量的31%（见图2.120），发明专利数占辽西五市总量的72%（见图2.121），但是这些创新优势并没有发挥出来，没有转化成经济发展的优势。主要根源在于科研成果转化率较低，特别是当地转化率低。很多科研成果仍然存在于论文和实验室里，与企业的需求存在一定差距或者是没有合适的企业能够利用创新成果。锦州本地的龙头企业、创新企业数量不多、质量不高，出现了工业企业无法承接科研成果的尴尬局面。

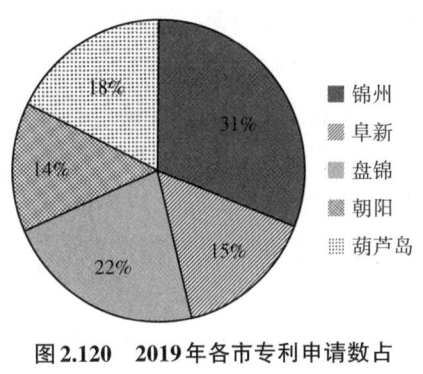

图2.120　2019年各市专利申请数占辽西五市总量比例

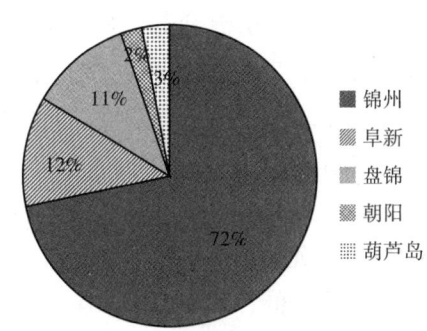

图2.121　2019年各市发明专利数占辽西五市总量比例

（五）城市生态环境保护压力大，城市治理能力仍需提升

2019年锦州人均绿地面积为18.5平方米，而盘锦、葫芦岛和阜新的人均绿地面积均高于锦州，且盘锦的人均绿地面积占辽西五市总量的34%，锦州仅占辽西五市总量的17%（见图2.122）。城市污水处理率仅为97.1%，仅高于葫芦岛。工业废水排放量、工业气体排放量、危险废物产生量和工业固体废物产生量在辽西五市中基本上排名第二，工业环境污染情况较为严重。空气质量优良天数比例在五年中虽有所提高（2019年空气质量优良天数比例为78.4%）但在辽西五市中仍低于阜新、盘锦、朝阳。近年来，机动车数量不断增加，截至2019年，汽车保有量达到47.3万辆，在辽西五市中居于首位，再加上城市建设和工业发展带来的粉尘等问题，城市生态环境保护压力加大，人口环境矛盾突出。

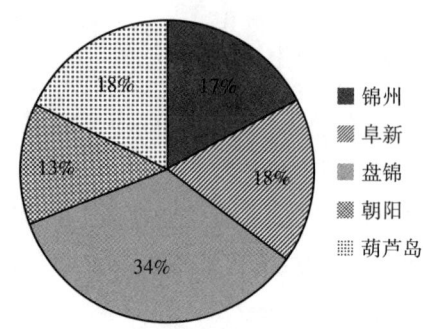

图2.122　2019年各市人均绿地面积占辽西五市总量比例

（六）对外开放程度有限，经贸、文化交流需加强

锦州虽为沿海城市，但在发展对外贸易方面与其他沿海城市相比仍存在很大差距。虽然近几年随着相关国家级省政府发展战略和政策的支持，锦州的对外贸易有了较快的发展，但是与其他中心城市相比差距仍然较大。如与营口相比，营口2019年的进出口总额为364575万美元，实际利用外资额为13974万美元，而锦州进出口总额仅为274603万美元，实际利用外资额为6411万美元，由此可见差距之大。锦州的对外贸易存在着整体规模较小、外贸依存度偏低、外贸出口结构不合理等问题，需要进一步调整和完善。在对外文化交流方面，锦州每年接待对外旅游人数量、外国常住人口数量及针对外国人服务项目等方面都存在劣势。锦州要建设区域中心城市，提高对外开放程度和交流水平，一定要从官方、民间两方面努力，增强对外吸引力，完善服务水平。

第三章 锦州建设辽西区域中心城市的机遇和挑战分析

随着经济全球化的不断发展,国际市场出现了新的特点和趋势。在辽宁老工业基地发展和振兴的关键时期,锦州建设辽西区域中心城市将处于大有作为的战略机遇期,但也将面临着严峻挑战,如何抓住机遇,迎接挑战,披荆斩棘,是锦州市"十四五"时期最重要的一项战略任务。

一、锦州建设辽西区域中心城市的机遇分析

(一)面临着全球经济开放融合的新机遇

对于全球的制造业而言,分工体系重构加速,高端的制造领域向发达国家"逆转移"现象越来越明显,而中端、低端的制造环节向东南亚和南亚等发展中国家转移速度越来越快。因此,在国际分工协作方面更加紧密、国际商贸流通也变得越来越便捷,这将为锦州建设成辽西区域的中心城市打下良好的基础。

(二)面临着国内经济高质量发展的新机遇

我国的经济发展处在"质量、效率、动力"三大变革的关键阶段,产业朝中高端的消费结构发展,经济发展进入新时期,新的增长点、新的增长极、新的增长带将不断发展壮大,深化供给侧结构性改革,围绕鼓励科技创新、构建双循环经济新格局等出台的一系列政策意见,将有效激发锦州建设辽西区域中心城市的内生动力。在"一带一路"倡议、东北振兴战略和京津冀协同发展战略下,锦州作为连接京津冀与东北地区的关键节点,将会迎来高质量发展的新机遇。

(三) 面临着需求潜力巨大的省内机遇

辽宁省地处环渤海经济区，长期以来就是我国石油化工、原材料及装备制造业的基地。而锦州市作为辽宁省参与环渤海竞争的主要组成部分，发展基础优势显著，经济实力逐步增强，为锦州建设辽西区域中心城市提供了广阔的空间。无论是国家还是辽宁省都对锦州市未来发展有着更高的期盼，"一带一路"倡议、京津冀协同发展、《中共中央 国务院关于全面振兴东北地区等老工业基地的若干意见》等的同时实施，为锦州的发展注入了很多新的动力。"互联网+"行动计划、"中蒙俄经济走廊"建设、"中国制造2025"、"实现碳达峰、碳中和"等都将有利于锦州建设辽西区域中心城市。

(四) "五大安全"的战略机遇

习近平总书记指出，东北三省是我国重要的工业、农业基地，生态安全、国防安全、产业安全、粮食安全、能源安全很重要，关系到国家发展的大局。辽宁省是东北三省唯一沿海省份，维护国家"五大安全"的战略地位，不仅仅是政治任务，也是构建新发展格局难得的契机。在生态安全方面，辽宁省因为有着良好的旅游、生态资源，所以有利于推动旅游、文化等绿色产业发展，有利于国家建设东北东部绿色经济带的落实，并且增长潜力巨大。在国防安全方面，辽宁省是军工大省，推进新兴领域军民融合发展、加快发展军民两用产业方面有着广阔的前景；同时，具有"军转民""民参军"得天独厚的条件。在产业安全方面，国家产业布局中，辽宁省石化、冶金、装备制造等产业占有十分重要的位置，并且工业体系完整。辽宁可以发挥技术工人、装备制造能力、科研攻关方面的优势，在国家提出的打造安全可靠、自主可控的供应链、产业链的大背景下，开展关键、核心技术攻关，解决"卡脖子"难题。在粮食安全方面，辽宁省2019年粮食增量占全国粮食增量的40%，是全国13个粮食主产省之一。由于人们生活品质的提升，市场对粮食安全、质量的需求变得更高、更大，因此为高附加值、高质量的农产品提供了市场。在能源安全方面，辽宁省2019年风电、光伏综合利用率在全国最高。因为可再生资源种类多、全，在清洁能源方面，例如，抽水储能、核电、光伏、风电等领域计划推进一些项目，将会形成很多新的增长点。"五大安全"的战略机遇必将全面推动锦州建设辽西区域中心城市。

（五）制造业发展带来的机遇

"中国制造2025""互联网+"等一系列国家战略的实施有利于新技术革命引领下锦州市实现跨越式发展，"中国制造2025"不仅能使制造强国建设进程加快，还将使工业变大变强。韩国新增长动力规划、德国工业4.0战略、美国创新战略和日本新增长战略等相继提出。新兴国家主动进行产业转移、积极参与全球产业并进行再分工，导致全球的产业制造格局发生转变。我国经济因此进入新的发展时期，发展方式不仅仅看规模速度，更加看重质量效益，发展动力不再是要素驱动而是创新驱动。工业经济增速从高速朝中高速方向发展，增量方面不单单只是增量、扩大产能，同时调整存量，并且把增量做到最优最好。锦州市必须紧紧把握制造业发展带来的变革机遇，顺应制造业发展大势，加快制造业的发展，结合自身所具有的优势尽快融入全球产业链中，向高端环节发展，积极参与国际竞争，不断提升竞争力，在制造业中构建特有的竞争优势。

（六）新动能等产业变革机遇

新一轮的全球产业革命、科技革命一次次取得新的突破，人工智能、新材料、生物技术、新能源、低碳、信息技术等一系列新技术使创新加快，同时大数据、众包众筹、"互联网+"、线上线下、开源硬件等许多新兴产业越来越活跃，个性定制、3D打印、网络协同制造、机器人等很多新型的制造模式不断出现。全球的产业变革重要的时期是"十四五"时期，新兴产业的市场空间、发展潜能是重构格局的主要力量。许多发达国家想要主导新兴产业的发展、加快部署、赢得发展的制高点。以"数字辽宁、智慧强省"为基础，5G等的布局实施，加快了经济的发展，包括高技术制造产业、服务行业等的规模越来越大，因此，锦州的发展未来可期。

二、锦州建设辽西区域中心城市的挑战分析

（一）国际竞争压力巨大

世界经济正处于内生动力不足、深层次矛盾持续凸显和经贸规则冲突的调整期，全球经济贸易增长不高，一部分原因在于国际金融危机的影响，尽

管过去时间较久，但是这种影响力在很长时间内依旧存在。再加上政治关系的复杂化导致外部环境十分不稳定。面对有限的战略空间、资源，各国为了获得主导权，争夺变得越来越严重。锦州市在建设辽西区域中心城市过程中也将面临巨大的国际竞争压力。

（二）新冠肺炎疫情对经济的影响

肆虐全球的新冠肺炎疫情影响广泛而深远，疫情对经济的影响随着时间的增长越来越显著。新冠疫情蔓延导致美欧日等主要经济体遭受不同程度冲击，世界经济产生历史上少见的严重衰退。根据目前权威统计数据，新冠危机共计造成全球2.55亿个工作岗位的损失，危害是2008年金融危机的四倍。全球经济动荡使我国外贸、外资及涉外产业链正面临着前所未有的严峻挑战。另外，疫情对餐饮、会展、商业、交通运输、旅游等涉及聚集性的活动都有负面影响，由于产业链的牵动和对消费的抑制效应，新冠肺炎疫情将会给第一、二、三产业都造成相应的影响。锦州市受新冠肺炎疫情影响，经济下行的压力增大，一部分经济指标尚未达到"十三五"的计划值，全面恢复经济，社会任务还很繁重。

（三）自身发展的制约

从锦州近年来自身经济发展的现状看，企业生产经营困难加大，经济下行压力大，财政支撑有限，这些导致了企业结构转型的困难。对于中小微企业而言更加困难，财政矛盾加深、政府压力大，民生领域仍有诸多短板。面对新形势，锦州市要认识到自身差距，适应新常态、实现新的突破和作为。

（四）新旧动能的转化

尽管锦州处于转型升级的重要时期，但是受资源的约束，一味依靠消耗能源、要素投入来推动经济的增长已经难以维持，传统增长动力减弱。在未来五年中，处于新旧动能转化的关键时期，锦州市要尽自己所能突破资源、环境的约束，弥补传统增长动力的不足，为经济的可持续发展打好基础。

（五）就业养老、社会保障、物价等相关问题的影响

在辽宁老工业基地发展和振兴的关键时期，锦州市的社会发展、民生工

程、体制机制都面临着挑战。尽管新型城镇化快要进入收尾阶段,但仍有大量农民转为市民的社会保障、就业问题需要解决;随着人口老龄化现象越来越严重,需要解决养老问题;物价上涨不但加重了部分居民的生活负担,而且在一定程度上也影响了锦州社会、经济的发展。

第二篇 评价与定位篇

第四章　国内相似城市的比较分析

由于锦州地处沿海，公路、铁路、航空、航海等交通比较便利，所以从全国各省、市查找沿海或者经济基础条件相似的城市，共寻得五个各方面相似或者相近的城市进行对比分析，包括山东省临沂市、江苏省淮安市、浙江省台州市、福建省泉州市、河北省保定市。

一、城市简介

（一）临沂市

临沂市是山东省地级市，也是国务院批复的中心城市，是适合居住的现代化工贸城市，同时是商贸物流的中心。截至2019年年底，临沂市有3区9县，常住人口1066.7万人，总面积17191.2平方千米，城镇化率较高，达到52.75%。临沂市在山东省中是面积最大、人口最多的城市。

临沂因靠近临沂河而得名，由于地理位置，临沂属于温带季风区大陆性气候，同时是全国有名的物流周转中心、专业市场集群、商贸批发中心，被称为"物流名都""商贸名城"，也是商品粮基地。临沂是东夷文化的发祥地，在古时候称沂州、琅琊，而在20万年以前便有了远古文明。自西周建城以来已有3000多年的建城史，地域曾长期作为徐州刺史部、琅琊郡、东海郡、沂州府等州、郡、府治所地。

在近代，临沂地区是革命根据地，在此成立了中共中央华东局、山东省政府和华东军区等。临沂境内景点也有很多，有王羲之故居、汤头温泉、蒙山、地下大峡谷、岱崮等。同时拥有"中国会展名城""中国板材之都""世界滑水之城"等众多称号。

（二）淮安市

淮安市地处江苏省的中北部、江淮平原的东部。属于苏北中心城市、位于京杭大运河、古淮河交界处且在"秦岭-淮河"线上，拥有淡水湖——洪泽湖。是全国文明城市、卫生城市、历史文化名城、江淮流域古文化发源地之一、淮扬菜的主要发源地等。

淮安有2200多年的建城历史。秦时设立县，是"青莲岗文化"遗址、历史上运河沿线的"四大都市"，中国大运河淮安段是世界遗产。淮安具有特殊的区位优势，不仅是江苏省的交通枢纽，也是长三角北部的交通枢纽。

淮安是周恩来的故乡，历史上出现过民族英雄关天培、军事家韩信、巾帼英雄梁红玉等。淮安也有很多红色的旅游景区，如苏皖边区政府旧址纪念馆、周恩来故里景区等。还有生态旅游景区，如洪泽湖古堰景区、清晏园、古淮河文化生态景区等。

（三）台州市

台州是浙江省的地级市，是现代化的港口城市。2018年，台州市共有3区、3县、3县级市，常住人口613.90万人、常住外来人口124万人、总面积10050.43平方千米、城镇人口386.76万人、城镇化率63.0%。台州在中国华东地区，东临东海，北靠宁波、绍兴，南邻温州，西邻丽水、金华。台州是亚热带气候，夏季炎热多雨、冬季温凉。

台州历史上"河网密布、港汊交纵"，是江南水乡。台州的佛宗道闻名海外，是道教南宗、佛教天台发祥地。天台山孕育出了"和合文化"，是有山、有水、有海的福地。

台州市在2015年11月被列为第二批国家新型城镇化综合试点地区。2016年4月，启动了中德产业合作园项目。2017年11月，被评为全国文明城市。2017年12月、2019年11月25日均被选为中国最具幸福感城市。2018年生产总值达到4874.67亿元，12月入选2018年中国最佳地级城市30强。

（四）泉州市

泉州市，又称鲤城，是福建省地级市，也是现代化的工贸港口城市、海峡西岸经济区中心城市之一。泉州市有4区、5县、3县线市，总人口874万人，常住外来人口204万人，总面积11015平方千米。

泉州地处中国华东地区，是亚热带海洋性季风气候，东望台湾岛、南邻厦门、北邻福州，方言以闽南话为主，客家话、莆仙话为辅。

泉州历史悠久，是历史文化名城。早在周秦时期就已经开始了经济开发。三国时期，设立东安县治。南朝时期，设立安南郡治，是当地设立县治、郡治的开端。宋元时期，泉州是世界第一大港。现今，泉州是海上丝绸之路的起点、先行区。泉州是首批国家历史文化名城、全国文明城市。泉州还是有名的侨乡，2017年港澳同胞76万人，祖籍为泉州的华人、华侨750多万人，侨眷、归侨250多万人。2020年，经济总量连续22年排全省第一，地区生产总值达到10158.66亿元。

（五）保定市

保定市位于河北省中心地带，是京津冀主要城市、中国（河北）自由贸易试验区的组成部分。保定名字源于"保卫大都、安定天下"，是"首都南大门""京畿重地"。保定古称保府、保州。清代，保定是直隶总督驻地、省会，中华人民共和国成立之后，也两次成为河北省省会。保定历史悠久，传说是尧帝的故乡。历史名人有刘备、郦道元、荆轲等。文物古迹有清西陵、大慈阁等。

保定被评为国家园林城市、全国双拥模范城等。在体育方面因冠军辈出，也称为"冠军之城"。入选"2017年度中国最具投资潜力城市50强"。截至2020年9月，保定市辖5区、4市、15县，常住人口1186万人，总面积22135平方千米，保定包括1个副地级白沟新区、1个国家级高新区。2017年4月，设立雄安新区，涉及雄县、安新和容城3县。在高校方面，有河北大学、河北农业大学、华北电力大学等17所高校。

二、国内相似城市的比较分析

为了将五个相似城市与锦州市进行比较，主要从以下九个大方面进行比较分析：包括了经济指标对比，需求指标对比，农业指标对比，城镇居民相关指标对比，公共预算支出指标对比，外汇旅游及入境指标对比，对外开放指标对比，科技指标对比，以及公共、文化指标对比。具体指标对比情况如下。

（一）经济指标对比

1.地区生产总值

根据2015—2019年锦州市、临沂市、淮安市、台州市、泉州市、保定市的地区生产总值可以看到（见表4.1、图4.1和图4.2），其中锦州的地区生产总值明显小于其他五市的地区生产总值，从趋势上看，泉州的地区生产总值总体呈上升趋势，其他市地区生产总值则都有上下波动的情况，并且泉州总体的地区生产总值也在几个城市平均值之上。而锦州从2016年开始正增长，但在2019年出现了负增长情况。另外，泉州的生产总值近五年从锦州的接近5倍的数值，增加为锦州的9倍多，从6137.71亿元增加到9946.66亿元，地区生产总值增加了62%。相对于其他省市具有绝对的优势。2020年，泉州地区生产总值10158.66亿元，22年来，泉州的经济总量一直是福建省第一。台州市、淮安市地区生产总值逐年上升。而临沂的地区生产总值也呈逐年上升的趋势，但是在2019年稍有减少。保定地区生产总值基本也逐年上升，但是在2017年是负增长的。

表4.1　锦州与其他五市的地区生产总值　　　　单位：亿元

地区	2015年	2016年	2017年	2018年	2019年
锦州	1327.33	1032.8	1077.5	1192.4	1073
临沂	3763.17	4026.75	4330.11	4717.80	4600.25
淮安	2755.58	3090.86	3341.61	3615.02	3871.21
台州	3553.85	3898.66	4388.22	4874.67	5134.05
泉州	6137.71	6646.63	7547.83	8467.98	9946.66
保定	3300.56	3477.13	3449.74	3526.61	

数据来源：2016—2020年辽宁省、山东省、江苏省、浙江省、福建省统计年鉴，2016—2019年河北省统计年鉴。

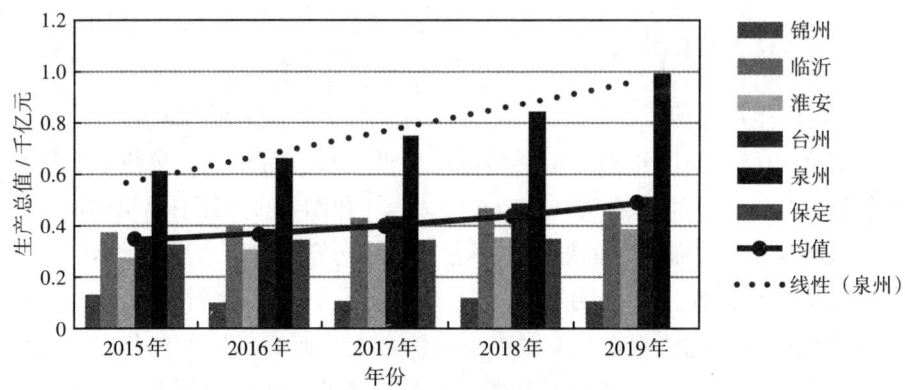

图4.1 锦州与五市地区生产总值对比

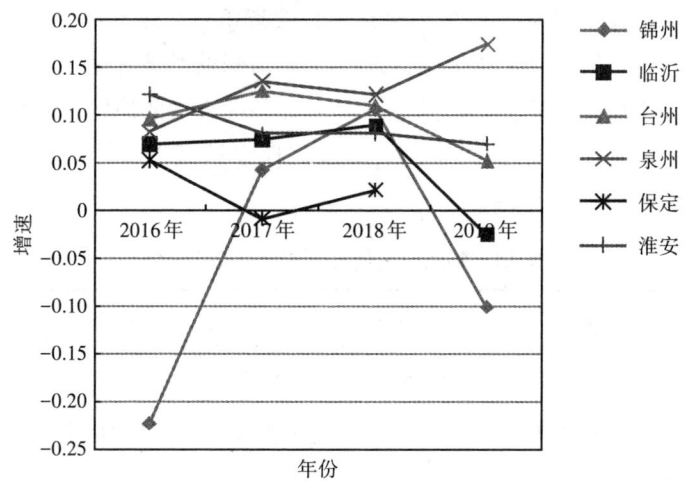

图4.2 锦州与五市地区生产总值增速对比

2.第一产业生产总值

根据2015—2019年锦州市、临沂市、淮安市、台州市、泉州市、保定市的第一产业生产总值可以看到(见表4.2、图4.3),总体来看,临沂市的第一产业值最高,其次是淮安、台州、锦州和泉州。其中,锦州市的第一产业总值呈逐年下降的趋势,在2019年开始上升。临沂市、淮安市近五年的第一产业总值呈逐年上升的趋势。台州市和泉州市第一产业生产总值近五年中稍有波动,但大体上呈上升趋势。并且临沂市、淮安市的第一产业也高于六市的平均水平。

第四章 国内相似城市的比较分析

表4.2 锦州与其他五市的第一产业生产总值　　　　单位：亿元

地区	2015年	2016年	2017年	2018年	2019年
锦州	211.36	205.59	171.40	180.18	198.26
临沂	346.6	358.4	348.6	369.7	409.4
淮安	307.67	324.61	339.44	358.70	386.21
台州	229.75	254.14	268.26	264.28	282.08
泉州	178.46	198.49	192.78	201.80	218.61
保定	433.46	94.70	389.87		

数据来源：2016—2020年辽宁省、山东省、江苏省、浙江省、福建省统计年鉴，2016—2019年河北省统计年鉴。

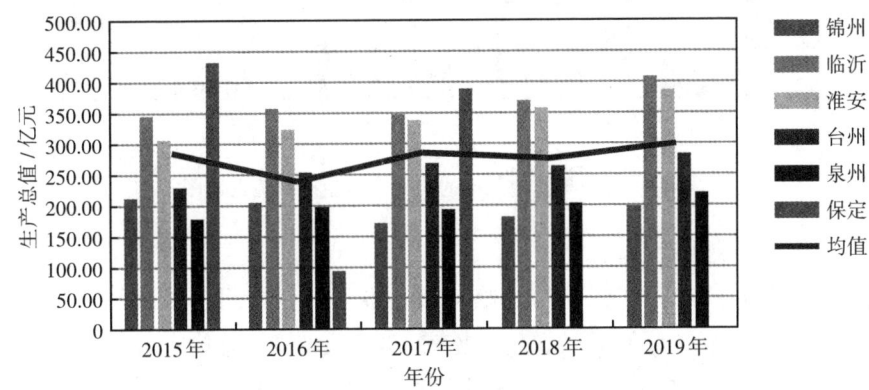

图4.3 锦州与其他五市的第一产业生产总值对比图

根据2015—2019年锦州市、临沂市、淮安市、台州市、泉州市、保定市的第一产业生产总值和地区生产总值，计算第一产业所占的百分比，计算所得见表4.3、图4.4。通过图表可以看出，锦州第一产业所占的百分比最高，其次是淮安市、临沂市，然后是台州市和泉州市。

表4.3 锦州与其他五市的第一产业生产总值占比例

地区	2015年	2016年	2017年	2018年	2019年
锦州	15.92%	19.91%	15.91%	15.11%	18.48%
临沂	9.21%	8.90%	8.05%	7.84%	8.90%
淮安	11.17%	10.50%	10.16%	9.92%	9.98%
台州	6.46%	6.52%	6.11%	5.42%	5.49%

表4.3（续）

地区	2015年	2016年	2017年	2018年	2019年
泉州	2.91%	2.99%	2.55%	2.38%	2.20%
保定	13.13%	2.72%	11.30%		

数据来源：2016—2020年辽宁省、山东省、江苏省、浙江省、福建省统计年鉴，2016—2019年河北省统计年鉴。

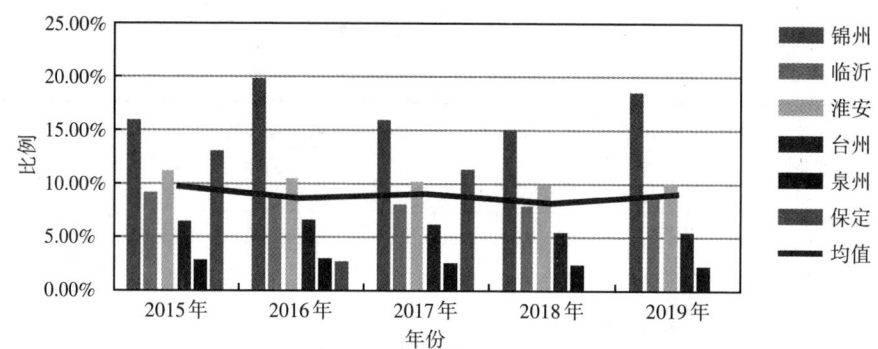

图4.4 锦州与其他五市的第一产业生产总值占比图

3.第二产业生产总值

根据2015—2019年锦州市、临沂市、淮安市、台州市、泉州市、保定市的第二产业生产总值可以看到（见表4.4、图4.5），总体来看，泉州市的第二产业值最高，其次是台州市和临沂市、淮安市和锦州市。其中，锦州市的第二产业总值总体呈上升趋势，但是在2019年大幅度下降。临沂市与锦州市情况相同，也是总体呈上升趋势，在2019年降低不少。而泉州市、淮安市、台州市近五年的第二产业总值呈逐年上升的趋势。并且泉州的第二产业也高于六市的平均水平。

表4.4 锦州与其他五市的第二产业生产总值　　　单位：亿元

地区	2015年	2016年	2017年	2018年	2019年
锦州	568.78	353.26	379.86	416.82	279.20
临沂	1687.0	1735.5	1884.5	2028.8	1743.5
淮安	1176.66	1268.15	1406.39	1508.11	1617.18
台州	1567.65	1695.80	1938.37	2182.60	2339.90

表 4.4（续）

地区	2015年	2016年	2017年	2018年	2019年
泉州	3679.70	3886.68	4372.93	4885.01	5855.27
保定	1645.67	646.50	1584.88		

数据来源：2016—2020年辽宁省、山东省、江苏省、浙江省、福建省统计年鉴，2016—2019年河北省统计年鉴。

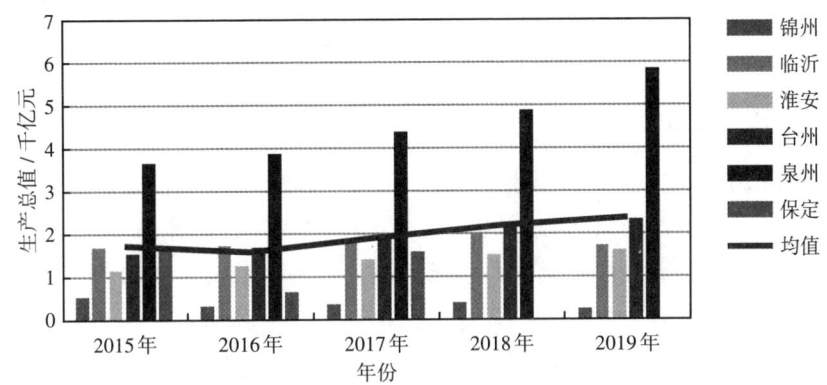

图 4.5　锦州与其他五市的第二产业生产总值对比图

根据2015—2019年锦州市、临沂市、淮安市、台州市、泉州市、保定市的第二产业生产总值和地区生产总值，计算第二产业所占的百分比，计算所得见表4.5、图4.6。通过图表可以看出，总体上泉州市第二产业所占的百分比最高均超过50%，其次是台州市、临沂市，然后是淮安市和泉州市。

表 4.5　锦州与其他五市的第二产业生产总值所占比例

地区	2015年	2016年	2017年	2018年	2019年
锦州	42.85%	34.20%	35.25%	34.96%	26.02%
临沂	44.83%	43.10%	43.52%	43.00%	37.90%
淮安	42.70%	41.03%	42.09%	41.72%	41.77%
台州	44.11%	43.50%	44.17%	44.77%	45.58%
泉州	59.95%	58.48%	57.94%	57.69%	58.87%
保定	49.86%	18.59%	45.94%		

数据来源：2016—2020年辽宁省、山东省、江苏省、浙江省、福建省统计年鉴，2016—2019年河北省统计年鉴。

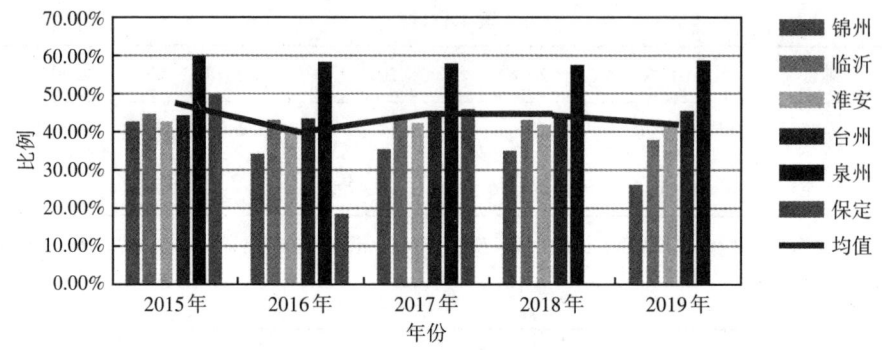

图4.6 锦州与其他五市的第二产业生产总值对比图

4.第三产业生产总值

根据2015—2019年锦州市、临沂市、淮安市、台州市、泉州市、保定市的第三产业生产总值可以看到（见表4.6、图4.7），总体来看，泉州市近五年的第三产业值最高，其次是台州市和临沂市、淮安市和锦州市。其中，锦州市近五年的第三产业生产总值除2016年以外总体呈上升趋势。临沂市、淮安市、台州市、泉州市近五年的第三产业生产总值都呈上升趋势，而且泉州市第三产业生产总值上升幅度最大。并且泉州市、台州市、临沂市的第三产业均高于六市的平均水平。

表4.6 锦州与其他五市的第三产业生产总值　　　　单位：亿元

地区	2015年	2016年	2017年	2018年	2019年
锦州	547.19	473.97	526.27	595.41	595.56
临沂	1729.6	1932.8	2097.5	2319.4	2447.3
淮安	1260.76	1455.24	1583.05	1734.44	1867.82
台州	1756.45	1948.73	2181.59	2427.79	2512.07
泉州	2279.55	2561.46	2982.13	3381.16	3872.78
保定	1221.43	400.40	1475.00		

数据来源：2016—2020年辽宁省、山东省、江苏省、浙江省、福建省统计年鉴，2016—2019年河北省统计年鉴。

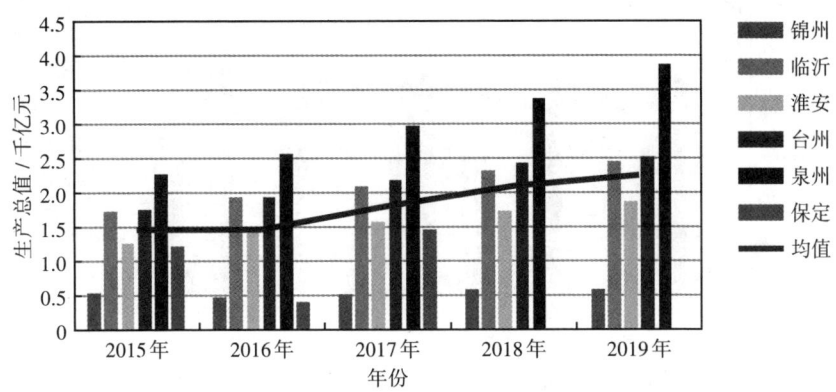

图4.7 锦州与其他五市的第三产业生产总值对比图

根据2015—2019年锦州市、临沂市、淮安市、台州市、泉州市、保定市的地区生产总值、第三产业生产总值,计算各个城市第三产业生产总值占地区生产总值的百分比,计算所得见表4.7、图4.8。通过图表可以看出,总体上锦州的第三产业所占比重逐年上升,临沂市的第三产业所占比重也逐年上升。台州市和泉州市在2015—2018年还是逐年上升,在2019年稍微下降。

表4.7 锦州与其他五市的第三产业生产总值所占比例

地区	2015年	2016年	2017年	2018年	2019年
锦州	41.23%	45.89%	48.84%	49.93%	55.50%
临沂	45.96%	48.00%	48.44%	49.16%	53.20%
淮安	45.75%	47.08%	47.37%	47.98%	48.25%
台州	49.42%	49.98%	49.71%	49.80%	48.93%
泉州	37.14%	38.54%	39.51%	39.93%	38.94%
保定	37.01%	11.52%	42.76%		

数据来源:2016—2020年辽宁省、山东省、江苏省、浙江省、福建省统计年鉴,2016—2019年河北省统计年鉴。

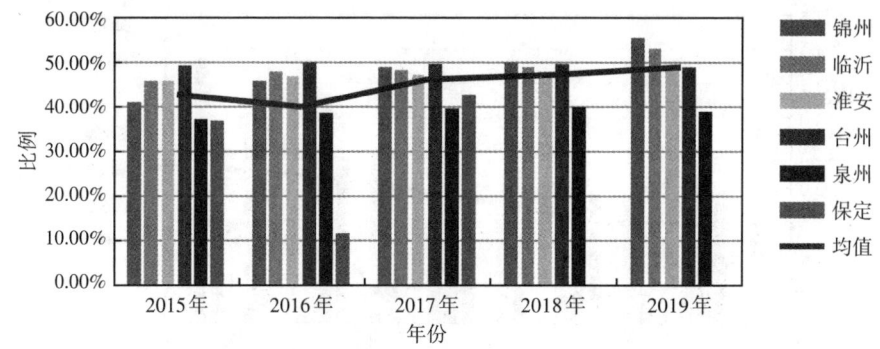

图4.8 锦州与其他五市的第三产业生产总值对比图

5.人均生产总值

根据2015—2019年锦州市、临沂市、淮安市、台州市、泉州市、保定市的人均产业生产总值可以看到（见表4.8、图4.9），总体来看，泉州市近五年的人均产业生产总值最高，其次是台州和淮安市、临沂市，最后是锦州市和保定市。其中泉州市、台州市和淮安市的人均产业生产总值近五年总体呈上升趋势。锦州市的人均生产总值，在2016—2018年逐年上升，在2019年人均产业生产总值数据减少。保定市的人均产业生产总值波动较大，并且近三年数据逐年下降。

表4.8 锦州与其他五市的人均产业生产总值　　单位：元

地区	2015年	2016年	2017年	2018年	2019年
锦州	43207.00	33691.53	35254.00	39211.00	35431.00
临沂	36656.00	38803.00	41227.00	44534.00	43213.00
淮安	56460.00	62446.00	67909.00	77472.00	78543.00
台州	59499.00	64287.00	71950.00	79541.00	83555.00
泉州	72421.00	77784.00	87613.00	97614.00	114067
保定	28570.34	40087.00	29580.00	21537.16	

数据来源：2016—2020年辽宁省、山东省、江苏省、浙江省、福建省统计年鉴，2016—2019年河北省统计年鉴。

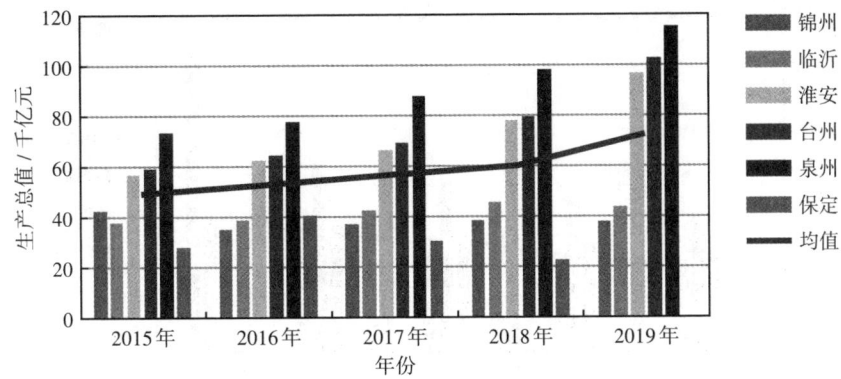

图4.9 锦州与其他五市的人均产业生产总值

（二）需求指标对比

根据2015—2019年锦州市、临沂市、淮安市、台州市、泉州市、保定市的社会消费品零售总额可以看到（见表4.9、图4.10、图4.11），总体来看，泉州市近五年的社会消费品零售总额最高，其次是临沂市，临沂市近三年的社会消费品零售总额都排在第二名，然后是保定市、台州市和淮安市，最后是锦州市。其中泉州市、台州市、淮安市和保定市的社会消费品零售总额近几年总体呈上升趋势，并且泉州市和台州市也高于六个城市的社会消费品零售总额平均值。而临沂市的社会消费品零售总额在2017年是最高的，达到272.64亿元，出现了小高峰。台州市和淮安市在2019年增幅较大。另外，在2016—2018年，锦州市的社会消费品零售总额逐年上升，但是2019年大幅度下降，减少近半。

表4.9 锦州与五市地区社会消费品零售总额　　　　　　单位：亿元

地区	2015年	2016年	2017年	2018年	2019年
锦州	598.37	610.70	634.63	631.38	347.78
临沂	1359.2	1594.7	2721.64	2482.15	2523.28
淮安	970.74	1083.83	1197.09	1239.66	1745.41
台州	1826.68	2013.14	2235.73	2366.88	2544.63
泉州	2459.59	2724.65	3033.95	3407.89	5351.87
保定	1652.69	1828.2	2026	2154.2	

数据来源：2016—2020年辽宁省、山东省、江苏省、浙江省、福建省统计年鉴，2016—2019年河北省统计年鉴。

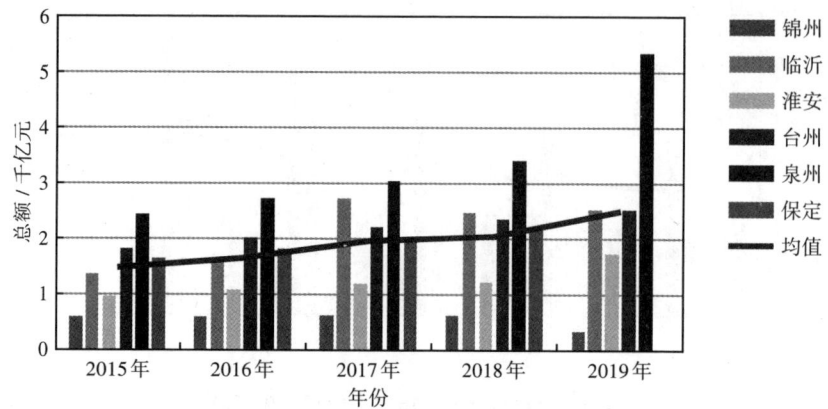

图4.10 锦州与五市地区社会消费品零售总额

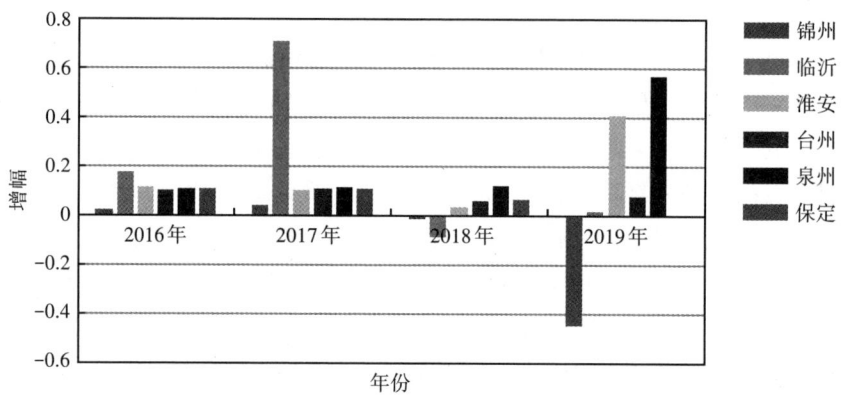

图4.11 锦州与五市地区社会消费品零售总额增幅

(三)农业指标对比

根据2015—2019年锦州市、临沂市、淮安市、台州市、泉州市、保定市的粮食产量可以看到(见表4.10、图4.12、图4.13),总体来看,保定市的粮食产量排名在前,其后是淮安市、临沂市、锦州市、台州市、泉州市。其中,粮食产量的大户是保定市、淮安市和临沂市,这三市的粮食产量都超过了平均线。锦州市粮食产量有轻微波动,其中在2019年达到了最高产值为2554114吨。其中,淮安市除2015年以外,近四年的粮食产量是呈逐年上升的趋势,其余城市的粮食产量相对都具有上下波动的情况。

表4.10 锦州与五市地区粮食产量　　　　　　　　　　　　单位：吨

地区	2015年	2016年	2017年	2018年	2019年
锦州	2111288	2497128	2432090	2095929	2554114
临沂	4277500	4123528	4153904	4092334	4127422
淮安	4672218	4585500	4675600	4822600	4892541
台州	607539	630737	498439	510838	502482
泉州	728160	691318		485046	489759
保定	5700214	5706790	5657324	5477381	

数据来源：2016—2020年辽宁省、山东省、江苏省、浙江省、福建省统计年鉴，2016—2019年河北省统计年鉴。

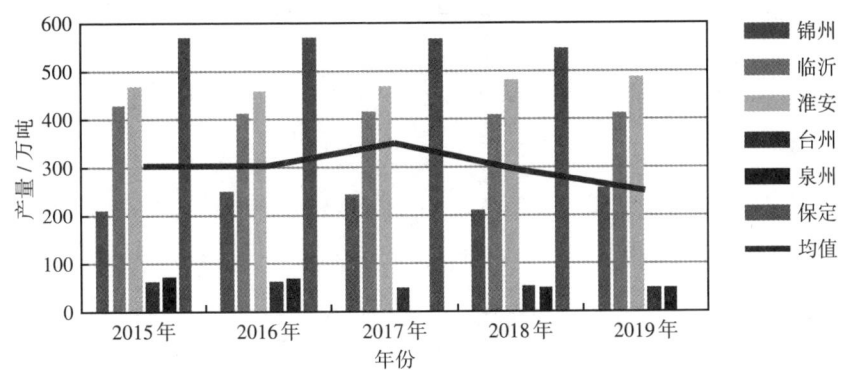

图4.12 锦州与五市地区粮食产量

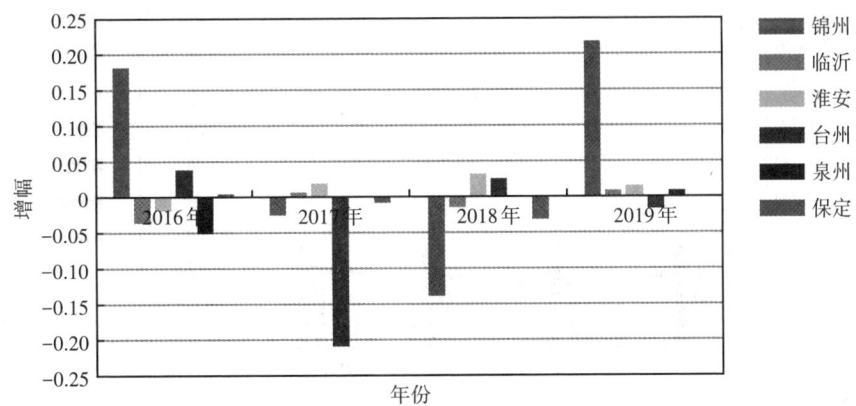

图4.13 锦州与五市地区粮食产量增幅

（四）城镇居民相关指标对比

1.城镇就业人数

根据2015—2019年锦州市、临沂市、淮安市、台州市、泉州市、保定市的城镇就业人数可以看到（见表4.11、图4.14、图4.15），总体来看，淮安市近四年的城镇就业人数逐年上升，尤其是2019年增加幅度比往年增加幅度大一些；另外，临沂市的城镇就业人数逐年下降；另外，台州市从2015—2018年城镇就业人数上下波动不大，但是在2019年增加幅度最大，增幅为3.3%，城镇就业人数达到了408.3万人。而锦州市的城镇就业人数近五年是逐年下降的，排在其他城市的后面。

表4.11　锦州与五市地区城镇就业人数　　　　单位：万人

地区	2015年	2016年	2017年	2018年	2019年
锦州	31.70	29.27	24.14	22.57	22.30
临沂	164.60	92.40	87.90	81.40	71.10
淮安	72.52	68.75	178.13	178.52	209.29
台州	101.11	94.14	101.23	94.95	408.30
泉州	150.56	149.59	139.91	144.69	129.28
保定		48.11	40.16		

数据来源：2016—2020年辽宁省、山东省、江苏省、浙江省、福建省统计年鉴，2016—2019年河北省统计年鉴。

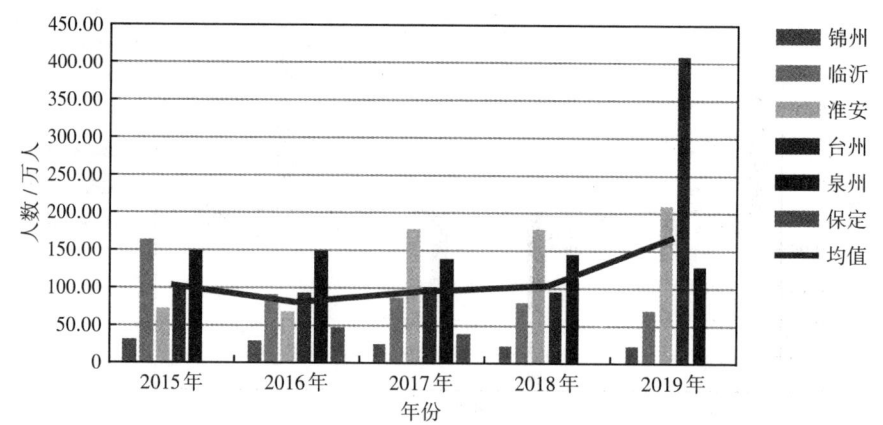

图4.14　锦州与五市地区城镇就业人数

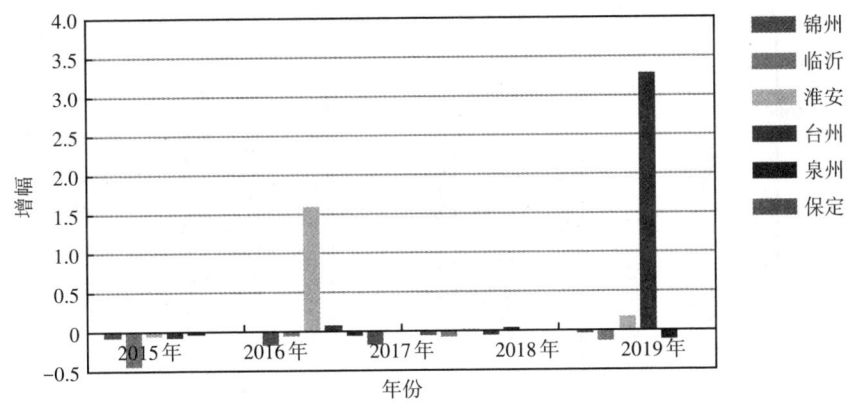

图4.15 锦州与五市地区城镇就业人数增幅

2.城乡居民可支配收入

(1) 城镇常住居民人均可支配收入

根据2015—2019年锦州市、临沂市、淮安市、台州市、泉州市、保定市的城镇常住居民人均可支配收入可以看到（见表4.12、图4.16、图4.17），总体来看，除淮安市外，台州市、泉州市、临沂市、锦州市、保定市的城镇常住居民人均可支配收入都呈逐年上升的状态。其中，台州市和泉州市的城镇常住居民人均可支配收入最高，分列第一位和第二位，各年的城镇常住居民人均可支配收入都大于六市平均值，而临沂市、淮安市、锦州市和保定市排名在后。其中，淮安市在2018年的城镇常住居民人均可支配收入突然下降，其他各年值均呈逐年上升的状态。

表4.12 锦州与五市地区城镇常住居民人均可支配收入 单位：亿元

地区	2015年	2016年	2017年	2018年	2019年
锦州	27040	28484	30412	32490	34699
临沂	28627	30859	33266	35727	37912.14
淮安	28105	30335	32976	29341	38952
台州	43266	47162	51374	55705	60351
泉州	37275	39656	42696	46111	49592
保定	23663	25680	27859	30283	

数据来源：2016—2020年辽宁省、山东省、江苏省、浙江省、福建省统计年鉴，2016—2019年河北省统计年鉴。

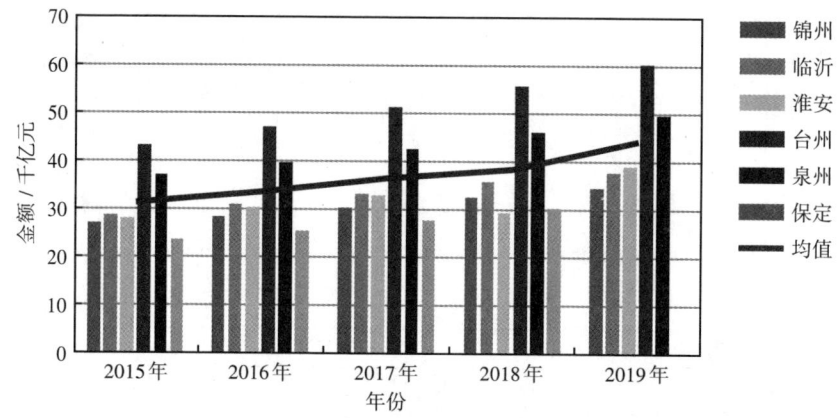

图4.16 锦州与五市地区城镇常住居民人均可支配收入

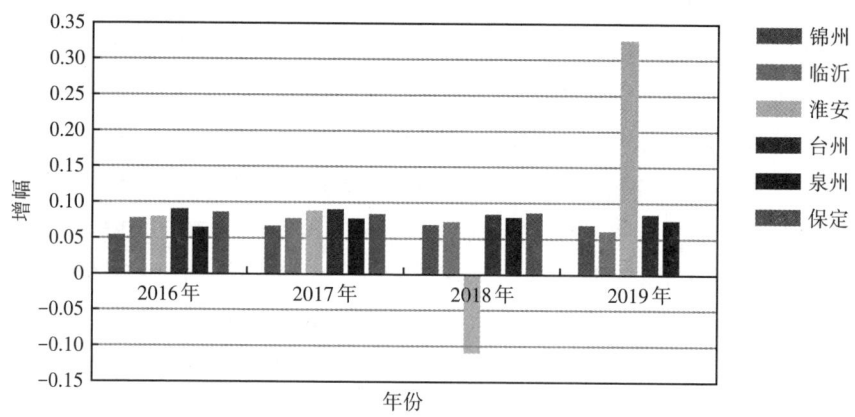

图4.17 锦州与五市地区城镇常住居民人均可支配收入增幅

(2) 农村常住居民人均可支配收入

根据2015—2019年锦州市、临沂市、淮安市、台州市、泉州市、保定市的农村常住居民人均可支配收入可以看到（见表4.13、图4.18、图4.19），总体来看，除淮安外，台州市、泉州市、临沂市、锦州市、保定市的农村常住居民人均可支配收入均呈逐年上升的状态。其中，台州市、泉州市的农村常住居民人均可支配收入最高，分列第一位和第二位，各年的农村常住居民人均可支配收入都大于六市平均值，而临沂市、淮安市、锦州市和保定市排名在后，但是2018年保定市的农村常住居民人均可支配收入增幅最大。其中，淮安市在2018年的农村常住居民人均可支配收入突然下降，其他各年值均呈逐年上升的状态。锦州呈逐年上升状态，并且处于中间水平。

表4.13 锦州与五市地区农村常住居民人均可支配收入　　　　单位：元

地区	2015年	2016年	2017年	2018年	2019年
锦州	12599	13539	14493	15384	16817
临沂	10828	11646	12613	13638	14979.08
淮安	13128	14319	15601	17058	18567
台州	21225	23164	25369	27631	30221
泉州	15861	17179	18606	20277	22142
保定	10558	11612	12779	14108	

数据来源：2016—2020年辽宁省、山东省、江苏省、浙江省、福建省统计年鉴，2016—2019年河北省统计年鉴。

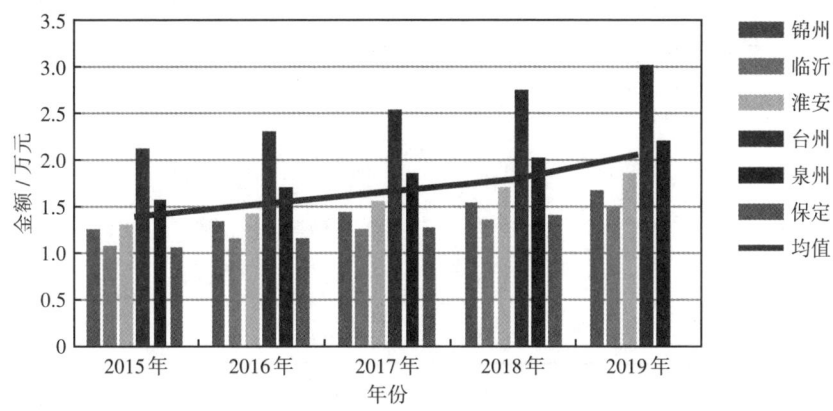

图4.18　锦州与五市地区农村常住居民人均可支配收入

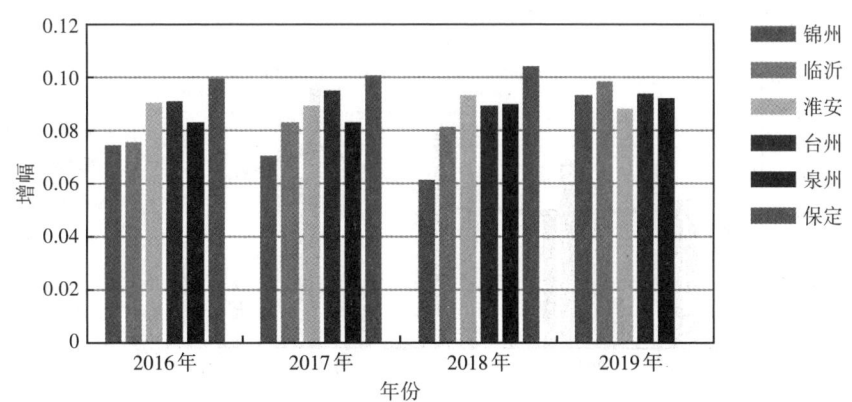

图4.19　锦州与五市地区农村常住居民人均可支配收入增幅

(五）公共预算支出指标对比

根据2015—2019年锦州市、临沂市、淮安市、台州市、泉州市、保定市的一般公共服务支出可以看到（见表4.14、图4.20、图4.21），临沂市的一般公共服务支出逐年上升，淮安市的一般公共服务支出在2017年有所下降，其他各年都是增加的；台州市从2015—2018年是上升趋势的，而2019年台州的一般公共服务支出降低了一半多；泉州市除了2016年有所下降以外，其他各年的数据都是上升的。而保定市的一般公共服务支出在2016年、2017年连续两年降低了一半多，在2018年增加了5倍多，达到91.98亿元，是所有城市历年数据之最。

表4.14　锦州与五市一般公共服务支出　　　　　　　单位：亿元

地区	2015年	2016年	2017年	2018年	2019年
锦州	14.31	15.14	17.57	18.70	20.96
临沂	44.13	48.79	52.73	58.04	66.17
淮安	51.19	51.67	50.27	60.49	64.51
台州	44.85	55.61	66.13	78.01	31.96
泉州	43.77	41.69	46.59	50.89	52.51
保定	55.91	24.48	14.70	91.98	

数据来源：2016—2020年辽宁省、山东省、江苏省、浙江省、福建省统计年鉴，2016—2019年河北省统计年鉴。

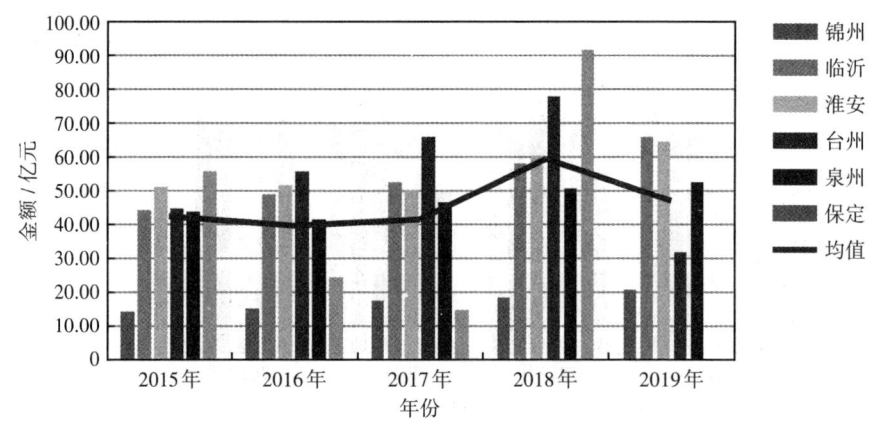

图4.20　锦州与五市一般公共服务支出

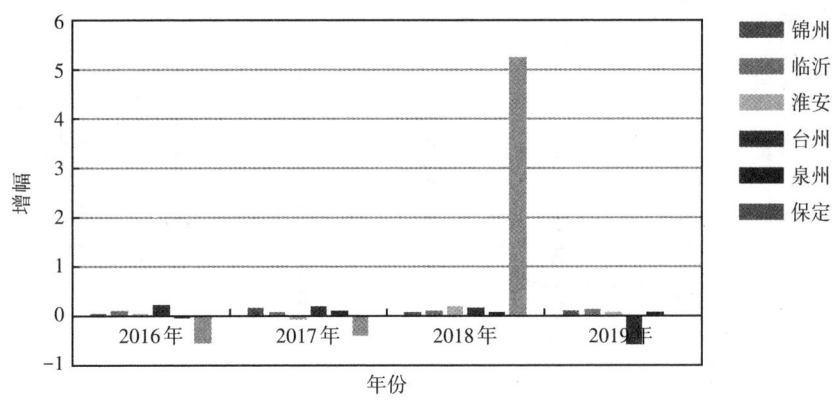

图4.21　锦州与五市一般公共服务支出增幅

（六）外汇旅游及入境指标对比

1.接待入境旅游人数

根据2015—2019年锦州市、临沂市、淮安市、台州市、泉州市、保定市的接待入境旅游人数可以看出（见表4.15、图4.22、图4.23），泉州的接待入境旅游人数最多，远远超过其他几个城市，并且从2015—2018年逐年增加，在2019年稍微减少了一些。临沂市、淮安市两个城市的接待入境旅游人数也是这种情况，一直处于增长状态，但是在2019年接待入境旅游人数减少。而台州市在2015—2017年是逐年上升的，然后从2018年开始逐年下降。其中，锦州市近五年接待入境旅游人数逐年稳步上升。

表4.15　锦州与五市接待入境旅游人数指标　　　单位：万人次

地区	2015年	2016年	2017年	2018年	2019年
锦州	12.1006	9.4576	9.6	9.7	9.75
临沂	17.5401	18.2495	18.7	19.2666	18.44
淮安	1.467489	1.8223	2.3977	2.6032	2.5462
台州	16.856	19.235	19.8827	18.3787	13.8754
泉州	111.0946	130.9964	145.2592	178.0388	176.2125
保定					

数据来源：2016—2020年辽宁省、山东省、江苏省、浙江省、福建省统计年鉴，2016—2019年河北省统计年鉴。

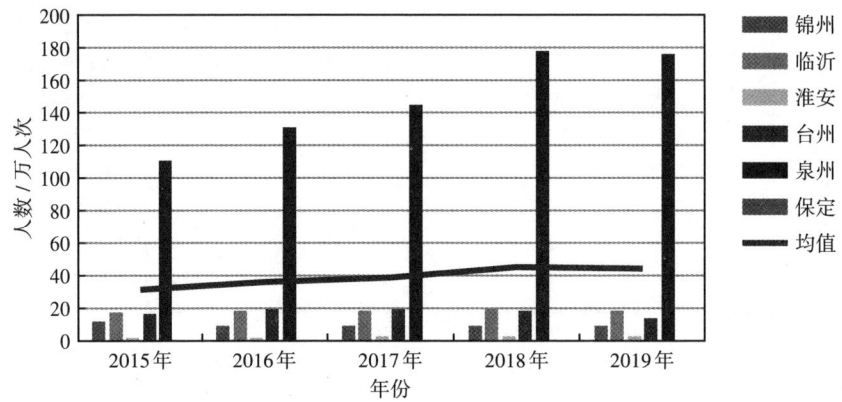

图 4.22　锦州与五市接待入境旅游人数指标

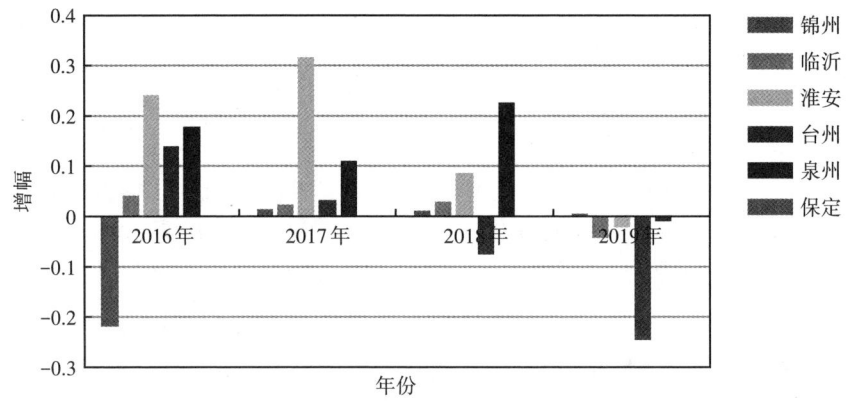

图 4.23　锦州与五市接待入境旅游人数指标增幅

2.旅游外汇收入指标

根据 2015—2019 年锦州市、临沂市、淮安市、台州市、泉州市、保定市的旅游外汇收入指标可以看到（见表 4.16、图 4.24、图 4.25），泉州市、台州市、淮安市及锦州市的旅游外汇收入逐年上升。其中，台州的旅游外汇收入最高，远远高于其他五市的旅游外汇收入及平均值，是锦州市的旅游外汇收入 10 倍还多。而临沂市的旅游外汇收入在 2015—2019 年上下波动，趋于平稳。其中，淮安市的旅游外汇收入最少，然后是台州市和临沂市，锦州市排名第二，位列前茅。

表4.16　锦州市与五市的旅游外汇收入指标　　　单位：万美元

地区	2015年	2016年	2017年	2018年	2019年
锦州	11054	11319	11557	11696	11871
临沂	9807	10111	9944	10328	9579.53
淮安	1558	1705	2125	2357	2386.66
台州	5876	6478	6750	6355	4614
泉州	112834	112640	135166	178411	178892
保定					

数据来源：2016—2020年辽宁省、山东省、江苏省、浙江省、福建省统计年鉴，2016—2019年河北省统计年鉴。

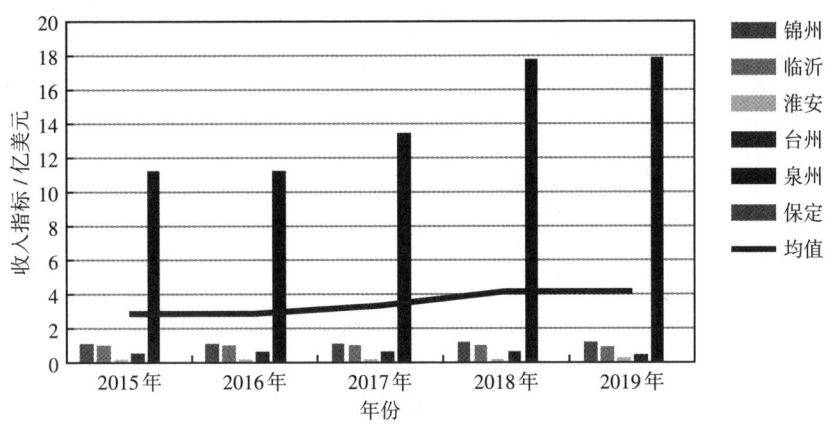

图4.24　锦州与五市的旅游外汇收入指标

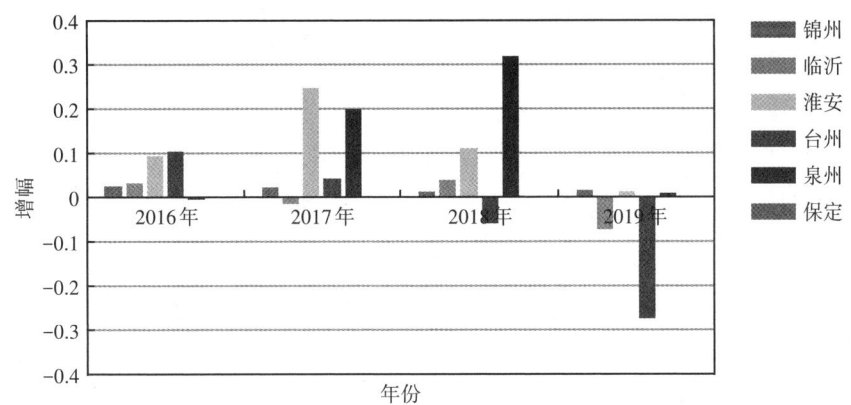

图4.25　锦州与五市的旅游外汇收入指标增幅

（七）对外开放指标对比

1.进口总额

根据2015—2019年锦州市、临沂市、淮安市、台州市、泉州市、保定市的进口总额可以看到（见表4.16、图4.24和图4.25），锦州市的进口总额2016年比2015年有所减少，但是从2017年开始逐年上升。其中，2016年增长幅度最大。临沂市的进口总额从2016年开始逐年下降，在2019年进口总额增加了不到1亿美元。泉州市的进口总额从2015年到2018年逐年下降，在2019年增加了近30亿美元。淮安市在2017年进口总额有增加以外，其他各年进口总额都处于下降情况。台州市在2016年的进口总额是下降的，但是从2017年开始是逐年上升的，在2019年更是增加了3倍多。

表4.17　锦州与五市的进口总额　　　　　　　　　单位：亿美元

地区	2015年	2016年	2017年	2018年	2019年
锦州	10.72	9.709302	14.43339	26.6624	27.4603
临沂	26.8604	27.0149	25.70052	21.54433	22.43141
淮安	11.21	8.06	15.41	13.86	13.25
台州	23.37	21.36	29.36	31.19	134.93
泉州	269.9212	232.6522	231.6145	180.7992	210.575
保定			8.037768		

数据来源：2016—2020年辽宁省、山东省、江苏省、浙江省、福建省统计年鉴，2016—2019年河北省统计年鉴。

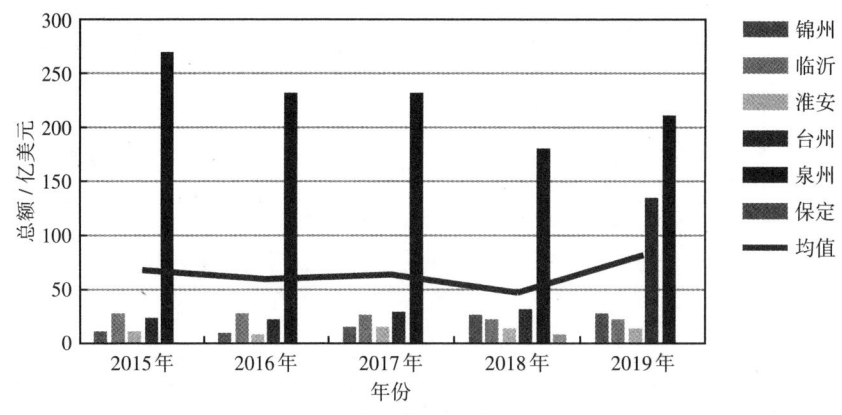

图4.26　锦州与五市的进口总额

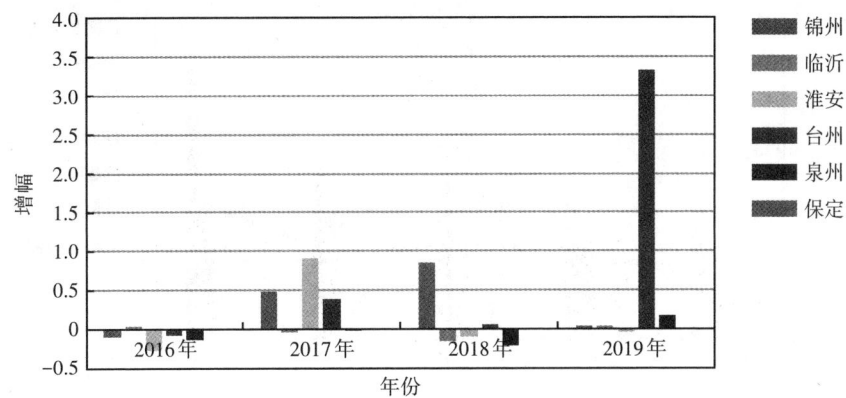

图4.27 锦州与五市的进口总额增幅

2. 出口总额

根据2015—2019年锦州市、临沂市、淮安市、台州市、泉州市、保定市的出口总额可以看到（见表4.18、图4.28、图4.29），泉州市的出口总额最多，并且呈逐年上升的状态。而淮安市、台州市的出口总额也是从2015—2019年逐年上升的。而临沂市的出口总额从2015年开始逐年上升，在2018年出口总额有所减少，但是在2019年开始又有所增加。锦州市的出口总额呈逐年下降的趋势，并且其出口总额相对其他城市来说，数值小太多。其中，临沂市在2017年出口总额增幅最大，其次是2019年的泉州市和淮安市。

表4.18 锦州与五市的出口总额　　　　　单位：亿美元

地区	2015年	2016年	2017年	2018年	2019年
锦州	13.565	10.3508	9.945638	8.6012	6.6892
临沂	1359.2	1594.7	2721.64	2482.15	2523.28
淮安	970.74	1083.83	1197.09	1239.66	1745.41
台州	1826.68	2013.14	2235.73	2366.88	2544.63
泉州	2459.588	2724.654	3033.952	3407.889	5351.868
保定				42.23156	

数据来源：2016—2020年辽宁省、山东省、江苏省、浙江省、福建省统计年鉴，2016—2019年河北省统计年鉴。

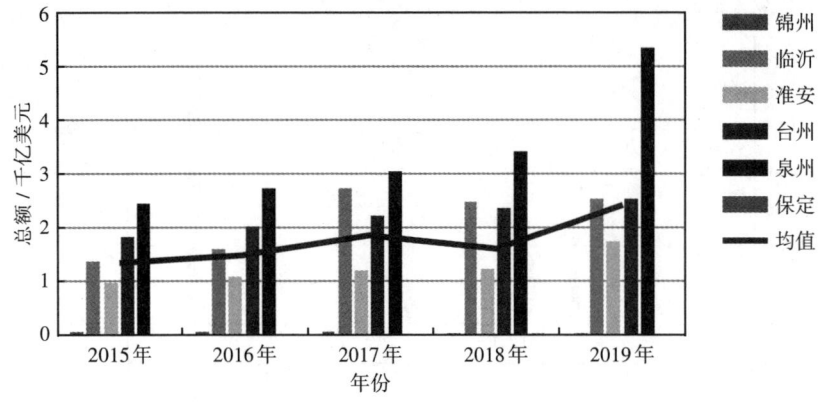

图4.28 锦州与五市的出口总额

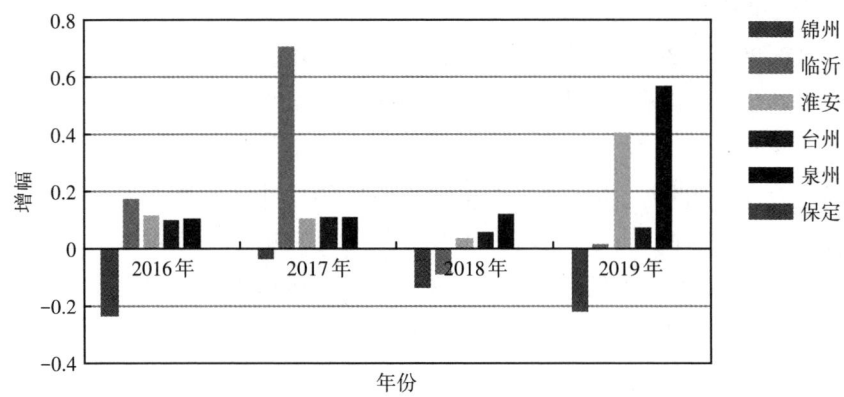

图4.29 锦州与五市的出口总额增幅

(八)科技指标对比

1.申请专利数

根据2015—2019年锦州市、临沂市、淮安市、台州市、泉州市、保定市的申请专利数可以看到(见表4.19、图4.30、图4.31),临沂市的申请专利数呈逐年上升的状态。台州市的申请专利数最多,从2015年到2018年一直逐年增加,但是在2019年稍微有所减少。淮安市的申请专利数2017年和2019年各有下降,在2018年申请专利数增幅最大。保定的申请专利数却是每年大幅度增加。锦州市的申请专利数各年处于上下波动的情况。

表 4.19　锦州与五市专利申请数量　　　　　　　单位：个

地区	2015年	2016年	2017年	2018年	2019年
锦州	1685	2039	1751	2320	1929
临沂	7658.0	8210.0	9410.0	11073.0	13107.0
淮安		17293	11698	17644	13052
台州	23144	27921	28071	35695	35089
保定	5435	7818	9386	12392	
均值	9480.50	12656.20	12063.20	15824.80	15794.25

数据来源：2016—2020年辽宁省、山东省、江苏省、浙江省统计年鉴，2016—2019年河北省统计年鉴。

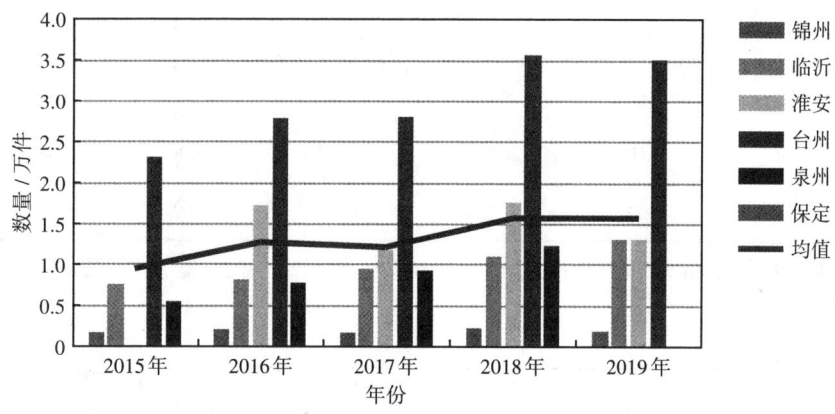

图 4.30　锦州与五市专利申请数量

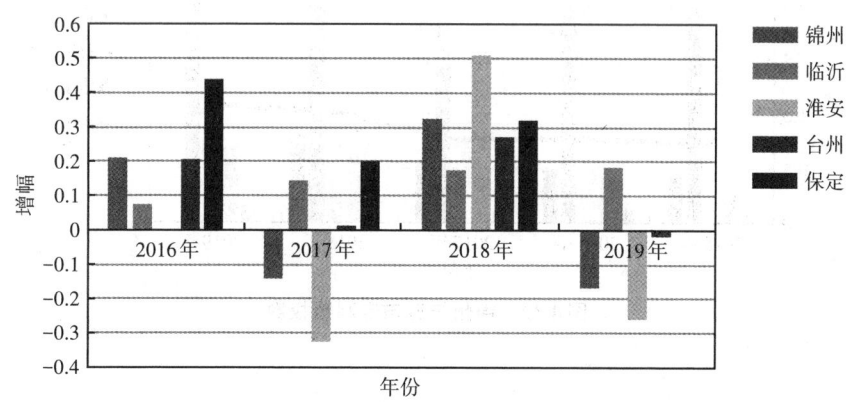

图 4.31　锦州与五市专利申请数量增幅

2.专利授权数

根据2015—2019年锦州市、临沂市、淮安市、台州市、泉州市、保定市的专利授权数可以看到（见表4.20、图4.32、图4.33），台州市的专利授权数最多，只有在2017年专利授权数降低，其他各年数据都是增加的。临沂市的专利授权数从2015—2019年逐年增加，而淮安市的专利授权数隔年增加或减少。保定的专利授权数从2015—2018年是逐年上升的。锦州市的专利授权数在2017年减少20件，其他各年的专利授权数都增加百件以上。值得关注的是，各市的专利授权数都在2018年大幅度增加。

表4.20 锦州与五市专利授权数　　　　　　　　　单位：件

地区	2015年	2016年	2017年	2018年	2019年
锦州	1146	1294	1274	1436	1536
临沂	4211	4217	4746	6026	7052
淮安		8081	7331	9050	7676
台州	19717	20075	19143	26288	26936
保定	4271	4783	5506	8102	

数据来源：2016—2020年辽宁省、山东省、江苏省、浙江省、福建省统计年鉴，2016—2019年河北省统计年鉴。

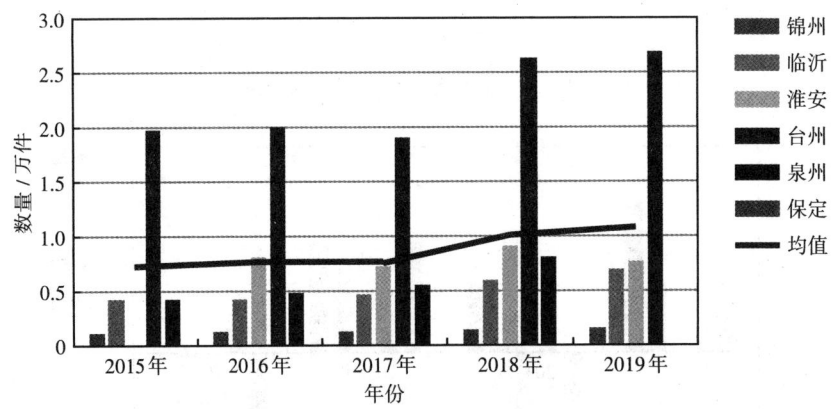

图4.32 锦州与五市专利授权数

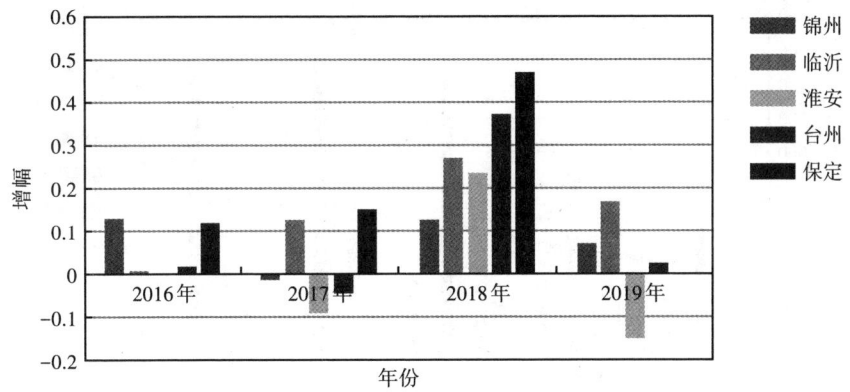

图4.33 锦州与五市专利授权数增幅

（九）公共、文化指标对比

1.公共图书馆藏书情况

根据2015—2019年锦州市、临沂市、淮安市、台州市、泉州市、保定市的公共图书馆藏书可以看到（见表4.21、图4.34、图4.35），台州市的公共图书馆藏书最多，除2019年有所降低之外，其他各年数据逐渐增加。其中，2016年、2017年增幅最大。淮安市的公共图书馆藏书近五年也是逐年增加的。台州市公共图书馆藏书各年数据基本是逐年增加的，只有在2019年减少了19万册藏书。锦州的藏书从2015—2019年都是逐年增加的。

表4.21 锦州与五市公共图书馆藏书情况　　　　单位：万册

地区	2015年	2016年	2017年	2018年	2019年
锦州	142.39	146.33	151.09	153.58	155.50
临沂	277.98	289.09	337.14	350.00	364.32
淮安	256.42	286.00	332.70	383.9	416.60
台州	379	549.2	827	888	869
泉州					
保定	215.22	220.80	218.33		

数据来源：2016—2020年辽宁省、山东省、江苏省、浙江省、福建省统计年鉴，2016—2019年河北省统计年鉴。

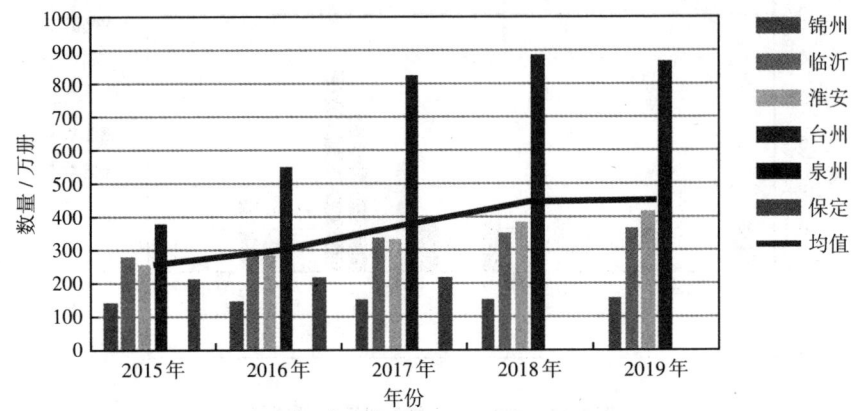

图4.34 锦州与五市公共图书馆藏书情况

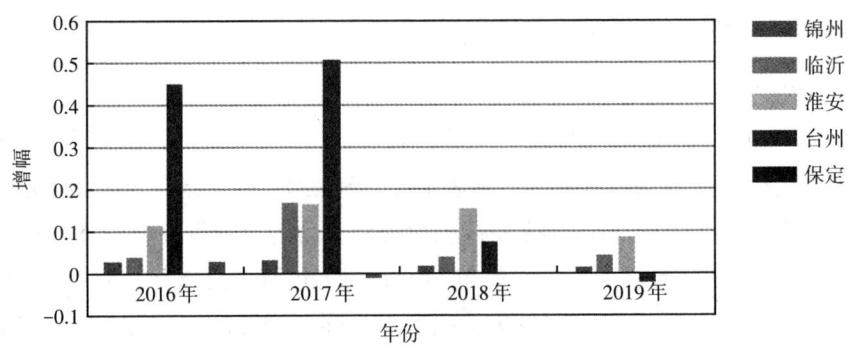

图4.35 锦州与五市公共图书馆藏书增幅

2.医疗卫生机构床位数

根据2015—2019年锦州市、临沂市、淮安市、台州市、泉州市、保定市的医疗卫生机构床位数可以看到（见表4.22、图4.36、图4.37），临沂市的医疗卫生机构床位数最多，其次是保定市，并且临沂市和保定市的医疗卫生机构床位数呈逐年增加的趋势，其值也远远大于平均值。排在第三位的是泉州市，第四位的是淮安市，第五位的是台州市，锦州市排在最后。

除台州市和保定市以外，其他几市的医疗卫生机构床位数都是呈逐年递增的。而台州市的医疗卫生机构床位数在2017年有所降低之外，其他各年数据逐渐增加，并且在2018年增幅最大。淮安市的医疗卫生机构床位数近五年也是逐年增加的。锦州市的医疗卫生机构床位数从2015—2019年是逐年增加的。从整体上可以看出，各城市的医疗卫生机构床位数基本都是逐年增加的，其中保定市在2018年增加幅度最大，而台州市在2017年出现了负增长。

表 4.22　锦州与五市医疗卫生机构床位数　　　　　　　　　单位：张

地区	2015年	2016年	2017年	2018年	2019年
锦州	14668	15583	17818	18228	18328
临沂	51807	53947	60356	64721	69122
淮安		27529	28647	29417	30376
台州	23711	25656	24955	26879	27762
泉州	31791	33791	34168	35470	36797
保定		16945	17930	61058	

数据来源：2016—2020年辽宁省、山东省、江苏省、浙江省、福建省统计年鉴，2016—2019年河北省统计年鉴。

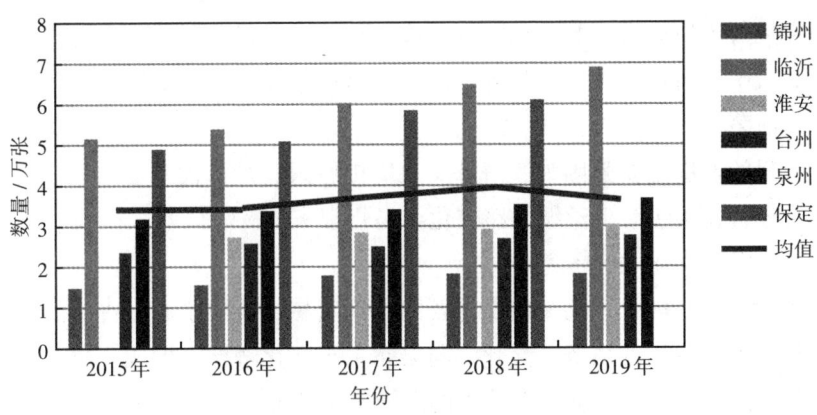

图 4.36　锦州与五市医疗卫生机构床位数

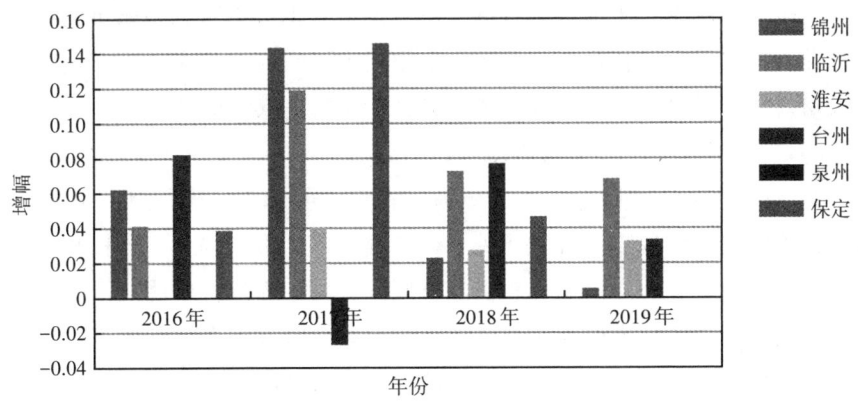

图 4.37　锦州与五市医疗卫生机构床位数增幅

三、国内相似城市的发展经验与启示

根据2015—2019年锦州市、临沂市、淮安市、台州市、泉州市、保定市的对比可以看出，几个城市都具有很多值得锦州市规划与发展可以借鉴的经验与启示。

（一）国内相似城市的发展经验

1.泉州市

从上述各项指标对比可以看出，泉州市在地区生产总值、第二产业、第三产业、人均地区生产总值、社会消费品零售总额、接待入境旅游人数、旅游外汇收入指标、进口总额、出口总额等几个指标都领先其他六个城市，尤其是在接待入境旅游人数、旅游外汇收入指标、进口总额、出口总额方面在六个城市中是遥遥领先的，另外，除了粮食产量以外，其他各项指标基本都是名列前茅。

泉州的发展主要是因为其海外交通历史悠久、是古代海上丝绸之路的起点，是经过几千年海上丝绸之路文化给泉州带来的辉煌成就。

（1）海洋文化融会贯通

在世界交通史上，泉州港是重要的经济贸易、文化中心。古代的海上丝绸之路带来了各国的风俗、文化，与泉州本土文化融合，形成了泉州海纳百川、包容开放、多种文化融合共生的海洋文化特征。

（2）奋发拼搏精神

泉州人口稠密，土地资源贫瘠，所以上述数据可以看到泉州市的粮食产量是唯一排名最后的指标，因为历史上泉州人民只能靠出海谋生，这就形成了泉州人敢于冒险、拼搏进取、坚强勇敢、开拓进取的精神。

（3）晋江陆地港建设优势明显

晋江陆地港在泉州晋江市，是福建省集国际邮件、国际快件、国际陆港、跨境电商和保税物流五大通关平台的唯一陆地港口岸。主营核心业务为临港园区建设、综合物流服务和供应链服务。由于腹地优势明显、产业集群丰富，因此晋江陆地港成为了福建地区主要的货源地。千亿产业集群包括服装、机械装备、鞋业、建材家居、石油化工。晋江陆地港立足泉州产业发展的需求，充分考虑了区域经济和产业集群效应进行规划选址、功能建设。晋江陆地港从最初的国际海港到"海陆空铁邮"多式联运的国际陆港,得益于海关质检等监管部门不断创新优化监管模式。同时,晋江陆地港的发展壮大为大客户尤其是本地的产业集群企业提供了快捷、高效、外贸及跨境物流服务。

(4)互联网思维平台整合

晋江陆地港业务包括海、路、空、铁、邮、综保区等国际物流渠道,实现了与福州、上海、广州、武汉、厦门、深圳、昆明等地的海、空、铁口岸直通放行。

进出境货物通过电子关锁直通各个口岸,报关、报检、查验、放行、征税等一站通关服务,无其他手续。口岸资源整合后,晋江陆地港与各口岸形成合作伙伴关系,也是泉州港、厦门港的货源输送港。口岸资源整合有利于开拓海外市场、泉州外向型企业降低物流的成本、提升国际竞争力。

2.台州市

从上述各项指标对比可以看出,台州市在城镇常住居民人均可支配收入、农村常住居民人均可支配收入、申请专利数、专利授权数、公共图书馆藏书情况等方面领先其他城市,且第二产业、第三产业、人均地区生产总值、进口总额和出口总额也仅次于泉州市。

台州的工业化具有内生型特点,制造业发展路径明确。台州"民营主导加政府推动"的经济发展模式被称为"台州模式"。最近几年来,台州构建起了农村中小合作金融机构、国有股份制商业银行等小微企业金融服务发展格局,在实践中形成了一套特色鲜明、行之有效的小微金融服务体系的"台州模式"。

(1)发展草根经济

台州企业多是以血缘为纽带、以家庭为单位的家族企业,起源于"草根层"的创业冲动。一方面,草根企业诚信度高、决策成本低、凝聚力强,可通过内部机制应对外部冲击,例如让利、减息等;另一方面,即便是现代化大企业的民营企业,因为老板是草根出身,企业依然保留着"以人为本"的理念,建立与雇员之间的和谐劳资关系。中国社会科学院政治学研究所所长方宁教授把台州的民营经济喻为"草根经济",在经济总量中,占比百分之九十六以上。

(2)创新金融供给,完善服务体系

2012年,台州成为小微金融改革创新示范区。通过小微金融服务全产业链创新,金融服务实体的经济能力增强、金融服务的价值链有所延长、促进了质量的提升。"做精、做强"小微金融,由此台州逐渐形成了"以城商行、农商行为主体,以国有银行、股份制银行为两翼,以村镇银行、小额贷款公司、民间资本为补充"的多层次小微金融服务体系。

(3) 政府有所为有所不为,营造良好发展环境

相信、保护、依靠群众的积极性、创造性,及时发现发展中的问题并进行引导、规范、总结经验,来达到营造良好环境的目的。政府按照法律标准、市场经济规则公平对待每个企业,积极保护各方面利益。同时,政府对企业采取"有保有压"的态度,并不是所有企业都要保,遵循市场规则,提倡优胜劣汰。

3.临沂市

从上述各项指标对比可以看出,临沂市在第一产业和医疗卫生机构床位数领先其他五市,另外,在地区生产总值、社会消费品零售总额、接待入境旅游人数都排名第二,其他各项指标基本都排名第三。

(1) 地理位置优势

临沂的地理位置优势为物流的发展打下了基础。临沂邻近长三角经济区、新亚欧大陆桥东部桥头堡,并且在环渤海经济圈内。日东高速公路横穿东西,京沪高速公路与新亚欧大陆桥交汇,沿海铁路纵贯全境,拥有海、路、空立体的交通格局。

(2) 加快投资渠道设施建设

投资渠道的多元化使商贸物流基础设施的建设加快。临沂市采取"政府引导、企业投资、市场运作"的发展模式,并且坚持"适度超前、分布合理、功能整合、整体优化"的原则。鼓励外资引进、社会融资、投资,使商贸物流配送基础设施建设更快。

(3) 大力发展强大的产业集群优势

临沂有产业集群优势。分工明确的专业市场网络将不同的产业集群重新分配,市场网络信息优势明显。政府也十分重视国内外市场的信息中心、集散中心、价格中心、物流中心拥有丰富的发展经验(包括人才、资金、经营等),政府也十分重视。

(4) 积极推动商贸升级转型

临沂市从商贸物流配送系统的优化着手进行商贸业态升级。传统批发企业经营方式朝国际先进的商务经营方式转变;传统的批发企业和零售企业联

合并且传统零售业调整经营结构。竞争环境公平合理化、物流市场秩序规范化、对于商品龙头企业重点扶持，政策方面向物流业倾斜。

4.淮安市

从上述各项指标对比可以看出，淮安市的第一产业生产总值、粮食产量、公共预算支出、申请专利数、专利授权数等指标均排名第二，并且其城镇常住居民人均可支配收入排名最好，各项指标均高于锦州市，也有很多值得借鉴的地方。

（1）积极推动水利环保生态建设

淮安市是全世界著名的农副产品生产、加工、销售基地，有水产、蔬菜、生猪、林木、畜禽等主导产业。另外，淮安市水利建设成效显著。

淮安市委、市政府把"建成生态市"作为"十二五"的奋斗目标之一。由此可见对生态环境保护的重视。许多重大的基建项目也在扎实推进，例如，盱眙县蔡港等19座小型水库除险加固等区域治理、洪泽湖大堤除险加固、分淮入沂整治等。

（2）发挥历史文化资源优势

淮安是历史悠久的文化名城，境内的遗址、古迹都记录着淮安的历史。由于具有丰富的历史文化资源，淮安的品位有所提升，也提高了知名度，为文化产业的发展打下了基础。另外，动漫、软件等新兴文化产业发展也很迅速。

5.保定市

从上述各项指标对比可以看出，保定市在农业上的粮食产量高于其他五市，排名第一，是锦州市城市发展值得借鉴的地方。

在保定，农业占有很重要的地位。党的十八大以来，保定市委、市政府坚持把解决好"三农"问题作为工作的重中之重，持续加大"强农惠农富农"政策力度，扎实推进农业现代化和新农村建设，全面深化农村改革，保定市农业农村发展取得了历史性成就。

农业地位巩固加强、生产条件持续改善。农业综合生产能力提升，农产品产量大幅增加，农业结构调整成效显著，现代农业步伐加快。

（二）国内相似城市的发展启示

1.充分利用辽西文化资源，发展旅游业

根据泉州市和淮安市的发展经验，锦州市可以利用辽西文化资源，提高锦州知名度，继续发展国内外旅游业。锦州具有悠久的历史文化，著名的"老马识途"历史典故、"松锦大战"等著名事件都发生在锦州；锦州地处渤海最北岸，属于沿海开放城市，具有鲜明的海洋文化；在辽沈战役战略决战中，锦州作为英雄城市还具有红色文化；同时锦州有"道光廿五"名酒、锦州烧烤等餐饮休闲文化；另外，辽西古生物化石让锦州驰名中外；等等。所以锦州可以全方位发挥文化资源和文化产业的优势，推动锦州市的旅游业持续发展，从而带动锦州市经济文化融合发展。

2.构建立体交通新格局，打造物流区域中心

从泉州市和临沂市模式的经验可以看出，在物流产业发展过程中，要考虑交通便利条件、地理区位优势，科学规划建设现代化的物流中心、物流园区。参考泉州市和临沂市的发展经验，锦州市地理位置优越，是拥有铁路、公路、空运、海运一体的海陆空立体交通体系，所以，锦州可以利用地理优势，加强港口和交通运输建设，构建立体交通新格局，打造物流区域中心。使物流区域中心的辐射和带动作用更好发挥，降低物流成本、提高配送效率。

3.完善金融制度体系

从台州市的发展经验来看，锦州市要不断完善金融制度体系。找准民营企业资金链关键环节，进行业务创新，开发信贷产品。发展前景好的企业要加快上市。银行要为企业提供好各类服务。加强企业资金链监管，防止系统性风险的发生，要强化企业信用意识。从锦州政府层面上，尽量不干预民营经济发展，但是对于外部环境的建设必须依靠政府作为。要简化贷款手续、民营企业项目审批等，瞄准"国际一流、全国最优"，不断优化营商环境。

4.构建产业集群

锦州市可以借鉴临沂市和台州市的发展经验，依托现有产业基础，构建产业集群，继续推动锦州市产业集群的构建和发展。鼓励开展创新活动，强化技术、资金、人才支撑，使创新基地的扩散、资源聚集的作用得到充分发挥，建立民营企业自己的经济创新聚集区。同时，鼓励企业进入新经济的产业链增值环节、细分行业和关键领域，例如云计算、3D计算等，寻找更多的发展空间。

5.推动商贸转型，增加投资渠道建设

根据临沂市的发展启示，锦州市应积极推动商贸转型，增加投资渠道建

设。对于产权股份划分不合理、不明确的民营企业应寻找机会重新分配。尽快积极解决，避免股东矛盾尖锐化。改制的民营企业，产权明确清晰到个人，这样能使个人发挥对财产看护的能动性、积极性，有利于民营企业的发展。

6.加速锦州农业和农产品的开发与利用

锦州市应充分发挥农业方面的自有优势，参考保定市的经验，继续推动农业、农产品的发展。经过多年的扶持、发展，至今为止，锦州已经具有地域特色的农产品加工企业群，可以围绕特色，因地、因业制宜，引导下游企业发展。特色不明显的地区，可以结合实际建立适合当地的农产品加工业。锦州要增加有限投资完善基础设施，推动农村第一、二、三产业交叉融合。另外，也建议锦州市政府能够有针对性地扶持国家、省、市重点企业，拓宽企业的融资渠道，跨地区、跨行业多元化投资，走集团化、产业化道路，使龙头企业更具有优势。

7.增加环保生态的构建，营造优良营商环境

参考淮安市的发展经验，增加环保生态的构建，为锦州城市发展营造优良营商环境。良好的生态环境不仅关系到一个民族的生存、发展，也与经济社会的可持续发展密切相关。锦州可以加快推进生态文明建设，深入实施可持续发展战略，从而推动锦州乃至整个社会走上生产发展、生活富裕、生态良好的文明发展道路。

第五章 区域中心城市的评价体系分析

对中心城市的评价主要通过对区域内有限资源的合理配置能力的评价来表示,区域中心城市建设问题属于各个区域考虑的综合问题,锦州能否作为辽西五市的中心城市,需要综合性地评价辽西五市的中心城市能力,需要综合考虑各个城市的经济、金融、文化、环境等各个方面的影响力、凝聚力、辐射力等的程度和级别。

一、区域中心城市评价指标体系设计

目前,根据国家中心城市建立的综合评价指标体系,参考其他省市区域中心城市评价指标体系,考虑到中心城市的发展变化及时间跨度等问题,对各种评价指标进行分析、替换、删除之后,针对辽西五市的城市建设能力进行综合评价,建立了包括经济凝聚力、商贸金融能力、科技文化创新力、国际竞争力、社会服务力在内的5个一级指标,细分了包括经济实力、居民经济水平、经济投入、商贸辐射、金融聚集、科技创新、文化创新、外贸外资、开放门户、公共支出、卫生服务、通信服务、环境质量等13个二级指标,并具体划分了56个三级指标,具体指标如表5.1所示。

表5.1 区域中心城市建设能力综合评价指标体系

一级指标	二级指标	三级指标	
经济凝聚力	经济实力	地区生产总值(当年价格)/亿元	X_1
		工业增加值/万元	X_2
		第三产业比重	X_3
		地区生产总值增长率	X_4
		固定资产投资增长速度	X_5

表 5.1（续）

一级指标	二级指标	三级指标	
经济凝聚力	居民经济水平	常住人口 / 万人	X_6
		城镇常住人口 / 万人	X_7
		财政一般公共预算收入 / 万元	X_8
		城镇居民人均可支配收入 / 元	X_9
		从业人员期末人数（城镇单位）/ 万人	X_{10}
		农村常住居民人均可支配收入 / 元	X_{11}
	经济投入	人均城市道路面积 / 平方米	X_{12}
		移动电话用户 / 万户	X_{13}
		一般工业固体废物综合利用率	X_{14}
		污水处理厂集中处理率	X_{15}
商贸金融能力	商贸辐射	社会消费品零售总额 / 亿元	X_{16}
		邮政业务收入 / 万元	X_{17}
		货运总量 / 万吨	X_{18}
		客运总量 / 万人	X_{19}
		国内旅游收入 / 万元	X_{20}
		国内游客人数 / 人次	X_{21}
		批发和零售从业人员 / 人	X_{22}
		租赁和商业服务业从业人员 / 人	X_{23}
	金融聚集	年末金融机构人民币各项存款余额 / 万元	X_{24}
		年末金融机构人民币各项贷款余额 / 万元	X_{25}
		住户存款余额 / 万元	X_{26}
		当年实际使用外资额 / 万美元	X_{27}
		金融业从业人员 / 人	X_{28}
科技文化创新力	科技创新	科学技术支出 / 万元	X_{29}
		专利授权量 / 件	X_{30}
		发明专利授权量 / 件	X_{31}
		专利申请数 / 件	X_{32}

表5.1（续）

一级指标	二级指标	三级指标	
科技文化创新力	文化创新	公共图书馆藏书/万册	X_{33}
		普通本专科在校学生数/人	X_{34}
		科学研究和技术服务业/人	X_{35}
		教育支出/万元	X_{36}
		普通高等专任教师数/人	X_{37}
国际竞争力	外贸外资	货物进口额（海关数）/万元	X_{38}
		货物出口额（海关数）/万元	X_{39}
		外商直接投资合同项目/个	X_{40}
		当年实际使用外资额/万美元	X_{41}
		入境旅游收入/万美元	X_{42}
	开放门户	入境游客人数/人次	X_{43}
		民用航空客运量/万人	X_{44}
社会服务力	公共支出	一般公共服务支出/万元	X_{45}
		地方一般公共预算支出/万元	X_{46}
		城乡社区支出/万元	X_{47}
	卫生服务	医疗卫生机构床位数/张	X_{48}
		卫生技术人员数/人	X_{49}
	通信服务	信息传输、软件和信息技术服务业从业人员/万人	X_{50}
		互联网宽带接入用户数/万户	X_{51}
	环境质量	绿化覆盖面积/公顷	X_{52}
		一般工业固体废物综合利用率	X_{53}
		污水处理率	X_{54}
		生活垃圾无害化处理率	X_{55}
		工业废水排放量/万吨	X_{56}

二、锦州建设辽西区域中心城市的能力指标分析

根据《辽宁统计年鉴2020》和各城市2020年国民经济和社会发展统计公报的相关数据，进行2019年锦州建设辽西区域中心城市能力评价测算，具体情况如下。

（一）经济凝聚力

经济凝聚力指标主要从经济实力、居民经济水平和经济投入三个方面考虑，包括地区生产总值、工业增加值、第三产业比重、地区生产总值增长率、固定资产投资增长速度、常住人口、城镇常住人口、财政一般公共预算收入、城镇居民人均可支配收入、从业人员期末人数、农村常住居民人均可支配收入、人均城市道路面积、移动电话用户、一般工业固体废物综合利用率、污水处理厂集中处理率共15个三级指标，具体指标及数值见表5.2。与其他城市相比，锦州在工业增加值、人均城市道路面积、污水处理厂集中处理率三个指标上处于中等偏上水平，除了固定资产投资增长速度、地区生产总值增长率比较靠后，其他各项指标几乎都排名第一。

表5.2 辽西区域中心城市建设经济凝聚力指标数值

三级指标	锦州	阜新	盘锦	朝阳	葫芦岛
地区生产总值（当年价格）/亿元	1073	488	1281	843	807
工业增加值/万元	2279282	1073381	6126085	2161130	2755840
第三产业比重	55.5%	51.7%	38.5%	47.5%	46.1%
地区生产总值增长率	2.5%	7.3%	9.0%	5.3%	5.3%
固定资产投资增长速度	5.2%	22.0%	-5.2%	23.5%	10.1%
常住人口/万人	302.5	173.9	144.0	292.9	253.7
城镇常住人口/万人	165.6	102.9	105.4	134.2	125.3
财政一般公共预算收入/万元	1020258	426614	1479627	746564	842903
城镇居民人均可支配收入/元	34699	29514	41575	27015	32031
从业人员期末人数/万人	222966	144703	398208	223323	173587
农村常住居民人均可支配收入/元	7756	6372	9750	6142	6597

表 5.2（续）

三级指标	锦州	阜新	盘锦	朝阳	葫芦岛
人均城市道路面积/平方米	11.58	12.42	25.16	11.68	8.21
移动电话用户/万户	287.5	175.4	158.4	244.8	241.5
一般工业固体废物综合利用率	82.0%	63.0%	83.0%	69.0%	60.0%
污水处理厂集中处理率	97.1%	100.0%	98.4%	99.6%	92.4%

资料来源：《辽宁统计年鉴2020》。

（二）商贸金融能力

商贸金融能力指标主要从商贸辐射和金融聚集两个方面进行考虑，包括社会消费品零售总额、邮政业务收入、货运总量、客运总量、国内旅游收入、国内游客人数、批发和零售从业人员、租赁和商业服务业从业人员、年末金融机构人民币各项存款余额、年末金融机构人民币各项贷款余额、住户存款余额、当年实际使用外资额、金融业从业人员共计13个三级指标，具体指标及数值见表5.3。与其他城市相比，锦州在社会消费品零售总额、邮政业务收入、国内游客人数、批发和零售从业人员、租赁和商业服务业从业人员指标上处于中间偏上水平，其他各项指标几乎都排名第一。

表5.3 辽西区域中心城市建设商贸金融能力指标数值

三级指标	锦州	阜新	盘锦	朝阳	葫芦岛
社会消费品零售总额/亿元	347.8	185.1	364.5	263.3	305.1
邮政业务收入/万元	52212	24678	65996	38917	57065
货运总量/万吨	16988.5	5117.0	13860.8	5473.0	12665.0
客运总量/万人	4310	1080	2015	1868	2469.7
国内旅游收入/万元	2448400	1170700	2918000	2258100	2446500
国内游客人数/人次	33752500	16295000	35950000	32311700	28510000
批发和零售从业人员/人	6503	3839	6672	7054	4247
租赁和商业服务业从业人员/人	5290	2315	6711	2275	5728
年末金融机构人民币各项存款余额/万元	36240149	12434479	22067975	19958635	22898635
年末金融机构人民币各项贷款余额/万元	32882006	10168855	11601033	11030476	14783851

表 5.3（续）

三级指标	锦州	阜新	盘锦	朝阳	葫芦岛
住户存款余额/万元	24338869	9414444	13552639	16195728	16233063
当年实际使用外资额/万美元	6410	2081	44330	9713	2895
金融业从业人员/人	22382	16524	9352	18935	7988

数据来源：《辽宁统计年鉴2020》。

（三）科技文化创新力

科技文化创新力指标主要从科技创新和文化创新两个方面进行考虑，包括科学技术支出、专利授权量、发明专利授权量、专利申请数、公共图书馆藏书、普通本专科在校学生数、科学研究和技术服务业、教育支出、普通高等专任教师数共计9个三级指标，具体指标及数值见表5.4。与其他城市相比，锦州除了在专利申请数上排名略低于盘锦、在教育支出上排名偏低以外，其他各项指标几乎都排名第一。

表 5.4　辽西区域中心城市建设科技文化能力指标数值

三级指标	锦州	阜新	盘锦	朝阳	葫芦岛
科学技术支出/万元	49387	2695	5723	4025	3485
专利授权量/件	1536	759	1103	689	872
发明专利授权量/件	968	156	148	33	42
专利申请数/件	1929	1612	1944	1292	1661
公共图书馆藏书/万册	155.5	59.7	97.5	98.8	104.2
普通本专科在校学生数/人	77635	41237	8103	9080	9456
科学研究和技术服务业/人	4494	2210	4224	2457	1454
教育支出/万元	329736	227894	213973	452435	351788
普通高等专任教师数/人	4808	1888	534	470	474

数据来源：《辽宁统计年鉴2020》。

（四）国际竞争力

国际竞争力指标主要从外贸外资和开放门户两个方面进行考虑，包括货物进口额、货物出口额、外商直接投资合同项目、当年实际使用外资额、入境旅游收入、入境游客人数、民用航空客运量共计7个三级指标,具体指标及数值见表5.5。与其他城市相比,锦州在货物进口额、货物出口额、外商直接投资合同项目、当年实际使用外资额上排名处于中间水平,但是在入境旅游收入、入境游客人数上面遥遥领先;同时,锦州的民用航空客运量是其他城市所没有的指标。

表5.5 辽西区域中心城市建设国际竞争力指标数值

三级指标	锦州	阜新	盘锦	朝阳	葫芦岛
货物进口额(海关数)/万元	274603	8995	1924000	116471	997184
货物出口额(海关数)/万元	66886	195093	212000	277492	669390
外商直接投资合同项目/个	4	2	7	6	8
当年实际使用外资额/万美元	6410	2081	44330	9713	2895
入境旅游收入/万美元	11871	956	1159	1870	2609
入境游客人数/人次	97500	22805	21000	22800	49000
民用航空客运量/万人	38.6	—	—	—	—

数据来源:《辽宁统计年鉴2020》。

(五)社会服务力

社会服务力指标主要从公共支出、卫生服务、通信服务、环境质量四个方面进行考虑,包括一般公共服务支出,地方一般公共预算支出,城乡社区支出,医疗卫生机构床位数,卫生技术人员数,信息传输、软件和信息技术服务业,互联网宽带接入用户数,绿化覆盖面积,一般工业固体废物综合利用率,污水处理率,生活垃圾无害化处理率,工业废水排放量共计12个三级指标,具体指标及数值见表5.6。与其他城市相比,锦州在公共服务支出、医疗卫生机构床位数,卫生技术人员,信息传输、软件和信息技术服务业,绿化覆盖面积,一般工业固体废物综合利用率,污水处理率,工业废水排放量都处于中间偏上水平,其他各项指标几乎都排名第一。

表5.6 辽西区域中心城市建设社会服务力指标数值

三级指标	锦州	阜新	盘锦	朝阳	葫芦岛
一般公共服务支出/万元	209600	156836	174726	254531	226561
地方一般公共预算支出/万元	3609910	1781731	2329156	3005607	2483790

表5.6（续）

三级指标	锦州	阜新	盘锦	朝阳	葫芦岛
城乡社区支出/万元	632290	159575	238430	186798	175115
医疗卫生机构床位数/张	18328	11929	10308	19944	16714
卫生技术人员数/人	14465	11770	9998	19376	12750
信息传输、软件和信息技术服务业/万人	2841	2161	2353	3410	2459
互联网宽带接入用户数/万户	83.6	56.3	43.2	73.6	71.4
绿化覆盖面积/公顷	5726	3748	5102	6997	5583
一般工业固体废物综合利用率	82.0%	63.0%	83.0%	69.0%	60.0%
污水处理率	97.1%	100.0%	98.6%	99.6%	92.4%
生活垃圾无害化处理率	100.0%	79.2%	100.0%	98.4%	100.0%
工业废水排放量/万吨	1860.2	473.8	2823.6	390.3	1768.0

数据来源：《辽宁统计年鉴2020》。

三、区域中心城市的建设能力评价分析

参考国家城市中心城市建设和其他区域中心城市建设的指标体系，体系中的各项指标变量是互相影响、互相作用的关系，并且各项指标对区域中心城市的作用和影响程度也不一样，参考其他的区域中心城市建设和国家城市中心建设的情况，采用赋权法和熵值法综合评价锦州作为辽西五市城市中心建设的能力问题。

熵值法是一种客观赋权法，根据各项指标的相对变化程度对系统的影响来确定指标权重，这种客观的赋权方法避免了人的主观因素带来的偏差。设有 m 个待评方案、n 项评价指标，形成原始指标数据矩阵 $X=\left(x_{ij}\right)_{m\times n}$，对于某项指标 x_j，指标值 X_{ij} 的差距越大，则该指标在综合评价中所起的作用越大；如果某项指标的指标值全部相等，则该指标在综合评价中不起作用。

在信息论中，熵是对不确定性的一种度量。一般来讲，信息量越大，不确定性就越小，有序程度越高，熵值也就越小；信息量越小，不确定性就越大，无序程度越高，熵值也就越大。根据熵的这一特性，可以用熵值来判断

某个指标的离散程度,也可以通过计算指标观测值的信息熵来判断一个方案的随机性及无序程度,指标的离散程度越大,该指标对综合评价的影响就越大。因此,可根据各项指标的变异程度,利用信息熵这个工具,计算出各个指标的权重,为多指标综合评价提供依据。

(一)区域中心城市建设能力评价方法

第一步,根据二级和三级指标,将原始矩阵设置为13个评价方案、58个待评价指标,构成了13×58阶矩阵 A,其中 $n = 13$,$m = 58$。其中,X_{ij} 代表了第 j 个城市的第 i 个指标的值。

$$A = \begin{pmatrix} X_{11} & \cdots & X_{1m} \\ \vdots & & \vdots \\ X_{n1} & \cdots & X_{nm} \end{pmatrix}_{n \times m}$$

第二步,数据的非负数化处理。首先,由于数据中存在负数,所以,需要对数据进行非负化处理;其次,因为熵值法采用的是各个方案某一指标占同一指标值总和的比值,不存在量纲的影响,所以,不需要进行标准化处理;此外,需要通过数据平移来避免求熵值时对数的无意义:

$$X'_{ij} = \frac{X_{ij} - \min\{X_{1j}, X_{2j}, \cdots, X_{nj}\}}{\max\{X_{1j}, X_{2j}, \cdots, X_{nj}\} - \min\{X_{1j}, X_{2j}, \cdots, X_{nj}\}} + 1,$$

式中,$i = 1, 2, \cdots, n$;$j = 1, 2, \cdots, m$。 (5.1)

第三步,计算第 j 项指标下第 i 个城市占该指标的比重

$$P_{ij} = \frac{X'_{ij}}{\sum_{i=1}^{n} X'_{ij}} (j = 1, 2, \cdots, m) \quad (5.2)$$

第四步,计算第 j 项指标的熵值

$$e_j = -k * \sum_{i=1}^{n} P_{ij} \log(P_{ij}) \quad (5.3)$$

式中,$k > 0$,$\log$ 为任意底数的对数,$e_j \geq 0$,式中常数 k 与样本数 m 有关,一般令 $k = 1/\ln m$,$\ln$ 为自然数,则 $0 \leq e \leq 1$。

第五步,计算第 j 项指标的差异系数

$$g_j = 1 - e_j \quad (5.4)$$

对于第 j 项指标,指标值 X_{ij} 的差异越大,对方案评价的作用越大,熵值就越小。$g_j = 1 - e_j$,则 g_j 越大指标越重要。

第六步，求权数

$$W_j = \frac{g_j}{\sum_{j=1}^{m} g_j} \quad (j = 1, 2, \cdots, m) \tag{5.5}$$

第七步，计算各方案的综合得分

$$S_i = \sum_{j=1}^{m} W_j * P_{ij} \quad (i = 1, 2, \cdots, n) \tag{5.6}$$

(二) 指标体系评价测算

根据式（5.1）~式（5.6）及表5.1~表5.6的数据，计算辽西五市区域中心城市建设经济凝聚力指标评价测算，其计算结果如表5.7~表5.10所示。

1. 区域中心城市建设经济凝聚力指标评价测算

表5.7 辽西区域中心城市建设经济凝聚力非负化处理结果

指标	锦州	阜新	盘锦	朝阳	葫芦岛
地区生产总值（当年价格）	1.737705	1	2	1.447667	1.40227
工业增加值	1.238664	1	2	1.215281	1.332982
第三产业比重	2	1.776803	1	1.529552	1.445507
地区生产总值增长率	1	1.738863	2	1.431644	1.431644
固定资产投资增长速度	1.360602	1.947958	1	2	1.53055
常住人口	2	1.188644	1	1.939432	1.692114
城镇常住人口	2	1	1.039904	1.499601	1.357542
财政一般公共预算收入	1.563758	1	2	1.303842	1.395331
城镇居民人均可支配收入	1.527747	1.171635	2	1	1.344505
从业人员期末人数	1.308724	1	2	1.310132	1.113939
农村常住居民人均可支配收入	1.447339	1.063747	2	1	1.126109
人均城市道路面积	1.198698	1.248575	2	1.204834	1
移动电话用户	2	1.131748	1	1.669042	1.643715
一般工业固体废物综合利用率	1.956522	1.130435	2	1.391304	1
污水处理厂集中处理率	1.613456	2	1.792876	1.94723	1

表5.8 辽西五市各城市经济凝聚力指标所占的权重

三级指标	锦州	阜新	盘锦	朝阳	葫芦岛
地区生产总值（当年价格）	0.229018	0.131793	0.263587	0.190793	0.18481
工业增加值	0.182507	0.147342	0.294684	0.179062	0.196404
第三产业比重	0.258003	0.22921	0.129001	0.197314	0.186472
地区生产总值增长率	0.131542	0.228733	0.263083	0.188321	0.188321
固定资产投资增长速度	0.173566	0.248492	0.127565	0.255131	0.195245
常住人口	0.255748	0.151997	0.127874	0.248003	0.216378
城镇常住人口	0.289979	0.14499	0.150775	0.217427	0.196829
财政一般公共预算收入	0.215307	0.137685	0.275371	0.17952	0.192117
城镇居民人均可支配收入	0.21689	0.166334	0.283934	0.141967	0.190875
从业人员期末人数	0.19438	0.148527	0.297053	0.19459	0.16545
农村常住居民人均可支配收入	0.218065	0.160271	0.301332	0.150666	0.169666
人均城市道路面积	0.180198	0.187696	0.300657	0.181121	0.150328
移动电话用户	0.268655	0.152025	0.134327	0.224198	0.220796
一般工业固体废物综合利用率	0.261628	0.151163	0.267442	0.186047	0.133721
污水处理厂集中处理率	0.193146	0.239419	0.214624	0.233102	0.119709

表5.9 辽西五市各城市经济凝聚力指标的熵值、差异系数和权数

三级指标	熵值 e_j	差异系数 g_j	权数 W_j
地区生产总值（当年价格）	0.170919	0.829081	0.017841
工业增加值	0.1705	0.8295	0.01785
第三产业比重	0.170982	0.829018	0.017839
地区生产总值增长率	0.170939	0.829061	0.01784
固定资产投资增长速度	0.170471	0.829529	0.01785
常住人口	0.169936	0.830064	0.017862
城镇常住人口	0.170027	0.829973	0.01786
财政一般公共预算收入	0.1709	0.8291	0.017841

表5.9（续）

三级指标	熵值 e_j	差异系数 g_j	权数 W_j
城镇居民人均可支配收入	0.170529	0.829471	0.017849
从业人员期末人数	0.17029	0.82971	0.017854
农村常住居民人均可支配收入	0.169726	0.830274	0.017866
人均城市道路面积	0.170299	0.829701	0.017854
移动电话用户	0.170236	0.829764	0.017855
一般工业固体废物综合利用率	0.169501	0.830499	0.017871
污水处理厂集中处理率	0.170865	0.829135	0.017842

表5.10 辽西区域中心城市建设经济凝聚力指标评价测算

地区	锦州	阜新	盘锦	朝阳	葫芦岛
评价结果	0.058353	0.04687	0.061255	0.052971	0.048326
排名	2	5	1	3	4

从计算结果来看，在经济凝聚力方面，锦州市的各项指标稍微落后于盘锦，排名第二位。后面依次是朝阳、葫芦岛和阜新。说明锦州市的经济能力指标排名在前，具有一定的优势。

2.区域中心城市建设商贸金融能力指标评价测算

表5.11 辽西区域中心城市建设商贸金融能力非负化处理结果

指标	锦州	阜新	盘锦	朝阳	葫芦岛
社会消费品零售总额	1.906983	1	2	1.436169	1.669041
邮政业务收入	1.666392	1	2	1.34462	1.783847
货运总量	2	1	1.736541	1.029988	1.63581
客运总量	2	1	1.289514	1.243997	1.430308
国内旅游收入	1.731242	1	2	1.622332	1.730155
国内游客人数	1.888196	1	2	1.814892	1.62147
批发和零售从业人员	1.828616	1	1.881182	2	1.126905
租赁和商业服务业从业人员	1.679666	1.009017	2	1	1.778404
年末金融机构人民币各项存款余额	2	1	1.404672	1.316066	1.439566

表5.11（续）

指标	锦州	阜新	盘锦	朝阳	葫芦岛
年末金融机构人民币各项贷款余额	2	1	1.063055	1.037935	1.203186
住户存款余额	2	1	1.277277	1.454375	1.456876
当年实际使用外资额	1.102464	1	2	1.180643	1.019267
金融业从业人员	2	1.593025	1.094762	1.760525	1

表5.12 辽西五市各城市商贸金融能力指标所占的权重

指标	锦州	阜新	盘锦	朝阳	葫芦岛
社会消费品零售总额	0.23801	0.12481	0.24962	0.179248	0.208313
邮政业务收入	0.213781	0.12829	0.256579	0.172501	0.228849
货运总量	0.270185	0.135092	0.234594	0.139144	0.220986
客运总量	0.287199	0.143599	0.185173	0.178637	0.205391
国内旅游收入	0.214164	0.123705	0.247411	0.200691	0.214029
国内游客人数	0.226822	0.120126	0.240253	0.218017	0.194782
批发和零售从业人员	0.23334	0.127605	0.240048	0.255209	0.143798
租赁和商业服务业从业人员	0.224943	0.135129	0.267842	0.133921	0.238166
年末金融机构人民币各项存款余额	0.279318	0.139659	0.196175	0.1838	0.201048
年末金融机构人民币各项贷款余额	0.31725	0.158625	0.168627	0.164642	0.190855
住户存款余额	0.278221	0.139111	0.177683	0.202319	0.202667
当年实际使用外资额	0.174928	0.15867	0.317341	0.187333	0.161727
金融业从业人员	0.268517	0.213877	0.146981	0.236366	0.134259

表5.13 辽西五市各城市商贸金融能力指标的熵值、差异系数和权数

三级指标	熵值e_j	差异系数g_j	权数W_j
社会消费品零售总额	0.170758	0.829242	0.017844
邮政业务收入	0.170781	0.829219	0.017844
货运总量	0.169622	0.830378	0.017869
客运总量	0.170689	0.829311	0.017846

表5.13（续）

三级指标	熵值 e_j	差异系数 g_j	权数 W_j
国内旅游收入	0.171154	0.828846	0.017836
国内游客人数	0.170943	0.829057	0.01784
批发和零售从业人员	0.169626	0.830374	0.017869
租赁和商业服务业从业人员	0.169373	0.830627	0.017874
年末金融机构人民币各项存款余额	0.170957	0.829043	0.01784
年末金融机构人民币各项贷款余额	0.16934	0.83066	0.017875
住户存款余额	0.170909	0.829091	0.017841
当年实际使用外资额	0.169355	0.830645	0.017874
金融业从业人员	0.169956	0.830044	0.017861

表5.14 辽西区域中心城市建设商贸金融能力指标评价测算

地区	锦州	阜新	盘锦	朝阳	葫芦岛
评价结果	0.057612	0.033003	0.052286	0.043775	0.045436
排名	1	5	2	4	3

从计算结果来看，在商贸金融能力方面，锦州的排名在辽西五市中排名处于第一位，说明锦州的商贸辐射和金融聚集能力相对辽西其他城市来说更强。

3.区域中心城市建设科技文化力指标评价测算

表5.15 辽西区域中心城市建设科技文化力非负化处理结果

三级指标	锦州	阜新	盘锦	朝阳	葫芦岛
科学技术支出	2	1	1.064851	1.028485	1.016919
专利授权量	2	1.082645	1.488784	1	1.216057
发明专利授权量	2	1.131551	1.122995	1	1.009626
专利申请数	1.976994	1.490798	2	1	1.565951
公共图书馆藏书	2	1	1.394281	1.407952	1.464726
普通本专科在校学生数	2	1.476529	1	1.014051	1.019459
科学研究和技术服务业	2	1.248684	1.911184	1.329934	1

表 5.15（续）

三级指标	锦州	阜新	盘锦	朝阳	葫芦岛
教育支出	1.485457	1.058378	1	2	1.577933
普通高等专任教师数	2	1.326879	1.014753	1	1.000922

表 5.16　辽西五市各城市科技文化力指标所占的权重

三级指标	锦州	阜新	盘锦	朝阳	葫芦岛
科学技术支出	0.327319	0.163659	0.174273	0.168321	0.166428
专利授权量	0.29466	0.159506	0.219342	0.14733	0.179162
发明专利授权量	0.319276	0.180639	0.179273	0.159638	0.161175
专利申请数	0.246086	0.185567	0.24895	0.124475	0.194922
公共图书馆藏书	0.275218	0.137609	0.191866	0.193747	0.20156
普通本专科在校学生数	0.307218	0.226808	0.153609	0.155767	0.156598
科学研究和技术服务业	0.26703	0.166718	0.255172	0.177566	0.133515
教育支出	0.20858	0.148612	0.140415	0.280829	0.221565
普通高等专任教师数	0.31533	0.209203	0.159991	0.157665	0.157811

表 5.17　辽西五市各城市科技文化能力指标的熵值、差异系数和权数

三级指标	熵值 e_j	差异系数 g_j	权数 W_j
科学技术支出	0.168806	0.831194	0.017886
专利授权量	0.170017	0.829983	0.01786
发明专利授权量	0.169266	0.830734	0.017876
专利申请数	0.170665	0.829335	0.017846
公共图书馆藏书	0.171068	0.828932	0.017838
普通本专科在校学生数	0.169044	0.830956	0.017881
科学研究和技术服务业	0.169982	0.830018	0.017861
教育支出	0.170085	0.829915	0.017859
普通高等专任教师数	0.169069	0.830931	0.017881

表5.18 辽西区域中心城市建设科技文化能力指标评价测算

地区	锦州	阜新	盘锦	朝阳	葫芦岛
评价结果	0.045752	0.028199	0.030777	0.027964	0.028095
排名	1	3	2	5	4

从评价结果来看,在科技文化能力方面,锦州的排名是第一位,这主要依托锦州多所高等教育院校,专利和发明专利授权和藏书相对较多,科学研究和技术服务业相对比较突出。

4.区域中心城市建设国际竞争力指标评价测算

表5.19 辽西区域中心城市建设国际竞争力非负化处理结果

三级指标	锦州	阜新	盘锦	朝阳	葫芦岛
货物进口额（海关数）	1.138698	1	2	1.056123	1.516024
货物出口额（海关数）	1	1.21279	1.240852	1.349551	2
外商直接投资合同项目	1.333333	1	1.833333	1.666667	2
当年实际使用外资额	1.102464	1	2	1.180643	1.019267
入境旅游收入	2	1	1.018598	1.083738	1.151443
入境游客人数	2	1.023595	1	1.023529	1.366013
民用航空客运量	2	1	1	1	1

表5.20 辽西五市各城市国际竞争力指标所占的权重

三级指标	锦州	阜新	盘锦	朝阳	葫芦岛
货物进口额（海关数）	0.16968	0.149013	0.298025	0.157376	0.225907
货物出口额（海关数）	0.14699	0.178268	0.182393	0.19837	0.29398
外商直接投资合同项目	0.170213	0.12766	0.234043	0.212766	0.255319
当年实际使用外资额	0.174928	0.15867	0.317341	0.187333	0.161727
入境旅游收入	0.319807	0.159903	0.162877	0.173293	0.18412
入境游客人数	0.31186	0.159609	0.15593	0.159599	0.213002
民用航空客运量	0.333333	0.166667	0.166667	0.166667	0.166667

表5.21 辽西五市各城市国际竞争力指标的熵值、差异系数和权数

三级指标	熵值 e_j	差异系数 g_j	权数 W_j
货物进口额（海关数）	0.169659	0.830341	0.017868
货物出口额（海关数）	0.170509	0.829491	0.01785
外商直接投资合同项目	0.170671	0.829329	0.017846
当年实际使用外资额	0.169355	0.830645	0.017874
入境旅游收入	0.169237	0.830763	0.017877
入境游客人数	0.169205	0.830795	0.017878
民用航空客运量	0.168385	0.831615	0.017895

表5.22 辽西区域中心城市建设国际竞争力指标评价测算

地区	锦州	阜新	盘锦	朝阳	葫芦岛
评价结果	0.029077	0.019653	0.027112	0.022432	0.026813
排名	1	5	2	4	3

从评价结果来看，在国际竞争力能力方面，锦州的排名是第一位，这主要依托锦州的民用航空机场，入境游客和入境收入相对较高。

5.区域中心城市建设社会服务力指标评价测算

表5.23 辽西区域中心城市建设社会服务力非负化处理结果

三级指标	锦州	阜新	盘锦	朝阳	葫芦岛
一般公共服务支出	1.540089	1	1.183121	2	1.713701
地方一般公共预算支出	2	1	1.299437	1.669451	1.384021
城乡社区支出	2	1	1.166813	1.057589	1.032874
医疗卫生机构床位数	1.832296	1.168223	1	2	1.664799
卫生技术人员数	1.476328	1.188953	1	2	1.293453
信息传输、软件和信息技术服务业	1.544436	1	1.153723	2	1.238591
互联网宽带接入用户数	2	1.323588	1	1.752973	1.697473
绿化覆盖面积	1.608803	1	1.416744	2	1.564789
一般工业固体废物综合利用率	1.956522	1.130435	2	1.391304	1

表5.23（续）

三级指标	锦州	阜新	盘锦	朝阳	葫芦岛
污水处理率	1.613456	2	1.817942	1.94723	1
生活垃圾无害化处理率	2	1	2	1.922447	2
工业废水排放量	1.604074	1.034333	2	1	1.566175

表5.24 辽西五市各城市社会服务力指标所占的权重

三级指标	锦州	阜新	盘锦	朝阳	葫芦岛
一般公共服务支出	0.207087	0.134464	0.159088	0.268929	0.230432
地方一般公共预算支出	0.272001	0.136001	0.176724	0.227046	0.188228
城乡社区支出	0.319628	0.159814	0.186473	0.169017	0.165068
医疗卫生机构床位数	0.239037	0.152404	0.130458	0.260915	0.217186
卫生技术人员数	0.212155	0.170858	0.143704	0.287409	0.185875
信息传输、软件和信息技术服务业	0.222645	0.14416	0.16632	0.288319	0.178555
互联网宽带接入用户数	0.257267	0.170258	0.128633	0.225491	0.218352
绿化覆盖面积	0.211954	0.131746	0.186651	0.263493	0.206155
一般工业固体废物综合利用率	0.261628	0.151163	0.267442	0.186047	0.133721
污水处理率	0.192568	0.238703	0.216974	0.232404	0.119351
生活垃圾无害化处理率	0.224154	0.112077	0.224154	0.215462	0.224154
工业废水排放量	0.222646	0.143566	0.277601	0.138801	0.217386

表5.25 辽西五市各城市社会服务力指标的熵值、差异系数和权数

三级指标	熵值 e_j	差异系数 g_j	权数 W_j
一般公共服务支出	0.170438	0.829562	0.017851
地方一般公共预算支出	0.170761	0.829239	0.017844
城乡社区支出	0.169239	0.830761	0.017877
医疗卫生机构床位数	0.17011	0.82989	0.017858
卫生技术人员数	0.170545	0.829455	0.017849
信息传输、软件和信息技术服务业	0.170274	0.829726	0.017855

表5.25（续）

三级指标	熵值 e_j	差异系数 g_j	权数 W_j
互联网宽带接入用户数	0.170749	0.829251	0.017844
绿化覆盖面积	0.171127	0.828873	0.017836
一般工业固体废物综合利用率	0.169501	0.830499	0.017871
污水处理率	0.170848	0.829152	0.017842
生活垃圾无害化处理率	0.170642	0.829358	0.017847
工业废水排放量	0.169896	0.830104	0.017863

表5.26　辽西区域中心城市建设社会服务力指标评价测算

地区	锦州	阜新	盘锦	朝阳	葫芦岛
评价结果	0.050755	0.032942	0.040426	0.04933	0.040783
排名	1	5	4	2	3

从评价结果来看，在社会服务能力方面，锦州的排名为第一位，这主要得益于地方一般公共预算支出、城乡社区支出及生活垃圾处理能力的指标比较强，而且其他各项指标也不弱，所以，综合起来锦州的社会服务力在辽西五市中排名第一。

6.区域中心城市建设综合各项指标评价测算

根据式（5.6）计算所有评价指标如表5.27所示。

表5.27　辽西区域中心城市建设综合各项指标评价测算

地区	锦州	阜新	盘锦	朝阳	葫芦岛
评价结果	0.241549	0.160668	0.211855	0.196473	0.189454
排名	1	5	2	3	4

从评价结果来看，2019年锦州虽然在经济凝聚力方面排名第二，但是在商贸金融力、科技文化创新力、国际竞争力和社会服务力等四个方面都排名第一。综合各项指标最后得出最终的城市评价指标排名，锦州在辽西五市区域中心城市建设的综合指标评价中排名第一，充分说明锦州具有建设辽西区域中心城市的能力。

四、辽西区域中心城市的建设综合指标评价排名（2014—2019年）

根据2015—2020年的辽宁省统计年鉴和各城市2020年国民经济和社会发展统计公报，仍然采用式（5.1）~式（5.6）进行2014—2018年锦州建设辽西区域中心城市能力评价测算，计算结果如表5.28~表5.32所示；把计算所得的2019年辽西区域中心城市建设综合指标评价测算结果进行汇总，得到表5.33。

（注：考虑到各年年鉴指标的差异，个别指标可能稍微有些变化，已经根据情况做了适当的甄选、删除等操作）

（一）2014年辽西区域中心建设综合指标评价排名

根据2014年的辽西区域中心建设综合指标评价测算，结果如表5.28和图5.1所示。

表5.28　2014年辽西区域中心建设综合指标评价测算结果

指标排务	锦州	阜新	盘锦	朝阳	葫芦岛
经济凝聚力	0.059079	0.038997	0.053098	0.049036	0.044631
排名	1	5	2	3	4
商贸金融能力	0.049713	0.02531	0.037215	0.036665	0.034741
排名	1	5	2	3	4
科技文化创新力	0.055714	0.035971	0.040452	0.03711	0.034865
排名	1	4	2	3	5
国际竞争力	0.034314	0.019773	0.026804	0.018241	0.023378
排名	1	4	2	5	3
社会服务力	0.055106	0.045751	0.051303	0.050675	0.04206
排名	1	4	2	3	5
综合指标	0.253925	0.165801	0.208872	0.191727	0.179675
总排名	1	5	2	3	4

根据表5.28的数据绘制如图5.1所示的2014年辽西五市区域中心城市建设二级指标评价排名。

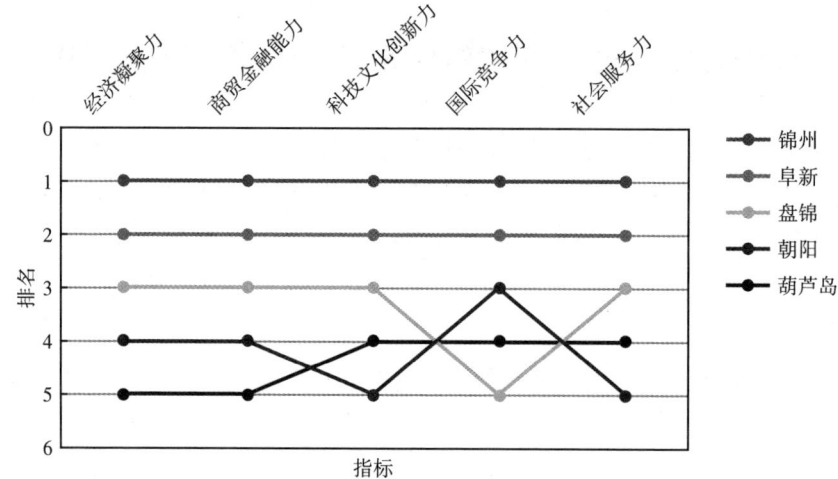

图 5.1　2014 年辽西五市区域中心城市建设二级指标评价排名

从表 5.28 和图 5.1 可以看出，2014 年，锦州经济凝聚力、商贸金融能力、科技文化创新力、国际竞争力、社会服务力五个二级指标都排名第一，盘锦名列第二，其他城市交替排名。所以，最终综合指标排名，锦州仍然排在第一名，后面的排名是盘锦、朝阳、葫芦岛和阜新。

（二）2015 年辽西区域中心建设综合指标评价排名

根据 2015 年的辽西区域中心建设综合指标评价测算，结果如表 5.29 和图 5.2 所示。

表 5.29　2015 年辽西区域中心建设综合指标评价测算结果

指标排名	锦州	阜新	盘锦	朝阳	葫芦岛
经济凝聚力	0.062626	0.04417	0.058411	0.052913	0.045995
排名	1	5	2	3	4
商贸金融能力	0.048539	0.025804	0.039718	0.038363	0.0362
排名	1	5	2	3	4
科技文化创新力	0.052209	0.032199	0.037041	0.033566	0.033681
排名	1	5	2	4	3
国际竞争力	0.029503	0.016626	0.027199	0.019144	0.020802
排名	1	5	2	4	3

表 5.29（续）

指标排名	锦州	阜新	盘锦	朝阳	葫芦岛
社会服务力	0.056963	0.043704	0.049917	0.050791	0.043914
排名	1	5	3	2	4
综合指标	0.24984	0.162503	0.212285	0.194778	0.180593
总排名	1	5	2	3	4

根据表 5.29 的数据绘制如图 5.2 所示的 2015 年辽西五市区域中心城市建设二级指标评价排名。

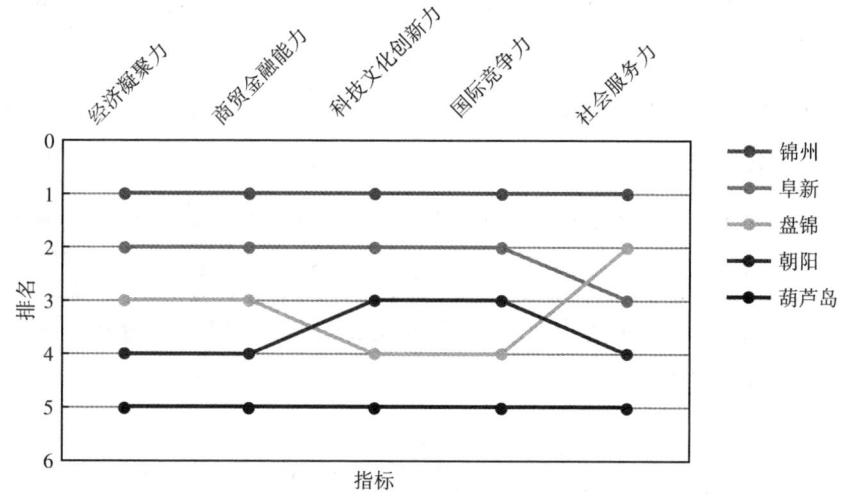

图 5.2　2015 年辽西五市区域中心城市建设二级指标评价排名

从表 5.29 和图 5.2 可以看出，2015 年，锦州经济凝聚力、商贸金融能力、科技文化创新力、国际竞争力、社会服务力五个二级指标都排名第一，所以最终综合指标排名，锦州仍然排名第一，后面的排名是盘锦、朝阳、葫芦岛和阜新。

(三) 2016 年辽西区域中心建设综合指标评价排名

根据 2016 年的辽西区域中心建设综合指标评价测算，结果如表 5.30 和图 5.3 所示。

表5.30　2016年辽西区域中心建设综合指标评价测算结果

指标排名	锦州	阜新	盘锦	朝阳	葫芦岛
经济凝聚力	0.060313	0.040055	0.052492	0.046492	0.045889
排名	1	5	2	3	4
商贸金融能力	0.051874	0.028217	0.043981	0.044016	0.039444
排名	1	5	3	2	4
科技文化创新力	0.052424	0.03182	0.035877	0.031971	0.036661
排名	1	5	3	4	2
国际竞争力	0.027707	0.016242	0.028801	0.020299	0.020226
排名	2	5	1	3	4
社会服务力	0.058197	0.042055	0.049754	0.052667	0.042528
排名	1	5	3	2	4
综合指标	0.250515	0.158389	0.210904	0.195445	0.184747
总排名	1	5	2	3	4

根据表5.30的数据绘制如图5.3所示的2016年辽西五市区域中心城市建设二级指标评价排名。

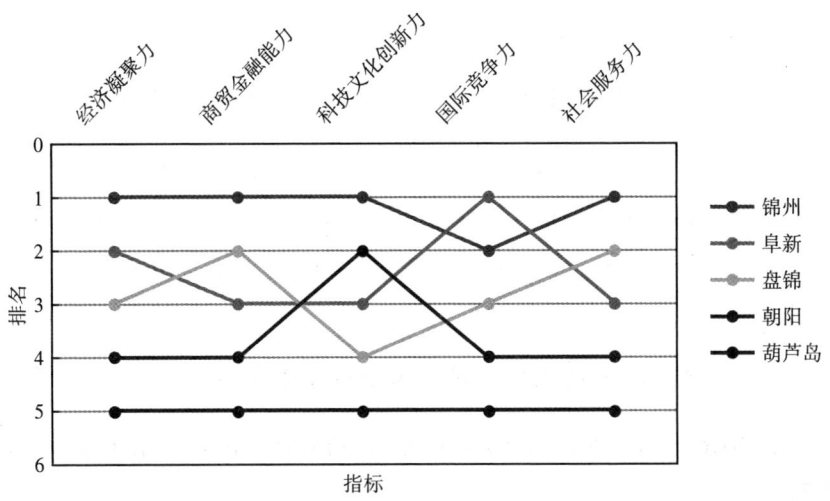

图5.3　2016年辽西五市区域中心城市建设二级指标评价排名

从表5.30和图5.3可以看出，2016年，锦州市国际竞争力的得分排在盘锦之后，排名为第二，但是经济凝聚力、商贸金融能力、科技文化创新力、社会服务力等四个二级指标都排名第一，所以，在最终综合指标排名中锦州仍然排名第一，后面的排名是盘锦、朝阳、葫芦岛和阜新。

（四）2017年辽西区域中心建设综合指标评价排名

根据2017年的辽西区域中心建设综合指标评价测算，结果如表5.31和图5.4所示。

表5.31　2017年辽西区域中心建设综合指标评价测算结果

指标排名	锦州	阜新	盘锦	朝阳	葫芦岛
经济凝聚力	0.066529	0.045659	0.056358	0.056311	0.050987
排名	1	5	2	3	4
商贸金融能力	0.047797	0.028941	0.038018	0.03939	0.035477
排名	1	5	3	2	4
科技文化创新力	0.047937	0.030389	0.033179	0.031204	0.029722
排名	1	4	2	3	5
国际竞争力	0.027027	0.01675	0.024722	0.015993	0.019021
排名	1	4	2	5	3
社会服务力	0.057818	0.046263	0.047673	0.054984	0.051853
排名	1	5	4	2	3
综合指标	0.247108	0.168002	0.199949	0.197881	0.18706
总排名	1	5	2	3	4

根据表5.31的数据绘制如图5.4所示的2017年辽西五市区域中心城市建设二级指标评价排名。

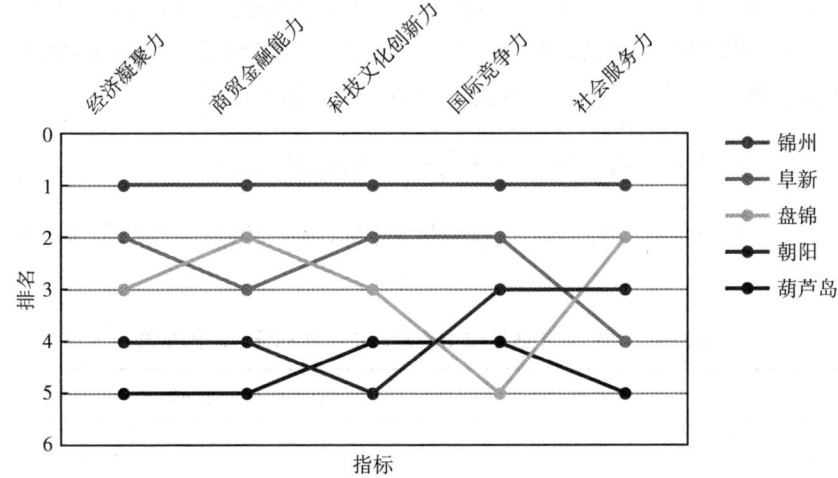

图 5.4 2017 年辽西五市区域中心城市建设二级指标评价排名

从表 5.31 和图 5.4 可以看出，2017 年，锦州经济凝聚力、商贸金融能力、科技文化创新力、国际竞争力、社会服务力五个二级指标都排名第一，所以，最终综合指标排名，锦州仍然排名第一，后面的排名是盘锦、朝阳、葫芦岛和阜新。

（五）2018 年辽西区域中心建设综合指标评价排名

根据 2018 年的辽西区域中心建设综合指标评价测算，结果如表 5.32 和图 5.5 所示。

表 5.32 2018 年辽西区域中心建设综合指标评价测算结果

指标排名	锦州	阜新	盘锦	朝阳	葫芦岛
经济凝聚力	0.073568	0.051909	0.07074	0.055634	0.059572
排名	1	5	2	4	3
商贸金融能力	0.043868	0.0264	0.041349	0.036123	0.03253
排名	1	5	2	3	4
科技文化创新力	0.044885	0.027948	0.032703	0.028167	0.030267
排名	1	5	2	4	3
国际竞争力	0.02831	0.015321	0.02119	0.015543	0.01808
排名	1	5	2	4	3

表5.32（续）

指标排名	锦州	阜新	盘锦	朝阳	葫芦岛
社会服务力	0.053453	0.039462	0.050858	0.052864	0.049256
排名	1	5	3	2	4
综合指标	0.244083	0.16104	0.21684	0.188332	0.189706
总排名	1	5	2	4	3

根据表5.32的数据绘制如图5.5所示的2018年辽西五市区域中心城市建设二级指标评价排名。

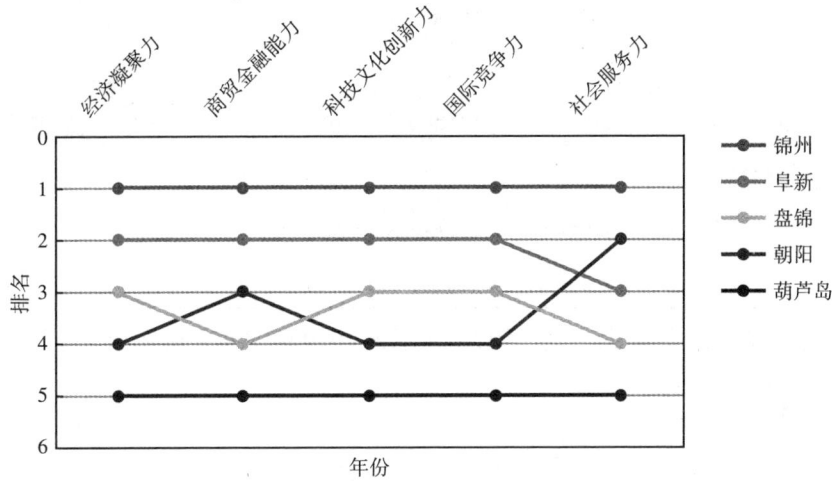

图5.5 2018年辽西五市区域中心城市建设二级指标评价排名

从表5.32和图5.5可以看出，2018年，锦州经济凝聚力、商贸金融能力、科技文化创新力、国际竞争力、社会服务力五个二级指标都排名第一，所以最终综合指标排名，锦州仍然排名第一，后面的排名是盘锦、葫芦岛、朝阳和阜新。

（六）2019年辽西区域中心建设综合指标评价排名

根据2019年的辽西区域中心建设综合指标评价测算，结果如表5.33和图5.6所示。

表5.33　2019年辽西区域中心建设综合指标评价测算结果

指标排名	锦州	阜新	盘锦	朝阳	葫芦岛
经济凝聚力	0.058353	0.04687	0.061255	0.052971	0.048326
排名	2	5	1	3	4
商贸金融能力	0.057612	0.033003	0.052286	0.043775	0.045436
排名	1	5	2	4	3
科技文化创新力	0.045752	0.028199	0.030777	0.027964	0.028095
排名	1	3	2	5	4
国际竞争力	0.029077	0.019653	0.027112	0.022432	0.026813
排名	1	5	2	4	3
社会服务力	0.050755	0.032942	0.040426	0.04933	0.040783
排名	1	5	4	2	3
综合指标	0.241549	0.160668	0.211855	0.196473	0.189454
总排名	1	5	2	3	4

根据表5.33的数据绘制如图5.6所示的2019年辽西五市区域中心城市建设二级指标评价排名。

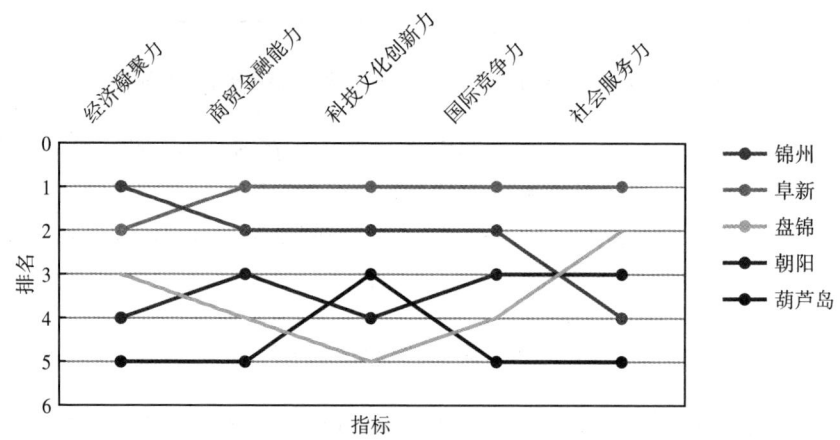

图5.6　2019年辽西五市区域中心城市建设二级指标评价排名

从表5.33和图5.6可以看出，2019年，锦州在经济凝聚力上排名第二，排名第一的是盘锦，而朝阳、葫芦岛、阜新分别排名第三、四、五；而对于商贸金融能力、科技文化创新力、国际竞争力、社会服务力四个二级指标，锦州都排名第一。最终综合指标排名，锦州仍然排名第一，后面的排名依次是盘锦、朝阳、葫芦岛和阜新。

（七）2014—2019年辽西五市区域中心城市建设综合指标评价排名汇总

根据2014—2019年辽西五市区域中心城市建设综合指标评价排名，绘制如图5.7所示的综合指标评价测算排名图。

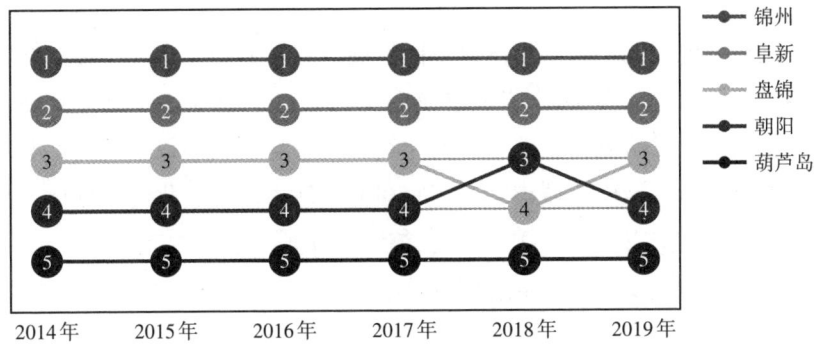

图5.7 2014—2019年辽西五市区域中心城市建设综合指标评价排名

综上所述，根据计算结果，结合编制的表格数据和绘制的图表，可以清晰地看到，锦州市作为辽西五市之一，其各项指标均排名靠前，只有2019年在经济凝聚力和2016年在国际竞争力上略有欠缺，排名第二，但是其余各项二级指标均排名第一。从各年的综合指标评价结果也可以看出，锦州市排名第一，盘锦市排名第二。从评价结果可以充分看到，从2014—2019年，锦州市每年的综合指标都名列辽西五市的榜首位置，这充分说明锦州市完全可以作为辽西区域的中心城市进行城市建设和规划。

第六章　锦州建设辽西区域中心城市的战略定位和发展目标

紧抓新一轮东北振兴、京津冀协同发展战略、实施辽宁"一带一路"综合试验区建设和东北东部经济带建设的契机，以全面推动高质量发展为主题，以持续深化供给侧结构性改革为主线，以改革创新为根本动力，努力把锦州建设成辽西区域中心城市和美丽宜居充满活力的现代化港口城市，把锦州打造成辽西经济增长辐射中心、物流枢纽中心、商贸中心、多元工业中心、金融发展中心及文化卫生融合传承中心。

一、指导思想与战略定位

（一）指导思想

以党的十九大和中共十九届五中全会及习近平总书记有关东北、辽宁振兴发展的重要讲话和指示批示精神为指导，以"建设辽西区域中心城市和美丽宜居充满活力的现代化港口城市"为目标，以"数字锦州"为基础，依托发达的港口、机场、公路、铁路运输，立足"五大安全"战略定位，深度融入共建"一带一路"，着力打造中蒙俄经济走廊陆海通道，推动全域转身向海、转换旧动能、培育壮大新动能，加快转变经济发展方式，加速促进产业转型优化升级，改造提升"老字号"，深度开发"原字号"，培育壮大"新字号"，建设现代化经济体系，做强、做大工业经济，提高第二产业比重，大力推动生态建设，打造辽西经济增长辐射中心、物流枢纽中心、商贸中心、多元工业中心、金融发展中心、文化卫生融合传承中心，积极融入以国内大循环为主体、国际国内双循环相互促进的新发展格局，实现锦州市的全面振兴。

第六章 锦州建设辽西区域中心城市的战略定位和发展目标

(二) 战略定位

1. 总体战略定位

锦州市邻近京津冀和蒙东地区，拥有位于进出关要冲和沿海港口的优势，按照"承接辐射，抓住重点，错位发展，互利共赢"的路线，努力实现锦州与邻近城市在产业上互助互补、在文化上互相交融、在市场上互联互通、在资源上形成共享，把锦州建设成美丽宜居的现代化港口城市和充满活力的辽西区域中心城市。打造辽西经济增长辐射中心、物流枢纽中心、商贸中心、多元工业中心、金融发展中心、文化卫生融合传承中心，不断提升锦州市社会化、专业化、信息化水平，逐步建成布局合理、运营规范、智能高效、管理科学的现代产业体系。

2. 功能定位

(1) 具备较强的集散中心功能

集散中心功能即以打造"开放锦州"为统率，把锦州建设成为辽西区域的人才、商品、技术、资金、信息、物流的流动中心，成为辽西区域性经济集散中心城市和经济循环网络的重要空间节点城市，提高锦州作为辽西地区商贸集散中心的整体能力，并发挥出强大的扩散功能，表现为产业、人才、技术、信息、资金及基础设施功能等方面的多层次扩散，并在不同层次服务辐射周边地区。

(2) 拥有先进的生产中心功能

生产中心功能即以建设"工业锦州"为主导，利用锦州现有工业的存量优势，用存量来引增量、提质量，提高产品研发和技术创新能力，使其拥有较为完整的工业生产体系和高附加值、高技术含量、高出口产品的制造体系，打造锦州多元化的工业中心。在产业选择与发展上，大力发展石化、新型材料和农产品加工三个优势产业，提升汽车零部件和电子信息产品制造两个新兴产业的产业水平，提升机械装备制造、电力、医药、纺织等传统产业的专业化程度。

(3) 拥有完善的服务中心功能

服务中心功能即以建设"港口锦州"为牵引，使其拥有一套完善的服务系统和发达的第三产业，更好地发挥服务功能，延伸高水平服务链条，扩大服务链条范围，促进区域经济共同繁荣。把锦州建设成为辽西地区交通枢纽，建设成为物流、金融、信息集散地，建设成为医疗卫生服务、科技教育、文化、旅游、人口居住中心。

(4) 拥有高效的创新中心功能

创新中心功能即以建设"文明锦州"为重点，着力实现发展过程中的观念创新、科技创新、制度创新和机制创新。全力发挥锦州市的综合创新能力，使其成为辽西区域融合创新观念、创新思想、创新体制、创新机制的具有多种创新精神的地区。

二、发展原则

(一) 坚持统筹规划，实现高端发展

锦州市建设辽西区域中心城市要以前瞻性的眼光做好整体发展规划，强调规划的可操作性，突出重点，以锦州市经济发展战略为依据，按照社会经济发展的要求和规律，遵循锦州市总体规划的功能与布局，强化规划的项目化，突出项目支撑作用，精心包装项目。实行项目管家制度，确保开工建设一批重大项目，对项目统一规划、分步实施，转变发展模式，尤其要避免低水平的、重复性的项目建设，要走高起点、迈向高水平的发展道路，逐步形成适合锦州市经济和社会发展的科学体系。

(二) 坚持市场运作，实现可持续发展

锦州市建设辽西区域中心城市要转变原有"市场在资源配置中发挥基础性作用"的观念，充分发挥市场在资源配置中的决定性作用，明确企业在市场活动中的主体地位，在此基础上，充分有效地发挥政府在顶层设计、规范标准、统筹协调等方面的指引作用，深入贯彻可持续发展战略，为锦州市可持续发展营造公平、公开、公正的经营环境。

(三) 坚持区域联动，实现协同发展

锦州市建设辽西区域中心城市要坚持城市发展与区域社会经济发展相结合的道路，处理好锦州将要作为中心城市的重要地位，加快锦州与其周边区域互相辐射、互相吸引，重视锦州对周边地区的经济辐射作用，以及乡村、小城镇的城镇化建设对锦州的影响。锦州作为辽西区域的最重要城市，要努力实现锦州在京津冀城市群、环渤海经济带中独有的优势和关键作用，加强锦州乃至辽西区域与京津冀城市群、环渤海区域、东北亚地区及"一带一路"沿途区域的协同合作，实现区域内部和区域间的协同发展。

（四）坚持改革开放，实现融合发展

锦州市建设辽西区域中心城市要深入实施对外开放战略，开放锦州的经济功能，促进各种经济资源、各类经济要素在更大空间范围内流动，注重以人为本，全域转身向海，以全面开放引领全面振兴，增强城市集聚力、渗透力和辐射力。重视产业互动，促进产业间关联配套和上下游产业链的有机衔接，形成工业、物流业、商贸业、农业、金融业融合协同发展的新优势。

（五）坚持资源整合，实现创新发展

锦州市建设辽西区域中心城市要统筹锦州市发展的内外资源，不仅要考虑城区现有的资源，也要考虑整个区域，特别是辽西周边县区的各种资源。通过资源整合，将分散的资源单点整合形成完整的体系，促进产业的协调发展，提升城市的竞争力。全面贯彻创新发展理念，深入实施创新驱动发展战略，积极进行业态、技术和商业模式上的创新，切实转变发展方式，努力实现更高水平的、更高质量的、更有效率的绿色、健康、安全的发展。

（六）坚持区域特色，实现绿色发展

锦州市建设辽西区域中心城市要根据锦州市经济发展及辐射区域经济发展的实际情况，从现代产业发展的比较优势出发，贯彻绿色发展理念，处理好经济发展、产业调整与居民生活、环境保护、历史文化等方面的关系，集中力量发展具有区域特色的产业体系，形成创新界面友好、人与自然和谐交互的可持续发展模式，建设具有区域特色的中心城市。

三、发展目标

（一）总体目标

到2025年年末，把锦州建设成为美丽宜居充满活力的现代化港口城市和辽西区域中心城市。

1.美丽宜居充满活力的现代化港口城市

锦州形成全面开放新格局,实现港口带动、产城融合、全域一体化发展,城市功能更加完善,人居环境更加优美,产业发展更具优势,富有生机活力的现代化港口城市。

2.辽西区域中心城市

把锦州市打造成辽西经济增长辐射中心、物流枢纽中心、商贸中心、多元工业中心、金融发展中心、文化卫生融合传承中心。

(二)具体目标

1.对接京津冀,打造辽西经济增长辐射中心

发挥锦州市作为连接京津冀与东北地区关键节点的作用,在充分考虑自己优势产业的基础上,主动融入京津冀一体化发展中,承接京津冀的产业转移,与京津冀实现产业链、价值链和创新链的有效衔接和高效协作,形成对京津冀一体化的有效支撑。构建以京津冀增长极为基础的环渤海经济带,并以此为依托,使锦州成为综合实力明显增强、发展质量和效益显著提高、主要经济指标增速高于辽宁省平均水平、不低于沿海六市平均水平的具有巨大辐射作用的中心城市。把锦州市建设成京津冀一体化与东北老工业区的产业发展的配套区,力争把锦州市打造成辽西经济增长辐射中心。

2.打造辽西物流中心,建设港口型国家物流枢纽城市

锦州市依托区位优势,以打造"辽西物流中心,建设港口型国家物流枢纽城市"为目标,以现代物流业高质量发展、绿色发展为主线,促进物流业与区域内第一、二、三产业融合发展,积极推广物流新技术,搭建物流信息平台,重点支持发展规模化物流企业,打造专业化、综合化的物流园区。不断提升物流标准化水平,以制度和政策创新为保障,充分发挥锦州市作为全国区域级物流节点城市和物流枢纽承载城市的辐射作用。重点发展以海港和空港为依托的临港物流,大力提升多式联运水平,融入京津冀的重要交通和国际贸易枢纽,积极拓展"辽连欧""辽新欧"国际物流服务,把锦州市打造成东北西部、内蒙古东部,以及蒙古国和俄罗斯远东地区的便捷出海口,建设成港口型国家物流枢纽城市和美丽宜居充满活力的现代化港口城市。

3.全力打造商贸中心

发挥锦州的商品集聚和辐射功能,以中央大街十里商街示范服务业集聚区、古玩商贸中心区、辽西小商品批发中心区为核心,把锦州打造成为特色

显著、多元化的辽西区域性综合商贸中心，使其除具有商务贸易等核心功能外，还有购物体验、商务办公、物流流通、旅游休闲等其他服务功能。

4.积极建设多元化工业中心

以石化资源与传统化工产业为依托，建立以化工、精细化工及其产品和相关项目为主要内容的辽西石化及精细化工产业中心；以晶体硅材料、电池片及组件、风光储发电系统等太阳能光伏产业为依托，建立以阳光能源及关联企业为龙头的光伏产业集群，打造辽西新能源与新材料产业中心；以汉拿电机、锦恒气囊企业及其产品和供应链建设汽车及零部件产业园区为依托，建设配套设备丰富、服务能力强的汽配、电子及装备制造业产业中心；以奥虹药业、久泰药业较强的市场地位为依托，建设辽西生物医药产业中心；以中信锦州金属、新华龙大（辽宁新华龙大有钼业有限公司）、国泰实业（锦州国泰实业有限公司）等企业为依托，建设辽西冶金产业中心。

5.争取打造辽西金融中心

根据锦州市国民经济和社会发展目标和规划，积极促进国有银行、锦州银行和非金融机构稳步发展，增强金融服务实体经济能力，规范金融服务环境，深化国有商业银行改革，积极引进域外银行、保险、证券等各类金融机构来锦设立分支机构，培育壮大非银行金融机构，打造辽西区域金融中心。

6.发挥锦州高校资源优势，打造文化卫生融合传承中心

以渤海大学、锦州医科大学和辽宁工业大学等驻地高校为依托，联合锦州及周边地区共同打造辽西地区教育发展中心；以锦州各高校现有科研机构为基础，建设辽西科技研发中心；以锦州医科大学及其附属医院为依托，形成辽西卫生健康中心；以东北亚民族走廊、辽西走廊历史文化研究为依托，打造辽西文化传承中心；以辽沈战役纪念馆、笔架山、医巫闾山、北普陀山等为依托，构建辽西文化旅游中心。

第三篇　对策篇

第七章 对接京津冀，打造辽西经济增长辐射中心

京津冀合作发展战略和国家振兴东北战略是锦州市的重大战略机遇。锦州市位于辽宁西部，邻近内蒙古和河北，是连接辽宁与北京、天津和河北的重要地理城市，京沈高铁的建设，使锦州市成功跻身于沈阳和北京的"一小时经济圈"，地理位置优势更加明显。2016年4月27日，《中共 中央国务院关于全面振兴东北地区等老工业基地的若干意见》（中发〔2016〕7号）中提出对构筑京津冀等经济区域合作的新格局，促进东北与京津冀地区的融合，支持辽西地区快速发展，建设对接北京、天津与河北共同发展的先行战略。2018年7月30日，北京市发展和改革委员会发布2018—2020年促进京津冀协同发展的计划，为京津冀产业疏解提出明确的规划路线。近几年，近1000家一般制造业企业提出迁出北京，这是辽西地区招商引资的重要发展机会，锦州市政府应充分利用好这一政策优势，尽力融入京津冀发展一体化，在为非首都功能疏导提供服务的同时发展区域产业和经济，进而引领辽宁与京津冀的融合发展。

一、辽西经济增长辐射中心的功能定位

（一）京津冀协同发展战略

2014年2月26日，习近平在京津冀协同发展工作座谈会上曾强调，"着力加快推进产业对接协作，理顺三地产业发展链条，形成区域间产业合理分布和上下游联动机制，对接产业规划，不搞同构性、同质化发展。"

京津冀协同发展战略是国家一项重大的战略，其内容是优化建设城市空间布局和产业结构，有效地改善北京的非首都功能，并在重要领域取得突

破,如保护生态平衡,一体化的京津冀交通建设,产业升级转移等。

(二) 京津冀不同区域目标定位

推进京津冀产业协同发展战略后,京津冀地区进行了重新的目标定位(见表7.1),充分发挥京津冀三地的优势,有序引导产业转移与承接、空间布局、生产链有效融合,改进各种生产要素的发展方式。

北京的定位为全国的政治、文化、国际交往、科技创新中心;天津的定位为全国金融创新核心区、先进的科研基地、北方的核心航运区;河北定位为国家现代贸易和物流的重要基地,工业转型升级的试验区,新型城镇化和城乡一体化的示范区,以及北京、天津和河北的生态环境的支持区。

表7.1 推进京津冀协同发展战略前后三省市目标定位

地区	京津冀协同发展提出前目标定位	京津冀协同发展提出后目标定位
北京	全球知名大都市、政治中心、经济金融中心、历史文化名城	全国政治中心、文化中心、国际交往中心和科技创新中心。有效疏解非首都功能
天津	中国国家中心城市、中国北方经济中心、环渤海地区经济中心、中国北方国际航运中心、中国北方国际物流中心、现代制造业基地	全国先进制造研发基地、国际航运核心区、金融创新示范区、改革开放先行区
河北	全国重化工业基地、装备制造业基地	全国现代商贸物流重要基地、全国产业转型升级试验区、全国新型城镇化和城乡统筹示范区、京津冀生态环境支撑区

(三) 锦州市对接京津冀协同战略的功能定位

京津冀的协调发展,不仅对其本身的发展产生重要影响,而且对周边地区的产业发展也产生了积极的影响。辽宁省锦州市作为连接北京、天津、河北和东北的重要城市节点,交通条件和地理位置十分优越,因此,应在自身优势产业的基础上积极融入北京、天津和河北的一体化发展,承接京津冀的产业转移,努力成为京津冀一体化和东北老工业区产业发展的配套区,实现产业链的有效连接和高效协作。为北京、天津和河北的整合提供有效的支撑,在北京、天津和河北的发展基础上建立渤海经济带,把锦州市打造成辽西经济增长辐射中心。

二、辽西经济增长辐射中心的战略布局

(一) 京津冀产业转移承接的特征

1.北京市产业调整的特点

北京市产业调整的主要特点是向外转移。根据工业信息化部制定的北京天津河北产业转移指导目录，北京需要转移八大产业：信息技术，培训教育，装备制造，贸易和物流，金融后台，文化和创造力，体育，休闲。特别是"三高一低"制造企业（一般制造业）；具有区域贸易性质的行业；非生产性机构，例如大学、医院、老年机构等；区域总部性企业及非核心行政机构等。

2.天津市产业调整的特点

天津市产业调整的特点是转出与转入并举。天津占比较高的重工业和钢铁石油等产业对天津GDP有很深的影响。天津的城市地位和地理区位条件，非常适合布局大型石油化工产业。天津市以滨海新区作为战略合作区，来承载综合性平台等多个"1+16"模式的框架，承接首都多种高端产业转移与经营；但受京津冀生产安全、环境治理、煤炭汽运停运政策等影响，一体化的环境约束较大，生产成本上升，规模化竞争优势减弱，天津也计划转移一批"三高"产业。因此，在承接一般性产业上由于环境、人口和土地等方面并不具备优势，其吸收转入能力并不强。

3.河北省产业调整的特点

河北省产业中传统产业比重高，产业结构面广泛，面临两个重叠时期，即产业结构调整的艰难期和环境管理的进攻时期，其增长速度有所减慢，河北有效承接大量低附加值劳动、资源消耗快的产业，北京和天津有14个制造产业的比重下降，同时河北也在下降，这说明河北并没有充分利用地区优势来承接这些产业的转移，也未能充分利用北京和天津的市场信息和技术资源，带动发展模式的转变。作为河北西北部的北京和天津的水源，张家口、承德地区专注于绿色产业、高科技产业的对接。秦皇岛、唐山、沧州等沿海地区，着重发展重工业和装备制造业。廊坊、保定地区专注于电子信息产业、装备制造和新能源的承接，而冀中以南地区则专注于转移新兴产业、高端工业制造和一般制造业。

但是在实际承接转移过程中，由于存在"空吸效应"和"孤岛效应"等

问题（人才、资源过于集中京津地区），再加上环境承载力及服务成本（主要是土地价格）的不断上升，使得河北在承接过程中，尤其接受劳动密集型及环境承载要求高的企业时显得逐渐力不从心。

（二）锦州市第一产业对接

锦州市第一产业应充分发挥农业基础优势，培育和壮大绿色优质农业，在原有农产品供应地的基础上，通过错位发展，拓展成为京津冀地区特色农产品供应地（见表7.2）。具体来说，发展重点应放在果蔬、谷物、猪肉、奶牛、水产品和其他农业、畜牧业和渔业上。侧重发展农产品加工业，在黑山与北镇分别建立以粮油和肉类为主的生产集群，以义县的乳制品、凌海生鲜为主的食品深加工生产集群。

（三）锦州市第二产业对接

依托京津冀协同发展与东北振兴战略契机，锦州市利用自身工业产业发展的优势，积极主动融入京津冀的协同发展，主动承接其产业的转移，吸引京津冀周边项目的投资，充分利用北京入津各节点的优势，并将吸引北京、天津和河北作为主要项目的投资。根据各地区的实际情况、比较优势，确定产业发展的重点，防止重复低水平建设；加快改进产业空间布局，走向产业集群，着重上下游产业的协同发展，推动重点地区加快发展。重点产业包括化工行业（炼化一体化）、智能与高端制造业（汽车及配套产业）、高新技术产业；有条件引进一批劳动密集型产业（吸引就业），环境承载力要求较高（发挥比较优势）的产业等（见表7.3）。

1.石化及精细化工行业

锦州可以中国石油锦州石化分公司原有石化产业为基础，通过承接京津冀的石油及精细化工产业（以民营企业为主），丰富和升级炼化一体化建设，继续深化向下游产业发展，打造现代化和规模化的石油及精细化工产业集群，辐射和带动周边产业的发展。

2.冶金及金属新材料产业

以中信锦州金属、宝钛华神、天桥新材料（辽宁天桥新材料科技股份有限公司）、宏拓新材料等企业为龙头，发展钛钼深加工、铬钒铼向高纯化发展，延伸产业链。做大做强辽宁天合精细化工股份有限公司、锦州国测石墨科技产业园有限公司、黑山县万程膨润土有限责任公司及辽宁山水矿业有限责任公司等。增加投资，重点建设宝钛华神海绵钛等项目。

3. 智能制造与高端装备制造产业

以锦矿集团公司、汉拿电机、锦恒气囊、中国沃特玛新能源汽车产业创新联盟、万得集团、新锦化等为基础，主要承接和引进京津冀地区相关知名企业，重点加快高档数控系统和技术的发展，促进智能车间（工厂）建设的设计与制造，促进装备制造业向高端发展。装备核心技术取得重大突破，更好地提高装备设施和关键零部件研发制造水平的能力。将汽车零部件的先进技术运用到汽车智能安全系统中，增强汽车的智能安全系统性能。着重发展矿山大型机械、柔性联组包装机械、气体合成压缩机制、动力传动等大型智能成套设备，以成套专业化为目标，建设装备重大特色产业基地。

4. 新能源及电子信息技术产业

以锦州航星集团有限公司、锦州华光电力电子（集团）公司、辽晶电子科技有限公司、锦州神工半导体股份有限公司、锦研科技有限责任公司等为基础，锦州市主要承接和发展船舶机电设备、专用通信设备、电路集成产业链等，不断提高集成电路产品质量与档次，争取实现集成电路产业突破；重点发展真空开关管、芯片封装产品、光电耦合器、超级电容器等新式元器件。推进信息技术服务业和软件向高端发展，突破数据集成和跨系统挖掘数据的主要技术，实现企业数据整合和业务流程的集成；重点发展太阳能相关部件和光伏电站等，带动产业规模升级和技术提升，以形成太阳能光伏生产基地。

（四）锦州市第三产业对接

与第二、三产业深度融合，着重发展现代服务行业，根本目标是调整产业结构，保持生活服务和生产协同发展。在生产服务业方面，依托锦州市区位优势、交通优势、文化优势和产业优势，着重发展信息科技服务业、物流业、培训教育业；在生活服务业方面，重点突出提供差异化、特色化服务，大力发展特色旅游业、教育培训及家庭医疗业。

三、锦州打造辽西经济增长辐射中心的对策措施

（一）建立与京津冀联动协同机制

锦州市要建立融入京津冀一体化办公室或领导小组，进一步明确重点承

接产业专业目录，并签订任务书，帮助协调对接京津冀三地的政府部门，及时调度工作进展，研究制定相关政策。成立相应机构对接省里，同时，要成立专职负责承接京津冀产业转移的招商机构。

共同建设省级各个专业领域的对接平台，协调和促进区域合作的重大事项。积极组建企业、政府和咨询机构之间协作平台，实现宏观计划与微观整治的统一。建立利益共享机制，妥善解决各方关心的多方问题，例如经济总量、投资共享、税收共享和社会保障等问题。

（二）突破区域界线，转变传统模式，加强区域间要素流动

要想实现与京津冀地区产业的无缝衔接，就要加强辽西地区与京津冀地区跨区域不同产业链的合作，并进行统一规划，促进不同产业链中企业之间的合理分工。产业链中跨区域间协作不仅可以消除企业的投资劣势，发挥区域间的互补优势，而且有利于促进一方的产业链生态平衡。由政府和资源主导的传统模式转变为利益相关者主导的现代模式，通过利益相关者的加入，各方受到制约，从而达到优势互补、互利共存的效果。

（三）明确定位，强化特色，制定承接京津冀产业名录

为避免重复建设和恶性竞争，辽西各市政府应在辽宁省政府的统一领导下明确各自在承接京津冀产业转移过程中的定位，确定各自的特色，实行错位发展和协同发展的策略，努力把辽西打造成一个具有强辐射能力和聚集能力的产业集群地。

建立承接辽西京津冀产业转移信息平台，发布现有主导产业及龙头企业名录，发布主要生产与技术指标情况，同时，制定重点承接产业、一般承接产业及不承接产业名录，细化承接产业的具体指标、参数，明确现有配套水平与优惠政策。主导产业清晰，重点产业突出，不宜门类过多。

（四）建立完整的技术支撑体系

完整的技术支持体系可以建立企业之间的信任，促进企业间合作与研发技术，提高产业链的运作效率，创建循环经济开放的合作体系，建立完整的知识网络系统，实现技术创新。依靠"互联网+"，建立与北京、天津和河北产业链对接的在线平台，此平台功能包括与北京、天津和河北工业的创新技术和科研产品进行交互，并分享对接的成功经验和成就。在借鉴国外经验的

基础上，实现研发创新并开辟新道路。通过定期上传最新数据，加大宣传力度，注册京津冀信息微博，不仅能及时更新相关信息，还能有效招募优秀企业和人士，还为研究人员提供了数据参考，促进了学术研究；同时，对发展和完善京津冀生态产业链提供更多的发展方向。

（五）引进专业的大型投资中介组织和大项目带动的产业集群

由于京津冀外迁企业与锦州市政府之间的信息有时会出现不对称现象，适合转移的产业和企业匹配难度较大，因此，可以引进专业的大型著名投资中介组织，为其提供优惠政策，通过建立产业园并组织适合锦州市规划和需要的产业集群进驻锦州市。同时，通过其专业性，建立适合产业长期孵化的产业生态链。

为了增强对京津冀转移产业的吸引力，锦州市必须改变产业链条相对薄弱和产业集群规模较小的不足之处，结合锦州市的实际及规划，大力引进以大项目带动小项目的产业集群，只有以产业集群引进的方式，才能对转移产业具有较强的吸引力；同时，才能保证承接的产业和企业具有可持续性的发展空间。

（六）依托高校，充分发挥人才资源优势

人才是推动地区发展的关键因素，目前，锦州市高等院校较多，专业涉及理、工、经、管、文、医等，门类齐全。一方面，建议高校成立承接京津冀一体化转移校企联盟，通过校企深层次合作发挥企业重要的主体作用，提高人才供给侧培养和产业需求侧的结构要素的全面整合，重点培养创新型人才、高素质技术和管理型人才，为承接产业转移提供有力支撑。另一方面，借助辽宁省发布的关于振兴辽宁省人才服务的行动计划和重大人才项目"兴辽英才计划"，我们可以吸引大量高层次人才。重点引进高水平专家来促进科技成果转化和高层次人才及创新团队带动新兴业发展，使人力资源的利用效率快速提高，并建立联合机制。与北京、天津、河北建立联合人才培养机制，建立北京、天津、河北至辽西地区的人才基地，完善与北京、天津、河北的人才合作机制，为辽西区域产业的创新发展提供基础支撑。

第七章 对接京津冀，打造辽西经济增长辐射中心

表7.2 锦州市主要农产品产业分布情况

重点产业	地区	县(市)、区	主要企业或农业生产基地	农业产业方向	主要农产品
粮油产业	锦州	黑山	辽宁绿色劳山有机食品有限公司、锦州绿源粮业有限公司、黑山双庆食品有限公司等龙头企业	设施农业、畜牧养殖、杂粮种植等	花生、食用油、玉米等
	锦州	北镇	辽宁金实集团有限公司、北宁宏伟集团有限公司等龙头企业	粮食等	玉米、杂粮等
蔬菜产业	锦州	北镇	北镇市忠山蔬菜生产专业合作社、北镇市朋友蔬菜专业合作社等蔬菜生产加工企业	蔬菜等	棚菜、番茄、黄瓜等
	锦州	黑山	辽宁绿色劳山有机食品有限公司、锦州绿源粮业有限公司、黑山双庆食品有限公司等龙头企业	设施农业等	棚菜、番茄、茄子、黄瓜等
畜禽产业	锦州	北镇	辽宁金实集团有限公司、北宁宏伟集团有限公司和辽宁沟帮子熏鸡有限公司等龙头企业	畜禽养殖	生猪、奶牛、肉鸡等
	锦州	义县	辽宁国大羽业有限公司、义县兴帝奶业有限公司、辽宁辉山乳业集团等	畜禽饲养等	奶牛、肉牛等
水果产业	锦州	义县	锦州鑫农农业工程有限公司、锦州市大实食品有限公司等农副产品加工企业等	水果等	苹果、白梨等
海产品产业	锦州	凌海	锦州富民科技发展集团有限公司等龙头企业	达蓬海产品养殖、百合、小菜等	海产品、腌菜等

数据来源：根据调查数据整理所得。

表 7.3 锦州市第二产业转移承接分布情况

序号	重点产业	主要行业	主要企业或产业园区	业务方向	主要产品
1	高端装备制造业	智能制造与大型成套装备	锦州矿山机器（集团）有限公司、锦州汉拿电机股份有限公司、辽宁春光汽车安全系统股份有限公司、锦州锦佰汽车安全系统股份有限公司、东方国际集装箱（锦州）有限公司、锦航星集团有限公司、锦州新锦化机械部件有限公司、凌海德瑞克汽车制造有限公司、辽宁航兑装备制造科技有限公司、辽宁中盾矿山工程技术股份有限公司等	智能化车间（工厂）建设、汽车智能安全系统领域等	数控机床、燃料电池、汽车电子、汽车电器、大型矿山机械、合成气压缩机组、柔性联动包装机械、输变电等智能化大型成套装备等产品
		新能源汽车	锦州德商新能源汽车有限公司、中国沃特玛新能源汽车产业创新联盟、锦州万得汽车集团有限公司、锦州富山密封科技有限公司等	纯电动汽车整车生产及配套、新能源汽车整车设计开发、汽车智能化、轻量化、电动化等	电动汽车整车控制系统、汽车动力电池电控系统、变速器电控系统、驱动电机及控制器、商用车、充电桩等产品
		航空航海、轨道交通、机器人、无人机等	锦航星集团有限公司、凌海金城航空器材有限公司、锦州捷通铁路机械制造股份有限公司、辽宁力德航空科技有限公司、锦州天翔航空科技有限公司等	卫星导航、船舶航行自动化和研究应用陆用生产、对接国内外铁路建设和机道建设、工业机器人的研发及应用、数字化生产线等	自动导航、无人机、轨道交通装备、工业机器人、机器人数字化生产线（车间）等

序号	产业	子类	企业	技术	产品
2	新一代信息技术产业	集成电路	锦州瑞光电子有限公司、锦州七七微电子有限责任公司、锦州辽晶电子科技有限公司等	单片、混合集成电路等	微型表贴单片集成电路产品和混合集成电路无刷电机驱动电路产品；三端集成稳压器、电流型PWM控制器、电压基准源、DC/DC电源、LDO低压差电源等产品；电源控制器、点火器、三相桥、H桥等产品
		新型元器件	锦州华光开关管有限公司、锦州晶电电子有限责任公司、锦州市圣合科技电子有限公司、锦州凯美能源有限公司、锦州神工半导体股份有限公司等	开关管电真空技术和高压分断绝缘技术、塑料包封技术、超薄管壳和无管壳封装新技术等	真空开关管、绝缘栅双极型晶体管(IGBT)、光电耦合器、片式封装产品、大容量超级电容器、高压FRD(1200~6500)V器件、半导体断路开关SOS、高频高压di/dt晶闸管等新型元器件、手机芯片等产品
		高端软件和信息服务	华为技术有限公司、辽宁维森信息技术股份有限公司、锦州航星集团有限公司、辽宁锦矿电器有限公司、锦州拓新电力电子有限公司、锦州锦矿电器有限责任公司、锦州锦研科技有限公司等	数据挖掘、数据整合等	企业数据集成和业务流程集成等产品

表 7.3（续）

序号	重点产业	主要行业	主要企业或产业园区	业务方向	主要产品
3	节能环保	节能环保技术与装备	东方国际集装箱（锦州）有限公司，锦州汉拿电机有限公司，锦州永丰科进环保建材股份有限公司，锦州新华龙钼业股份有限公司	能源清洁利用、工业余能余热余压高效回收利用等	高效换热器、大气污染治理、水污染治理、固体废弃物处理、噪声与振动控制、资源综合利用等节能环保装备产品
		资源综合利用	锦州集信高温材料有限公司，锦州永盛废油再生有限公司，辽宁大洋农业科技有限公司	工业固体废弃物综合利用	余热、余压的回收利用和工业固体废物等资源的综合利用等
4	生物医药	抗癌新药、制剂、医疗检测	奥鸿药业、九泰药业、辽宁生康泰生物医药科技有限公司，锦州天一药业有限公司，锦州汉宝药业有限公司，锦州本天药业有限公司，辽宁润生堂生物有限公司等	抗乳腺癌、肺癌等新药，固体、液体及半固体液体制剂，精准医疗检测等	乳腺癌、肺癌等抗癌新药，复方卡因次酸锌栓、盐酸达克罗宁、埃索美拉唑钠原料药，基因检测等产品
5	新能源产业	太阳能光伏	锦州阳光能源有限公司，锦州华昌光伏科技有限公司，锦州锦懋光伏科技有限公司，锦州佑华硅材料有限公司，锦州度迪新能源有限公司，锦州新阳光伏应用有限公司，黑山县富土新能源有限公司等	单晶硅锭硅片、电池等	太阳能单晶硅锭硅片、太阳能电池、电池组件、光伏电站等

第七章 对接京津冀，打造辽西经济增长辐射中心

			企业	资源	产品
5	新能源产业	风能等可再生能源	国电和风黑山风电开发有限公司，中电装备北镇市风电有限公司，华能锦州风力发电有限公司，义县天润风电有限公司等	风能、太阳能等	风能发电机、光伏电站
6	新材料产业	钛及金属新材料	中信锦州金属股份有限公司，锦州新华龙钼业股份有限公司等	五大元素（锰、铬、钛、锆、铅）系列、氯化法钛白粉	钼酸铵、高纯金属铬及粉体，推进高性能钛及金属新材料；造纸用、金属漆用、涂料、纺织等高级应用领域系列产品
6	新材料产业	功能材料	辽宁天合精细化工股份有限公司，锦州国测石墨膨润土科技产业园有限责任公司，黑山县万程膨润土矿业有限公司，辽宁山水矿业有限责任公司等	高端石墨、膨润土、萤石新材料	石墨烯、膨润土食用药用、萤石氟碳醇系列产品
7	传统产业	石化产业集群	中国石油锦州石化公司	油品、化工产品等	五大精细化工产品：碳四芳烃、PTA系列、氟系列、钛化工系列加剂系列产品
7	传统产业	冶金	锦州钛业有限公司，锦州铁合金有限责任公司	铁合金、钛等	铁合金、钛及特种铁合金

数据来源：根据调查数据整理所得。

第八章 打造辽西物流中心，建设港口型国家物流枢纽城市

依托京津冀一体化发展的战略契机和锦州市作为连接东北内陆经济与京津冀地区、环渤海经济带的黄金通道的区位优势，使锦州市物流业向社会化、专业化、信息化发展，逐步建成布局合理、运营规范、智能高效、管理科学的现代物流体系，把锦州打造成辽西物流中心和港口型国家物流枢纽城市。

一、辽西物流中心的功能定位

（一）目标定位

1.总目标

以现代物流业高质量发展、绿色发展为主线，建立起以港口物流为重点，以公路、铁路物流为基础，以完备的物流园区为依托，形成以农产品物流、能源物流、商贸物流为特色的物流配送网络，大力提升多式联运物流服务水平，融入京津冀的重要交通和国际贸易枢纽，积极拓展"辽连欧""辽新欧"国际物流服务，打造出东北西部至俄罗斯远东地区的便捷出海口，形成以辽宁为主体，辐射华北、内蒙古及东北的物流集散中心，使锦州成为辽西物流中心城市、中—蒙—俄出海新通道上的出海口物流城市和港口型国家物流枢纽城市。

2.具体目标

（1）物流整体运行效率显著提高

① 社会物流总额年均增长6.5%左右，物流业增加值年均递增6%左右，占地区生产总值比重的10%以上，税收占服务业税收的比重达8%以上。

② 社会物流总费用占GDP的比值下降到14%以下。

③ 运输组织集约高效。有效推广海铁联运和甩挂运输等高效运输方式，运输装备明显向标准化、专业化发展。

④ 进一步提高锦州港及锦州枢纽在普货运输、集装箱运输、多式联运、全程物流等方面的物流组织效率，实现物流基础设施建设专业化、规范化，物流运作专业化、集约化，带动区域产业协同联动，成为拉动经济增长的新引擎。

(2) 物流基础设施衔接更加顺畅

① 通道网络畅通完善。依托港口集疏运通道，有效地减轻通道基础设施的约束，网络布局得到明显改善，服务质量和水平大大提高。港口通道货运结构进一步优化，铁路货运能力和效率得到稳定提高。

② 枢纽功能优化提升。以锦州港为核心，积极推进港口功能升级，提高港口枢纽地位。发展和建设具有重要影响力、辐射广的物流园区，提升锦州港与周边港口集装箱干支衔接、港口服务等功能，将港口枢纽的优势完美地发挥出来。

③ 城镇乡村的运输配送制度高效且健全。基础设施网络覆盖广、效率高、布局精，重要物流枢纽节点的服务质量更高，服务功能更全面，城乡配送网络体系更完善。

(3) 物流业综合竞争力显著提升

① 重点建成5个综合性的、辐射环渤海及东北腹地的物流园区。其中，锦州港口物流园区的功能达到国家一流水平，其他园区功能达到省级一流水平。

② 建成25个高效、便捷、畅通的物流中心，形成物流产业集群。

③ 各物流企业协同发展水平提高，建设功能完善、竞争力强、居于国内一流的第三方物流企业10家以上。

(4) 现代物流运作方式广泛应用

① 应用先进的物流运输模式，如甩挂运输、多式联运、共同配送等方式加快了物流行业的发展。

② 应用物联网、大数据等先进技术，创新物流业的行业模式，物流行业的集装化、规范化水平显著提高。

③ 构建一个集政府物流、各大园区内物流、企业物流、私人物流为一体的集成化物流信息公共平台。

④共享信息资源。使锦州市与其他省市之间的跨运输、跨部门、跨区域协调管理水平明显提高。

（5）集聚效应更加明显

①形成陆、海、空之间资源互补，产业合作和全方位发展的物流产业发展格局。

②形成"锦州地区城乡物流圈—辽西物流圈—东北及京津冀区域（东北、华北北部）物流圈—国际区域（东北亚）物流圈"的层级辐射、联动互补的现代化物流发展新格局。

（二）功能定位

依托锦州港的港口资源和物流辐射能力，通过发展港口物流产业的规模和高效率的港口物流组织，建设围绕港口物流发展的物流体系，培育一批具有强大的资源整合能力和先进运作模式的中心化运营企业，形成以物流业为经济发展"增长极"的辽西物流中心城市；形成跨区域和促进区域物流规模化、效率化运作的港口城市，以港口枢纽为核心的新模式；形成畅通、高效集约、显著提高服务功能和物流效率、智慧绿色的物流枢纽体系；形成以粮食等大宗交易、对外开放为支点的新型港口组合为特征的枢纽经济发展新范式；形成带动能力强、现代运作水平高的全国性物流枢纽城市。

从物流业未来发展和未来布局的角度来说，应该以集装箱航运为重点，积极与蒙古国物流合作，完善电子商务物流，加紧布置航空物流，努力提高冷链物流的服务质量。以增强物流行业竞争力为目标，加大与其他产业的合作力度，南部港口物流区主要以集装箱和散货为主体运营；中部城市物流区主打消费品和快件；北部工业物流区则以工农业产品为主要物流服务品种。打造功能完善的物流信息平台，搭建可以提高口岸工作效率的电子商务网络物流信息平台。开展物流节点增设、物流渠道扩能、提升物流信息处理效率、加大培育物流领域和物流市场等重点工程。加快与"一带一路"政策相结合，积极建设内连东北、京津冀，外连蒙古国、俄罗斯的物流通道，将锦州打造成航空物流和航运物流中心。

将港口物流规模扩大和延伸作为手段，通过建设和发展港口及区域城市集散体系、港口保税及生产加工区、国贸集散中心等物流服务体系，加强港口型国家物流枢纽城市建设。提高锦州港在国际、国内、区域物流组织中的地位，提升港口物流服务质量和物流组织效率，带领所属城市和地区物流业的拓展和完善，为国家骨干物流网络的建设提供物流体系和服务功能。

二、辽西物流中心的战略布局

（一）总体布局

结合锦州市突出的区位优势和产业经济特点，以城市规划为依据，以错位发展为原则，整合物流存量资源，以"港口—铁路—公路—机场"为发展轴，着力构建"一环+两带+三核+六园+五通道+多中心"的总体物流发展布局，使锦州市成为辽西物流中心和港口型国家物流枢纽城市。

（二）物流布局体系

1.按照"一环两带"的框架进行布局

"一环"即环城区商贸物流产业带，"二带"即北部农产品加工物流产业带和南部临港工业物流产业带。农产品加工物流产业带，主要依托励家杂粮园、沟帮子产业园、七里河产业园、窟窿台批发市场等重点市场向外辐射。南部临港工业物流产业带，依托锦州港、锦州湾机场、大有经济开发区形成区域覆盖，发展港口物流、航空物流、保税物流等。

2.构建"三核、六园、多中心"的物流节点体系

"三核"，即临港物流园区、杏山物流园区及双羊物流园区三个核心物流园区。临港物流园区以锦州港为中心，建设具备海铁、海公、铁公、公空等多式联运和滚装运输、甩挂运输等功能于一体的综合物流园区，打造临港物流集散地和物流深加工基地；杏山物流园区，依托公路优势，打造关内外最大的公路港，建设成辽西最大的公路货运集散地；双羊物流园区，加大公路和铁路联系，解决公铁联运关系问题，建设公铁联运功能的物流集散地。

"六园"，包括思凯农副产品园国际物流园、凌南物流园区（公路港）、七里河（辽西北）物流产业园、励家杂粮物流园、窟窿台蔬菜物流园、大有物流产业园。

"多中心"，重点规划建设锦州市及各县市工业或商业较发达地区的多个物流中心，满足锦州市物流服务需求。特色发展多个物流中心，为锦州市的产业发展和锦州市民的社会生活提供便利的基础设施和物流服务场所，除了

实现包、存、装、运、送等基本功能外，还要实现信息处理和流通加工等功能。依托锦州市各区、县的交通优势和资源优势，遵循因地制宜、特色优先、错位发展等原则，规划建设农产品、工业品、商贸、建材、再生资源等专业物流（配送）中心，使其成为适应现代物流需要，与物流园区形成轴辐式网络结构的现代物流配送网络。

3. 努力打造五条国际国内物流通道

以锦州区域内的铁路、公路、港口、机场等现代综合交通体系为基础，建设面向东北腹地、中蒙俄、华北西北部、华北东南部和东南沿海的五条物流通道，形成扇形布局。加强沿公路和铁路带、港区内部物流园区的建设，促进第三方物流业的发展。主要服务于汽车、冶金、化工、装备制造、纺织、食品及农副产品加工、现代农业等行业。

（1）东北物流通道

依托京哈铁路、京沈高速公路、国道102线，构建锦州—盘锦—沈阳（鞍山）—哈尔滨方向的东北物流通道。强化与东北工业基地重点经济区的对接，在沿途枢纽城镇双羊、凌海、沟帮子、北镇、黑山等地建设物流节点，通过储存、加工和配送功能，实现本地物资的集散，以及锦州、盘锦、鞍山、沈阳、哈尔滨等地区物资的高效流通。

（2）中蒙俄物流通道

利用锦阜高速公路、锦阜铁路及中蒙俄出海新通道、国道305、省道204等线路，构建锦州—阜新—通辽—满洲里方向的物流通道。强化与欧亚区域的连接，在途经的七里河、义县宜州镇、刘龙台等工业区和交通枢纽建立节点设施，拉动沿线经济发展，并建成中蒙俄出海新通道。

（3）华北西北部及内蒙古物流通道

依托锦朝高速公路、锦赤铁路及国道303和306，构建锦—朝—赤（赤峰）—锡（锡林郭勒盟）方向的物流通道。依靠沿途枢纽城镇十里台、缸窑沟、赤峰、白音华等地物流节点，建成朝阳、中蒙俄至辽西地区的煤炭等物资的外运通道。

（4）华北东部物流通道

依托京哈铁路、京沈高速公路等，构建锦州—葫芦岛—山海关（秦皇岛）方向的连接关内外物流通道。强化与京津冀重点经济区的对接，依靠沿途枢纽城镇高桥、山海关、秦皇岛、天津等地物流节点，建成日用工业品、生产资料、粮食、农副产品等物资的关内外物流通道。

（5）东南沿海物流通道

依托滨海公路和沿海港口，构建面向渤海湾及东南沿海的海上物流通道。强化与长三角、珠三角等国内重点经济区的对接，在沿途枢纽城镇娘娘宫、建业、大有、闫家和西八千等地区建设物流节点，形成东北物资南运、东南沿海与进出口物资北上的海上通道，增强锦州市在东北与国内外物流的枢纽地位，增强区域内物流企业的辐射与集聚效应。

三、锦州市建设物流中心和国家物流枢纽城市的对策措施

锦州市建设国家物流枢纽具有良好的基础，也面临新挑战，必须科学谋划，加快提升综合交通枢纽功能，大力培育枢纽产业体系，全力构建"通道+枢纽+网络"现代物流服务业。增加公共服务产品供应量，改善设施缺陷，树立严格的市场秩序，保证公平竞争。

发挥锦州港、锦州湾机场及铁路、公路、油气管线突出优势，推动交通多式联运，构建"通道+枢纽+网络"的物流运作模式，打造辽西区域现代物流服务体系。推进锦州港、龙栖湾港的协调发展，推进港口产业集聚，促进港工城一体化发展。提升锦州港作业率、竞争优势和智慧港口建设水平，拓展腹地纵深海铁多式联运，推进陆海物流大通道建设。加快锦州港航道改扩建及龙栖湾港5万吨级码头建设，构筑"陆海互联互通"协同发展新格局。

（一）强化区域交流合作，积极发展区域物流枢纽

依托锦州强有力的区位交通优势，深入实施"一带一路"倡议，扩大物流辐射范围，向东接轨沈阳经济圈，向西不断拓展与京津冀各战略基地合作，北接辽西、内蒙古东部、黑龙江、吉林，拓宽经济腹地的服务空间，积极合作、谋求共赢，推动锦州发展成为国家级物流枢纽。

吸引企业投资锦州，紧紧围绕锦州市重点产业、传统优势产业和新兴优势产业，集群式精准投资和商务投资，引进一批具有代表性、带领性的大项目。利用国际进口博览会、项目对接会、经贸洽谈会、经贸论坛等平台，加大宣传锦州优势和环境投资、招商引资政策，加大重点项目推广力度。

积极推进东北亚各国地方政府建立友好积极的经贸合作交流制度，充分利用友好城市和伙伴城市平台，不断拓宽合作领域，组织经贸合作洽谈和商务对接交流，增强友好城市持续交流活力。加深与东北亚重点国家的深度合

作，积极投身于中蒙俄经济走廊的建设计划中，更加积极地对接中国-中东欧"17+1"合作、澜沧江-湄公河合作、中非、中阿、中拉合作机制等，拓展国际合作新领域。

重点发展区域物流，推进锦州与其他区域的战略合作，增强锦州物流能力，带动锦州、辽宁乃至东北亚经济圈发展。加快建设锦州重点开发试验区，强化区域交流合作，积极发展区域物流，将锦州打造成辽西五市、沈阳、大连、北京、天津等大城市及其周边大城市的农副产品、制造业、服务业和商贸的供应基地、配套基地、转移基地和物流基地，形成产业互动、陆海资源互补、交错发展的物流业发展格局，使锦州成为国家物流枢纽城市。

（二）完善物流基础设施，丰富物流枢纽城市服务功能

落实交通强国战略，以大通道、大物流、大港口这一地理优势为基础，加快建设以大港口、空港、综合运输枢纽为基础，以高铁、高速公路、国家和省级干线公路为主体的综合运输格局，纳入国家物流枢纽城市布局规划，打造服务辽西区域现代化综合交通运输体系。

1.锦州港物流基地建设

锦州港物流基地是锦州发展临港物流、区域物流的重要依托载体。不断提高国际航运业深水、大型、专业化船舶水平，加强港口货物集散渠道建设，提高锦州港吞吐量，积极拓展港口物流功能。集聚锦州市现代物流设施和物流企业，培育专业化物流实体，重点建设锦州港区的石化、煤炭、粮食等散杂货和集装箱物流园区，打造畅通的物流渠道。

2.龙栖湾港物流基地建设

龙栖湾港物流基地完成建设5万吨级泊位工程、3万吨级航道工程、起步区码头等工程。依据龙栖湾港口总体布局，建设龙栖湾港区的石化产业园区和冷链产业园。

3.杏山物流基地建设

杏山物流基地依托公路枢纽优势，以"公路港"模式发展，是锦州商贸物流、工业物流发展的重要载体。重点提供区域中转货物的仓储、配送及加工等服务，同时，承担锦州城市配送功能。目前园区内已有华联物流、天天互联网电商实体物流、日日顺、中国邮政锦州处理中心、狮桥物流及宏发陶瓷城、腾企汽贸、天时粮贸等商贸企业及多家小型配货站入驻。

4.空港物流基地建设

依托锦州湾国际机场,开展临空物流仓储中转、加工、保税等物流服务。园区的重要货类为航空快递包裹,借助机场完善的航线资源,可将本园区打造为辽西航空快递的中转分拨中心。园区总体规划三大功能板块,分别为核心物流功能区、物流服务支撑区、增值物流功能区。在物流核心功能区建设货运站、航空速递中心、货代、地勤、管理用房等主要设施。物流增值功能区包括加工分拣区、航空快件区、保税区、综合物流区、货代及第三方物流驻地等;物流服务保障区是由综合服务设施和生活保障设施组成的综合服务区,主要设立园区管理、检验、海关等机构并且提供物流信息平台。

5.铁路及轨道交通建设

推进中蒙铁路通道新邱—义县—锦州港段铁路工程纳入国家中长期规划并适时启动建设。完成锦阜高、锦承线铁路等项目扩能改造。推进朝阳至秦沈高铁锦州东站铁路联络线工程。配合开展秦皇岛至沈阳高速铁路第二通道前期工作。实施义县凌北产业园铁路专用线建设工程。协调推进女儿河物流基地建设,打造锦州港海铁联运内陆港,辐射东北西部地区农产品深加工基地和临港粮食仓储加工产业转移承载区。协调推进高天铁路扩能改造工程,满足锦州港海铁联运需求。规划建设高天铁路与滨海公路平交道口改为分离式立交桥项目、封闭城区中环西路沈山铁路段和桃园铁路两个平交道口改扩建下穿立交桥工程。实施沈山铁路桃园道口"平改立"工程,建成后封闭沈山铁路小岭子机场和桃园平交道口。

加快城市公共交通发展,适时启动锦州市区至锦州南站至滨海新区轨道交通前期工作。

6.公路建设

以建设规范公路、安全公路、便捷公路、高效公路、环保公路为目标,重点推进国省道高速公路、普通公路、站场建设,推动京沈高速公路第三通道建设,形成公路网立体化布局体系。规划和建设专用的货运通道,在腹地和高速公路之间建立集散网络中心。打通与高速公路连接的堵点,使锦州成为辽宁西部陆路交通的枢纽。改善农村公路的通行深度和解决交通所遇到的问题,完善城乡交通网络体系。农村货运以乡镇物流站和货源单位为节点,村级物流配送店为基点,建设农村交通物流服务体系,建立县、乡、村三级物流实体网络。争取到2025年年底,使农村交通物流在"三农"的配送体系中承担率达90%以上。重点加强通村公路与国省道、县乡道路的衔接,加快县乡老油路升级改造和农村公路危窄桥改造步伐,促进道路、车站、交通整体协调发展,改进路网结构和布局,提高路面技术水平,增加路网通达深度,基本消灭县(市、区)与县(市、区)、乡(镇、街)与乡(镇、街)、村(社区)与村(社区)之间的"断头路",路网之间基本全部贯通,基本实现"树状"路网向"网状"路网转变,城市公交和农村客运全面覆盖所有农民集中居住点,以实现城乡公共交通服务均等化为目标,努力打造交通便捷、安全畅通、设计合理、枝干相连的公路网。

(三)鼓励物流枢纽服务创新、发展绿色物流,打造特色鲜明的枢纽经济

建立全国物流枢纽城市共享经营管理模式,通过设施共建、产权共建、利益协调,引导中国企业可以根据我国物流市场需求不断变化,合理配置仓储、运输服务能力等资源。加强物流设施建设,强化物流枢纽的社会化服务功能,提高物流设备共享水准。以枢纽平台商业模式,将物流业务整合到枢纽平台中,以枢纽平台统一协调业务资源。拓展枢纽供应链商业管理模式,发挥全国物流枢纽城市在区域物流教育活动中的核心技术作用,创新枢纽城市文化产业提供服务系统功能,依托物流枢纽深化上下游产业和区域市场经济研究活动的专业化分工,促进供应链金融中心的转变。

大力发展低碳、绿色物流。按照国家"公转铁"战略和打赢蓝天保卫战的要求,以保障民生消费和城市运行为基础,借鉴发达城市绿色物流体系建设经验,结合锦州市城市规划,依托海港、空港等资源优势,围绕"一带一路"倡议实施,倡导使用节能环保材料进行绿色包装,推进多种运输方式融合发展,推行创新驱动政策,着力发展绿色物流。鼓励物流企业和先进制造业按照绿色标准、绿色设计、绿色制造、绿色采购、绿色贸易、绿色消费、绿色回收、绿色再造,共同构建绿色供应链体系。积极促进物流企业和先进制造业合作,发展绿色环保的物流体系。

引导地方整体城市产业发展和空间布局,特别是发挥国家物流枢纽辐射范围广、成本廉、效率高的优点,带动区域产业集聚发展,将农业、制造业、商贸、建筑等多种要素形成一体,提高锦州市的综合竞争能力和规模经济。优先促进国际贸易、大宗商品贸易、临港产业等产业互联发展,形成与周边地区优势互补的产业规模化发展。

(四) 加快发展重点领域专项物流工程

依托锦州市的区位和资源优势,加快发展粮食、石油化工产品、煤炭等的物流服务,创建健全的大宗商品物流配送体系。

1.农产品物流工程

加快构建跨区域粮食物流通道和关键节点。快速发展农产品冷链物流技术,完善鲜活农产品仓储、加工、运输冷链物流设施。

打通"北粮南运"主通道节点。充分利用锦州市"北粮南运"的节点城市机遇,凭借其发展农产品物流具有的天然区域优势、商贸和运输口岸优势,以锦州口岸粮食管理区为前沿,以凌海、黑山、北镇、义县等粮食主产地为主要物流节点,建设并完善重点物流通道和节点的散粮配套设施,形成集接收、中转运输、仓储配送、公路、铁路、水路多种运输方式,具有"无缝衔接"的散粮运输体系;大力发展散粮物流现代化建设,鼓励粮食部门进行更新改造,大力发展粮食仓储设施的生态仓储、远程测控、信息管理等新技术的应用,增加新技术的应用储粮设备,使储粮"散储散运、散装散卸"四大散化管理水平逐年提高;积极转变传统发展观念,采用现代化管理方式,利用互联网和信息技术,以建设玉米现货电子交易市场为先导,搭建"中国锦州大宗商品电子商务平台";提高锦州绿地米业、凌海市香农米业、恒信粮食购销责任有限公司的综合能力,加速粮食产业的升级,提高粮食流通业的整体水准,使锦州成为"北粮南运"主通道上的重要节点。

加强锦州思凯农副产品物流(园)中心、辽西水产果蔬物流中心、凌海富民农业冷链物流中心、张家堡鲜活农产品物流中心、窟窿台蔬菜物流中心等农副产品、水产品专业物流中心建设。依托锦州市及各县区丰富的农产品及水产品资源,引导农产品产商城乡合作,进一步加强鲜活农产品储运、配送等冷链物流基础设施的建设,加快建设农产品、现代农副产品和水产品等专业物流市场,建设辽西地区农产品和水产品集散中心,提供相关农副产品、海产品仓储物流和冷链物流服务;将产品纳入原材料加工和简单加工的物流配送加工功能,建立食品农产品物流设施网络,以公司+农户经营的形式推广,依托专业设施,通过物流组织整合实现物资集中采购和集中存储、生产销售活动,保证食品和农产品配送质量。

2.煤炭、石化等能源物流建设工程

依托义县、阜新、北票、南票及蒙东白音华地区丰富的煤炭资源,构建

以锦州港为出海口，连接锦州、朝阳、赤峰、锡林浩特、内蒙古东部主要煤炭产区的"锦赤白"煤炭物流通道和连接锦州北部、阜新、通辽等主要煤炭产区的"锦阜通"煤炭物流通道。依托腹地丰富的煤炭资源建设锦州港煤炭物流园，提高煤炭物流效率，使锦州成为国家"北煤南运"通道建设上的重要节点。

以港口、油田、炼油厂为基点，依托辽河油田、中国石油锦西石化、中国石油锦州石化三大石油化工公司，利用石油企业的生产资源不断整合的契机，整合石化企业物流资源，建设服务辽西沿海三市的原油、成品油及石化产品的供应与输出物流系统和以石油的电子商务、加工配送等增值服务为特色的现代石化物流园区，实现集聚发展。

3. 城市物流配送快递工程

加快四大快递专业类物流中心建设，实现快递物流的空间集聚发展。努力完善航空快递的建设，加快提高锦州机场快递专业航空物流园区航空快递能力，建设专业国际航运物流快递中心；扩展专业快递跨国物流服务中心，建设跨境快递加工平台；加强专业快递电子商务物流中心建设，并在辽宁锦州和西部建立在线零售快递服务平台；大力发展同城配送中心，提高城镇人民的生活质量。

鼓励在工业化园区入驻更多的快递企业，建设配送中心、仓储中心、信息中心等基础设施，提高陆海空运输能力，构建电子商务与快递服务相衔接的服务平台，提高快递聚集区之间的衔接协作能力。

加快锦州市快递物流配送网络的布局与建设，构建"综合物流园区—专业物流（配送）中心—直达配送站点"的三级物流网络体系（见图8.1），提

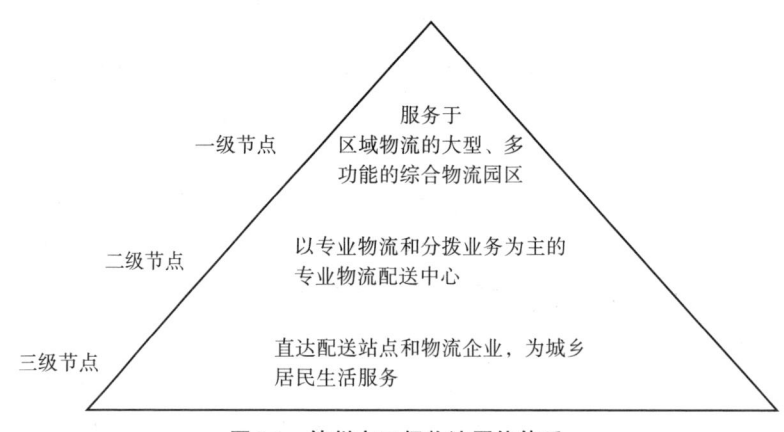

图8.1 锦州市三级物流网络体系

高快递企业作业机械化、自动化、信息化的水平，打造锦州市快递产业集群；构建内外贸衔接、线上线下协调的快递物流模式，形成陆海空多式联运，突出锦州区域快递物流枢纽优势。

4.农村物流网点建设工程

构建以农村公路客运、邮政、供销合作社为主体的农村物流服务网络。加快农村公路客运、邮政、供销合作社等部门合作，形成以农村公路客运资源为主、邮政资源和供销合作社为辅的三网融合机制，提高农村物流网络服务能力，构建适应农民生产生活需要的物流服务体系。以流通贸易为主积极开展农业合作，减少农产品进入大市场条件，建成以中心城镇、乡镇、乡村为核心网络的农村物流网络；推动电商平台与农村合作社、企业的合作，推动电商平台与农业化基地、农产品经销户、大型超市、餐饮企业、度假酒店等的合作，推进农业电商平台与国内外农产品批发市场、连锁超市等建立农产品合作关系；加快县级分销配送中心的建设和乡镇贸易中心的建设，促进新农村商品流通网络项目建设，合理安排农村物流站，提高存储容量和农产品流通渠道的能力。

（五）实施两大战略，培育分层次的物流企业集群

1.积极实施集聚战略，引进和培育龙头物流企业

鼓励物流企业朝集成化、网络化、集群化、综合化、国际化的方向发展，引进在国际上占有一定物流份额的物流企业，加紧扶持在锦州具有一定影响力的物流龙头企业。借鉴国内物流业发展较快城市的成功经验，按照现代物流发展的需要，研究完善支持物流企业做大做强的扶持政策，培育一批网络化、规模化发展的大型物流企业。研究制定符合锦州市物流业发展的（包括税收、土地、交通等方面）政策措施，以加快推进物流业发展。

围绕东北亚经济圈和辽宁西部的产业需求、社会需要及服务"一带一路"建设的需求，提升供应链一体化服务能力，积极开展功能整合和业务延伸，培育、壮大一批本土综合服务型龙头骨干物流企业；引导物流企业转型升级，增强与制造业企业间在供应链方面的战略合作，逐步形成网络化、一体化运作的综合型物流企业集团；大力支持品牌物流企业在国际上的发展，积极参与市场竞争，投资建设物流基础设施，构建国外物流市场，拓宽国际物流业务。

2.以创新驱动战略,发展创新物流企业

创新企业发展业态,由平台公司联合锦州市企业共同申请设立网上物流银行,大力发展物流金融业务,规范发展大宗商品交易等新型商业模式,构建网络物流金融平台、整合大宗商品交易平台等;培育综合保税区商贸物流企业,吸引国际采购商集货进出口,引进大型物流企业建立配送中心,发展以国际采购为主,增设保税仓储,以中转集拼、分拨配送为辅的物流服务业态;创新物流投资平台,引进其他社会资本,以PPP、股权投资等模式完善锦州市物流基础设施,引导产业聚集及转型升级;建立中小物流企业辅导机制,为区域内中小物流企业发展壮大提供政策保障、财力支持、管理扶持。

(六)整合物流资源,推动区域产业与物流业联动融合发展

1.提升锦州港集疏运能力,构筑临港产业集群

锦州港依托东北地区腹地经济,应把优势的产业和工业由内陆迁到港口,形成农产品加工、新能源、新材料等临港产业群,以港促进产业的集聚与发展。

2.整合物流资源,大力发展航运相关服务业

整合物流资源,在临港临海第一、二产业聚集区建立物流设施平台,鼓励现有的第三方物流企业加入到供应链中,为制造行业提供一体化物流服务。实现资源共享,降低物流成本。开展多种航运相关服务,如航运保险、融资租赁、信息服务等。

3.加大物流业和加工制造业协同发展,促进重点地区物流发展

依托锦州港物流基地,发挥集群优点,大力发展粮食、矿石、石化、煤炭等具有锦州比较优势的集装箱物流、专业化物流。激励制造行业进行业务流程重组、物流项目外包,促进现代制造与物流的充分合作、互动发展;积极引进国内外知名的物流系统和大型企业,将先进的物流规划理念和高性能的技术设备应用到各个行业;在产品技术水平和系统集成能力提升的同时,要开发更新的产品,全面提升物流服务水平,建造产业结构合理、物流技术先进、大型企业密集、国际竞争力强的辐射东北地区乃至全国的物流集聚区。

(七)扩大招商引资规模,推进重大物流项目建设

锦州市要充分发挥地域区位优势,发挥运输网络和仓储设施优势,加强

物流业招商引资，创新招商方式，丰富招商手段，建设物流中心、配送中心等重大物流项目，建立锦州重点物流项目库，重点发展冷链物流、供应物流、电子商务物流、最后一公里配送、多式联运等领域，规划实施重大项目，积极争取服务业发展专项资金、农村客运及出租车等行业油价补贴专项资金、中央燃油税返还等资金政策，扶持物流信息化、标准化等领域具有公共服务属性的项目建设。

推进保税港区建设。保税港区发展现代物流业有非常有利的条件：一是保税港区的地理位置优越；二是保税港区仓储功能完善，可提供便利的货物前期处理，实现便利的仓储、标准化的包装、对生产生活高效配送；三是保税港区连接国内市场与国际市场，信息流通无阻碍；四是保税港区通关条件较简便，极大利于货物快速配送。

（八）大力培育发展新业态、新模式、新动能，积极营造良好环境

锦州要适应产业转型、扩大内需、消费增大带来的物流供求变化，增强与国内的生产、流通、贸易等大型企业的密切合作，提高对市场的敏感度。发展集中仓储、联合配送、仓配一体化等消费物流新模式，创建以国家物流枢纽城市为支持的物流圈，以个性化、高品质的生活物流满足小批量、多批次城乡居民需求。积极对接国际社会物流企业网络和全球供应链管理体系，支持中欧班列和跨境电子商务经济发展。带动物流企业凭借国家物流枢纽，展开原材料国际物流和工程装备物流服务。

以"物联网""5G"等现代信息技术为基础，建立全自动化码头、无人站、智能仓储等现代物流设施，推动自动引导车、绿色车辆和装卸机械及智能航天飞机的应用。锦州作为枢纽城市，应加强与腹地生产企业、流通企业、贸易企业的合作。积极发展枢纽平台业务模式，创新枢纽产业服务功能，推进港口产业、国际贸易、大宗商品贸易等产业联动发展，推动枢纽向供应链组织中心转型。鼓励企业围绕"一制"物流创新经营模式，拓展金融、贸易、信贷等增值服务。大力发展数字物流，加强数字物流基础设施建设。

加强部门和地区之间的协调联动，实现密切配合和政策协调，形成合力推进物流枢纽城市布局建设。继续深化物流领域改革，打破阻碍商品畅通的制度约束。增加投资力度。引导金融机构在业务可持续、风险可控的情况下，大力支持物流枢纽城市的设施建设。严抓物流企业不良管理行为，增强

企业信用信息系统建设。以行业协会为桥梁，做好政策、标准、统计制度、经验总结的宣传、修订、落实、总结等工作。

（九）积极发展物联网，完善物流公共信息平台

加快构建降低成本、提高效率和促进物流行业快速进步的物流信息平台。针对锦州市物流业信息化现状，迫切需要构筑一个立足锦州、服务辽宁、辐射东北、功能完善的物流公共信息平台，实现"标准同一、管理统一、信息共享、应用协同、使用便捷"等功能，使之成为锦州乃至辽宁物流的平台和物流信息采集及交流中心、电子商务运营中心、政府物流宏观调控和管理中心。

加强物流信息平台建设期间积极发展物联网，在物联网的基础上进一步延伸和拓展服务领域，以物联网的定位、追踪、识别功能加强对物流货物的监控与管理，实现物流企业的运营与管理的自动化，物流作业高效化，在将仓储成本降低的同时，提高物流行业的服务质量，加快物流各部分的响应时间，增加客户满意度。推动物流企业迈上信息化建设的新台阶，促进物流行业信息大共享局面的形成。紧密整合供应链各环节，建设完善的配送系统，加大力度引进京东、阿里等网络经营商在锦州建设运营基地和相关的配送服务中心，提高信息化水平，加快打造"数字锦州"。

（十）引进现代高级物流人才，构建现代物流人才教育与培训体系

1.积极引进现代高级物流人才

目前，高级物流人才缺乏是制约锦州市国家物流枢纽城市建设的一个主要因素，所以，锦州市应加强现代高级物流人才的引进。通过积极制定可行的优惠政策，加强行业对人才的吸引力度，努力将富有行业知识、精于管理的物流人才引入锦州市。

2.构建现代物流人才教育与培训体系

现代物流人才除了外部的积极引进外，锦州市还需进一步加强现代物流人才的教育与培训。首先，加大省内各高校的合作，通过企业、学校和研究机构的大力协作，建立成熟的物流试验基地，为物流人员的培养提供条件。其次，积极采用线上教学、相关物流专家学者进企业等各种方式，加强物流企业对企业内部工作人员的基础岗前训练和在职培训等，培育锦州市辽西物流中心城市和国家物流枢纽城市建设需要的现代物流人才。

第九章　全力打造辽西商贸中心

锦州地理位置优越、交通便利，具有悠久的商贸历史。在"一带一路"的时代背景下，锦州需牢牢抓住当前战略机遇，充分发挥锦州商贸业的各种优势，克服存在的障碍与困境，努力打造辽西商贸中心，为辽西地区乃至辽宁省经济的提升与发展做出贡献。本部分关于锦州建设辽西商贸中心分别从功能定位、中心战略布局和对策措施三个阶段展开。

一、辽西商贸中心的功能定位

（一）总体功能

在政府大力构建辽西区域中心城市的发展规划背景下，结合当地社会经济环境，辽西商贸中心的功能应该更加多元化，打造成为特色显著的区域性综合商贸中心。不仅具有购物体验、商务办公、物流流通等基础功能外，而且具有核心功能。

（二）核心功能

1.带动和促进功能

锦州地区的辽西小商品批发中心区、七里河物流产业园、中央街十里商街示范服务业集聚区、古玩商贸中心区、松山新区商贸流通区、锦州湾滨海旅游区、锦州港物流集聚区、双羊综合物流园的发展协同带动本地其他服务行业快速发展，带动区域性产业结构转型升级，进而推动了辽西地区社会经济的发展。

2.商品集聚和辐射功能

辽西地区商贸中心的商品集聚和辐射功能，主要体现在省外省内的双循环上。省内资源流动即把辽西地区优势特色产品聚集起来，辽西商贸中心通过向外展示和输出进行销售，进而实现省内资源流动。省外流动即把辽西地区商贸中心作为南北贸易的接口，引入外地产品和输出辽西特色产品。

3.旅游休闲功能

辽西地区具有丰富的历史文化资源，近海有自然景观资源。商贸中心位于相对繁华地区，有相应的经济基础。其他娱乐休闲、餐饮服务等配套服务设施齐全。可以借此大力发展旅游业。辽西地区商贸中心的锦州湾滨海旅游区、古玩商贸中心区、辽西小商品批发中心区、中央街十里商街示范服务业集聚区可以作为重点旅游特色进行推广。

二、辽西商贸中心的战略布局

打造辽西商贸中心需从以下几方面入手：一是在辽西商贸中心的建设过程中，牢牢把握"辽西区域中心城市和辽宁沿海经济区"两个目标定位，以科学发展为主题，深入落实创新驱动发展战略和"四个全面"战略布局；二是要抢抓国家"一带一路"和辽宁"一圈一带两区"发展机遇及新时期对外开发开放和贸易发展战略机遇，加快经济发展方式的转变，对接发达地区产业转移，打造具有锦州特色的配套核心产业；三是要充分发挥区位优势，突出锦州辽西商贸中心发展的特点，完善区域立体交通网络；四是要加快构建现代物流服务体系建设和推进多式联运体系建设，避免与周边其他地区无差别化的同质化竞争；五是要因地制宜继续深入推进锦州商贸中心及项目规划建设发展格局和各节点空间布局战略；六是要进一步加大组织协调力度，推进区域合作，形成共同推进商贸物流业发展的联动机制。

三、锦州打造辽西商贸中心的对策措施

（一）实施品牌战略

品牌是一个企业更好实现发展的核心竞争要素。企业建立良好的品牌，可以让市场发挥品牌的作用，推动消费，促进企业发展。所以，企业经营者应该注重自身品牌的形成，品牌形成后如何维护、如何扩大声誉都是需要考虑的。

实现现有品牌创新发展，是当代消费的新需求。在万众创新、大众创业的口号下，支持和鼓励商贸企业根据目标消费群体创立自主品牌，培养消费群体对品牌的认知度和对品牌的忠诚度。充分利用锦州创新创业孵化基地、自主创新示范区和文化创意产业现有基础，将自主创新和文化特色有机融合，为当地创立出一批新兴品牌。中小企业开拓国际市场资金和展会资源等向"双自主"企业倾斜，支持"双自主"产品出口。推进支撑自主品牌推广的公共服务平台建设，发挥电子产品、生物医药及保健品、汽车配件、新能源等特色产业优势，打造一批特色化和专业化出口基地。倡导有实力的企业加大宣传力度、国内外推广自有品牌，成为一批国际知名的自有品牌商品企业。

加强贸易板块领域区域协调合作，可以为国内品牌的产品和服务提供辽西市场平台，集中全国有特色的商品，在吸收全国精品过程中，不断扩大辽西地区的零售市场和商贸流通产业。时段性开展辽西区域性促进消费的品牌活动，增强锦州市场的影响力及对辽西区域消费者的吸引力，打造"美食消费""特色消费""旅游消费"等多种区域特色消费。

充分利用中心商业区及多功能的购物中心，吸引外国知名企业进驻锦州，进而加强品牌辐射作用。开展跨区域商贸展示活动，创立一批专业化的品牌代理商，同时，拓展本地品牌的引进渠道，激发外部消费市场。加强各类人才引进，在研发、管理上进行改进。组织特色性、地区性活动，开办锦州美食盛典、辽西历史博览会等系列活动，提升品牌的知名度，吸引更多的企业落户锦州。

（二）壮大商贸交易主体

促进国内外的商贸主体在锦州集聚，增强辽西地区商贸企业的实力，推动本地领先企业进入到全国市场，并且向国际市场开拓，奠定全新辽西商贸中心建设的行业基础，整合商贸资源要素的协调能力。

提升经济集聚度。利用当地政策优惠、经济优势，加大力度吸引国内外公司的招商引资，鼓励各类公司在辽西设立企业分部，有重点引进研发中心、运营中心、采购中心、财务中心，全方位发展实体经济。以辽宁省、市现有各类企业为底盘，发展大宗商品采购与交易市场。拓宽行业渠道，完善产品对接平台，吸引国内知名商贸企业，尤其加强连锁企业与锦州市商业地产商对接。通过开办展览会、经济会谈等途径，推动国内著名的民营私企、商贸企业到锦州进行投资。

培育行业领先企业。支持建立大型商贸企业，鼓励企业之间通过兼并或者重组实现资源整合，推动商贸企业走向壮大。拓宽企业融资渠道，支持商贸企业借助资本市场实现融资，保障公司的整体运行质量。鼓励企业进行技术改造，实现规模化、组织化、信息化升级。支持锦州各类企业走出辽西，推动锦州市商贸企业向外埠板块拓展。加强对企业最新政策的宣传和教育，保障企业有效减少境外投资经营风险。

支持现有企业改革和升级。加大对现有企业的扶持力度，促进"老企业"在当代商务发展中发挥更大的作用。加大现有企业再次改造力度。转换企业旧有的经营理念和经营管理方式，创新体制、技术和经营管理，实现企业变革。加强对现有企业的宣传，将"老企业"与锦州文化旅游相结合，剖析其传统文化内涵，继承和发扬"老企业"优秀文化。

（三）优化商贸配套环境

实现配套服务产业优化发展。利用金融对商贸企业的杠杆作用，推动金融领域信贷企业、货币兑换企业、融资租赁企业的发展。开展多地跨境贸易货币结算试点相关工作，继续加大对中小企业和"双自主"企业投保出口信用保险的支持力度。积极探索为跨境企业提供更为完善的信用保险服务。

大力发展商务服务业。依托国内企业各类交流机会，利用平台推广锦州市商务服务企业，为辽西地区企业开拓国内外市场；参照国际标准提升锦州市商务服务企业标准水平，提高整体质量水平。把握辽宁"一圈一核两区"等城市经济区发展契机，提高商务服务业经济的集聚能力，打造成片式商务服务业中心。

大力推进会展业。建立地区协调机制，加强区域联合服务。制定出台各类会展发展鼓励政策，完善会展设施及配套服务体系，提高承接国内外大型会展的能力。加强会展领域的国内外合作，激励更多著名展会在锦举办，提升锦州会展业的市场知名度。

大力发展现代物流业，增强商贸发展的配套服务能力。优化整体空间布局，完善物流相应基础设施。完善辽西小商品批发市场、大有经济区农产品加工与现代物流产业园、锦州港现代粮食物流交易服务中心、辽西保税区、滨海新区杏山国际物流园、锦州湾空港产业园、凌河区思凯农副产品国际物流园、太和区辽西农副产品物流中心、凌河区快递电商物流产业园、义县粮食仓储物流中心等物流基地的基础设施和功能，提高物流企业的集聚效应。优化城市物流配送系统，大力推进农产品物流、冷链物流和电子商务物流相结合，提高城市物流的运行速度。为锦州市现有及新兴产业发展服务，保障物流运输能力，实现辐射区域的经济规模化、资源系统化。积极鼓励国内外知名物流企业入驻锦州，朝供应链优化方向转变，开展货币结算、运营管理、信息化控制等高端物流业务，推动锦州市的物流系统更加完善、健全、先进。加强区域间物流合作，强化辽西经济圈物流服务功能。发挥政策功能区优势，加快发展国际物流。加快物流发展方式转变，推动物流信息化建设，推广应用绿色物流技术，促进物流领域的节能减排，实现可持续发展。

（四）加强商贸发展软环境建设

研究辽西商贸地区的经济和社会特点，提出中心建设的有关鼓励政策，完善商贸发展的政策环境。加大产品知识产权保护、市场经济监管和消费者权益保护的力度，引导行业构建诚信体系，加强行业自律教育；建立公平、规范市场机制，保障企业自由竞争的环境；转变政府部门管理体制，以服务企业为任务。加强对辽西商贸发展的全局性、前瞻性研究，推动建立实现商务科学发展的长效机制。通过多种渠道，全方位展示辽西商贸发展的新形象，提高影响力和美誉度。

制定经济扶持政策。辽宁省出台《加快商贸流通创新发展转型升级的意见》的政策，具体包括规划、建设、财政、金融、监管、考核、统计等具体支持政策，要求在加速争先向上的同时，完善市级经济政策配套条件。要求放宽市场准入的门槛，鼓励更多的民营资本进入市场，为企业融资提供多种渠道；同时，在商品交易市场，国家财政给予大力支持，企业享有部分税收优惠政策，使得商品交易市场的资本可以自由流动，创造出更多新的资本。企业作为受益方，应该积极了解政策变动，利用国家最新出台的各种优惠政策和措施，对重点项目和拟重点项目进行及时监督，掌握具体情况，充分利用政策优势抢占市场先机，加大对外推介和招引力度，增强辽西地区知名度，吸引国内外知名企业参与锦州商贸市场的建设。

第十章　积极建设多元化工业中心

　　锦州工业资源丰富，现有三大传统产业和八大新兴产业，拥有众多知名工业企业。传统产业分别为石油化工产业，龙头企业为锦州石化分公司等；冶金产业，龙头企业为中信锦州金属等；农副产品加工产业，龙头企业为锦州百合食品等。八大新兴产业包括精细化工产业，龙头企业为中信钛业等；光伏及新能源产业，龙头企业为阳光能源；汽车及零部件产业，龙头企业为万得集团等；生物医药产业，龙头企业为奥鸿药业等；新材料及节能环保产业，龙头企业为宝钛华神等；装备制造产业，龙头企业为新锦化等；电子及半导体产业，龙头企业为神工半导体等；大数据产业，龙头企业为华为辽宁大区（锦州）云计算中心等。结合锦州产业优势，依托龙头企业，将锦州打造为分别以石化及精细化工产业、新能源与新材料产业中心、汽配、电子及装备制造业产业、生物医药产业和冶金产业为核心的辽西多元化产业中心。

一、辽西多元化工业中心的功能定位

（一）辽西石化及精细化工产业中心的功能定位

　　以石化资源与传统化工产业为依托，由化工、精细化工及其产品和相关项目为主要内容的经济园区与化工园区，建立东北地区精细化工生产基地、"中国北方有机颜料之都"和国内知名的钛白粉生产基地、肥产业生产基地。

（二）辽西新能源与新材料产业中心的功能定位

　　发展以晶体硅材料、电池片及组件、风光储发电系统等为重点的太阳能光伏产业，形成以阳光能源及关联企业为龙头的光伏产业集群，打造东北光伏产业发展中心。设立 A、B、C 节能环保产业园，推动高温钛合金和高强韧钛合金的开发与生产，推动防水及保温等新材料的研发。

（三）汽配、电子及装备制造业产业中心的功能定位

依托汉拿电机、锦恒气囊企业及其产品和供应链建设汽车及零部件产业园区，形成配套设备丰富、服务能力强的新能源汽车零部件产业基地。设立装备制造产业园，形成特色突出的绿色装备制造业产业集群。建设半导体产业园区，打造东北半导体产业发展基地。

（四）辽西生物医药产业中心的功能定位

依托奥鸿药业在国内小牛血制品领域的领导地位、九泰药业消化类用药的市场地位，建设生物与新医药产业园区，打造辽西区域的医药制造、科研、交易中心。

（五）冶金产业中心的功能定位

依托中信锦州金属、新华龙大、国泰实业等企业，建设冶金产业园，打造国内金融原材料研发、生产、加工基地。

二、辽西多元化工业中心的战略布局

（一）辽西石化及精细化工产业中心的战略布局

滨海新区推进锦国投（锦国投大连发展有限公司）的丙烷脱氢及燃料油脱硫项目、丙烯项目，再往聚丙烯及其副产品苯乙烯下游发展；推进三溢科技精细化工示范产业园，延伸农药中间体细分链条；推进康泰润滑油二期润滑油添加剂项目，发展润滑油添加剂和分散剂产业链条；盘活嘉合精细化工，进一步发展 C4 产业链；推进龙宇新材料（辽宁龙宇新材料有限公司）高色牢度功能性有机颜料项目，向下游发展油墨、涂料、塑料等行业。太和区汤河子经济开发区加快建设中信钛业（中信钛业股份有限公司）氯化法钛白粉项目，不断推进企业扩能，提升产品在国内外的市场占有率。延伸发展高性能钛白粉及在聚碳酸酯、造纸、涂料等领域专用钛白粉，提升钛白粉的深加工能力。凌海市大有经济开发区作为锦盘两市石化产业合作、锦州承接

盘锦精细化工产业链延链、补链、强链的主要区域，协同两市精细化工产业发展。强化中石油锦州石化龙头引领作用，推进资源替代转型升级和新建针状焦、异丙醇扩改等一批重点项目建设。利用企业中端产品发展下游高附加值产品。引进战略投资，打造一批精、专、特项目，拉长产业链。利用锦州石化公司石油焦、煅烧石油焦、煅烧针状焦发展炭素方向。综合利用锦州石化公司丙烷、丁烷发液化气；同时，推动丙烯、丁二烯、芳烃联合利用等化工产业链发展。推进辽宁芦田肥业有限公司高塔复合肥装置、辽宁一亩神农业科技有限公司水溶肥和BB肥生产线等项目。发展化肥行业，加大科研投入，增加品种，提高质量，以中微量元素肥料、水溶性复合肥为重点，开发专用复合肥、缓控释肥等适用、新型化肥产品。

（二）辽西新能源与新材料产业中心的战略布局

在滨海新区西海工业园区内设光伏产业园区、4个县围绕各自资源发展新能源。大力推进光伏产业结构调整和升级，通过产线技术改造提升产品质量；单晶硅棒、硅片行业国内前三、组件突破5GW，国内位次前移，形成以阳光能源及关联企业为龙头的光伏产业集群，不断提升光伏产业链丰厚度。加快推进光伏集中式、分布式地面电站工程，以应用带动产业规模。发挥锦州荒山、荒地、滩涂可利用地面积10万余亩优势，大力发展"农光、渔光、禽光互补"等光伏电站。推进国家电投集团东北电力有限公司的风电开发项目。大力发展生物质热电联产项目，鼓励凌海、义县的开发区推广应用。

在太和区辽宁汤河子经济开发区内设金属新材料产业园，松山新区设金属新材料产业园，义县西山设立A、B、C节能环保产业园。促进龙头企业技术创新与招商合作相结合，发展利用熔盐电解技术制备高性能的钛材料，推动高温钛合金和高强韧钛合金的开发与生产，逐步朝先进基础材料和特种材料方向延展产业链；发挥锦州市钼系原材料优势，通过招商引资拓展延伸前沿新材料产业链，大力发展钼板、钼粉等系列产品，将靶材朝显示用靶材方向推进。推动研发耐高温、高寒、高性能的防水材料；发展集保温和装饰一体化、装配式建筑等新材料。依托危险废物贮存、处置及利用加工为主，一般固体废物循环利用为辅的，位于义县地藏寺乡、大定堡乡的锦州西山再生资源产业园区A、B区，以及争取扩大锦州西山再生资源产业园区范围，将凌海市温滴楼科美新资源纳入C区的园区平台，重点培育科美股份年处理固体废弃物及科技改性新材料项目，推进金圆环保科技固危废高值化综合利用，桑德环境危废综合处置项目建设。

（三）汽配、电子及装备制造业产业中心的战略布局

在滨海新区西海工业园内设汽车及零部件产业园区，依托汉拿电机对德国蒂森克虏伯电机的业务收购及汉拿动力年产20万台套新能源汽车驱动电机及控制器总成项目，促进锦州市汽车零部件产业朝新能源汽车方向转型升级。发挥锦州汽车零部件产业技术创新战略联盟和辽宁省新能源汽车产业技术创新战略联盟的作用，建立以企业、高校、科研院所协作为主体的"产学研用"创新体系，突破关键技术，形成集汽车零部件研发、技术转移、中小企业孵化、成果转化和信息服务为一体的创新服务载体。

在黑山庞河经济开发区、北镇市沟帮子经济开发区、义县七里河经济开发区、凌海（市）、凌河区各设立一个装备制造产业园。依托新锦化、天晟重工（锦州天晟重工有限公司）、矿山机械（锦州矿山机器集团有限公司）、春光包装（锦州春光包装机械有限公司）、万得包装（锦州万得包装机械有限公司）发展成套装备。依托锦州凌水输配电500kV电线电缆生产项目和科诚电气新一代高性能、高精度电抗器和电阻器制造项目，全面掌握特高压交直流输电成套装备和智能电网装备设计和制造技术，提升输变电技术水平。依托捷通铁路器材高速铁路及轨道交通车辆减振装备零部件国产化项目，以及锦渤机辆铁道机辆配套项目，做精轨道交通配套产品，加快产业集聚和协作配套。推进行业内企业与中国中车、南车等大集团对接合作。依托华信电气（辽宁华信电气股份有限公司）、通用电缆（辽宁通用电缆有限公司）、森源电器（锦州森源电器有限公司）等企业，进行特高压输变电装备行业发展升级。依托科诚电气（凌海科城电气有限责任公司）、锦开电器（锦州锦开电器集团有限责任公司）、锦兴电力金具（辽宁锦兴电力金具科技股份有限公司）等发展面向网络化、智能化、可视化和功能一体化的变压器、避雷器、高低压开关、滤波补偿装置、传感器等产品。依托航星集团发展真空雾化、沉积炉、真空热压炉、真空热处理炉产品，加强产品在科研院所和特种材料加工中的应用。发挥辽宁省真空装备及新材料产业技术创新战略联盟作用，加强校企合作，开发高品质金属材料生产装备。以黑山庞河农机产业园区为依托，推进现代农机产业发展。重点建成以耕整种植机械、收获机械、生物质秸秆颗粒能源成套设备为主的上游产业链和以生产农业机械配套产品为主的下游产业链。加强大马力拖拉机及其复试作业机具、大型高效联合收

割机等高端农业装备及其关键核心零部件的研发。

在太和区辽宁汤河子经济开发区内设半导体产业园区。不断完善半导体产业链条。实现天工半导体抛光片形成量产,以神工、天工半导体(辽宁天工半导体有限公司)为龙头,加快推进半导体产业链条向芯片、刻录领域延展。提升汽车电子、电子元器件等企业自主创新能力,推动互联网、大数据、人工智能与产业深度融合,鼓励企业研发有市场竞争力、科技含量高的产品。

(四)辽西生物医药产业中心的战略布局

在松山新区设生物与新医药产业园区。推进奥鸿药业生物医药园前期项目达产达效,新项目早日投产;加快奥鸿药业收购相关制药企业的29个产品的市场再开发;加快奥鸿药业多个在研新药品的创制。加大对九泰药业、九洋药业重点产品的再研发和市场开拓。推进紫金药业扩能及配套设施改造项目,不断挖掘经典名方,加大中药新药研发和名优中成药大品种二次开发力度。推进控感消毒科技(辽宁控感消毒科技股份有限公司)的消毒及技术研发生产建设等项目。以锦州大学科技园为平台,以控感消毒科技、汇普源生物医学科技为依托,搭建多品类的平台型公司,进而吸引大的企业,带动锦州医疗器械产业发展。

(五)冶金产业中心的战略布局

在太和区的汤河子经济开发区和义县七里河经济开发区凌北产业园设立冶金产业园。以中信锦州金属为龙头的铁合金企业重点发展铬、钒、钛、锆、铪、锰等特种铁合金;二是京东管业(辽宁京东管业有限公司)、锦兴特钢(锦州锦兴特钢有限公司)重点开发大口径、长寿命、高性能、有市场竞争力的铸管产品及特种钢铁;三是丰安实业(锦州丰安实业有限责任公司)重点发展焦化产品,推动京东管业城市供暖工程配套焦化项目建设。

三、锦州建设辽西多元化工业中心的对策措施

(一)建立辽西多元化工业交易平台

立足辽西,服务全国。加强"互联网+工业产品+增值服务"一体化平台

建设，为实体经济服务，着重处理传统工业产品贸易中的痛点，比如市场准入要求高、交易风险高、创新能力差、产业链松散等，利用产品资质准入、市场资讯、金融服务、物流配套等多种方式连接上、中、下游的贸易链条，为辽西地区企业的稳定运行提供可靠保障。多元化产业核心将依赖平台优势、物流仓储配套优势及产业链耦合优势，构建工业产业电子贸易平台，开展以工业产品为主的生产资料大宗交易B2B业务，力争发展成为全产业链电商平台。进而打通与电子商务应用相关的信用、支付、物流、IT和金融等业务流程，激活上述市场的发展潜力，将市场开拓至全国范围。

联动产业，聚集发展。通过整合上中下游的产业资源，打造区域战略联盟，结合辽西地区建设规划，与业内龙头企业共同建设诸如精细化工产业、新材料及节能环保产业等，推动锦州及辽西地区实现"生态优先、绿色发展""创新驱动、转型升级""开放协作、区域联动"的奋斗目标，继续发挥物流仓储、物流配送、港口建设的巨大作用。通过大批量商品的活跃交易，带动工业企业的产业集群。

（二）强化创新驱动发展，着力培育壮大新动能

把科技创新作为锦州工业振兴发展的战略支撑，坚持"走创新路、吃技术饭"。深入推动供给侧改革，实施创新驱动战略，让人才、技术、资本等要素充分迸发，用科技创新实力振兴东北。

发挥创新主体作用。实施科技和产业融合行动，增强创新主体作用，提高企业的创新能力。加强企业科创平台的建设，有重点地发展锦州石化公司、华为大数据中心、中信钛业、奥鸿药业等企业带动产业链上下游企业集聚，大力支持万得集团、阳光能源、新华龙等企业并购域外高新技术企业，全力支持各类创新型企业开展"产学研用"合作。聚焦高端装备制造、生物医药、新材料、节能环保、冶金产业等重点领域，加快培育科技型中小企业，推进集聚区建设，培育发展高新技术企业和新生行业，推动科技型中小企业逐步走向行业前端。同时，建设一支具有前瞻性、战略性及创新性的新一代企业家队伍。

激活创新要素的生命力。积极推进制度创新，深化科技体制改革，对重点领域项目、基地、人才、资金进行一体化的资源配置，为企业创新提供良好生态环境。积极引进国内外知名企业，植入锦州先进理念、技术和文化，提高锦州科技创新能力。积极建设以企业为核心、市场为导向，做到"产学

研用"深度融合的创新体系，布局建设市级产业技术创新研究院、产业共性技术创新中心和专业技术创新中心等平台，积极组建省级科技创新平台，争取国家级科技创新平台在锦州布局有新突破。到2025年组建各级科技创新平台100家。建设科技型人才的集聚领地，加快人才发展体制深化改革，开展"智联锦城""智汇锦城"等科技成果对接活动，引进培育高端科技创新人才，打造科研创新高地。

培育发展新动能。依靠新一轮科技革命和产业变革契机，形成经济社会发展的新动力、新技术、新产业、新业态、新模式。以重大科技项目为牵引，建立高成长性科技企业和科技创新项目培育库。深入实施传统产业升级、新兴产业培育、科技企业梯度培育、科技成果转化、创新人才集聚等创新工程，支撑产业转型升级。加强关键核心技术攻关，聚焦壮大精细化工、光伏及新能源、汽车及零部件、电子及半导体、装备制造、生物医药、新材料及节能环保、大数据等产业，努力突破一批关键核心技术、"卡脖子"技术，催生一批新兴产业，带动产业转型升级。重点支持神工半导体"200mm半导体级低缺陷硅单晶抛光片研发及产业化"、万得集团"高集成化三合一动力总成系统"、捷通铁路"中国标准动车组CR400BF车辆转向架超低温高韧性球铁轴箱系列产品核心技术开发与国产化"、中信钛业"超耐候汽车涂料专用型钛白粉"、英冠陶瓷（辽宁英冠高技术陶瓷股份有限公司）"5G陶瓷滤波器的凝胶注模成型工艺研发及示范应用"、中信锦州金属"高温合金资源化利用"等一批高科技项目攻关及产业化。

强化创新成果转化应用。实施"校地融合"行动，落实政府与驻锦高校签订的《市校战略合作协议》，建立健全高等院校、科研院所、企业的一体化成果转化机制，推动科技项目、创新成果在锦州转化。建立健全科技成果转化的市场导向机制，发挥企业在研究开发方向选择、项目实施和成果应用中的主导作用。健全科技成果转移转化服务体系，培育壮大技术中介服务机构和技术经纪人队伍。

（三）助推生产性服务业与工业产业有效融合

推动生产性服务业向专业化和价值链高端延伸，增强金融、现代物流等支柱产业国际竞争力，提升会计审计、法律服务等专业服务业发展水平，大力发展工业设计和建筑设计，推动科技服务和信息服务市场化发展，实现服务业与制造业在更高水平上有机融合。增加高端生产性服务业供给，促进制造业高质量发展。扩大软件与信息服务、金融服务和数字贸易等领域，围绕制造业主导产业开展融合创新，围绕锦州重点发展的战略性新兴产业和未来产业，挖掘企业的"补链、强链、延链"需求，横向整合制造企业设计、采购、仓储、配送、检测、营销、售后服务等环节共性服务需求，推动产业链上下游企业纵向协同。如鼓励装备制造企业发展高端工业软件，拓展咨询设计、供应链管理、运营维护、工程服务总承包等服务环节；鼓励汽车整车制造企业以用户为中心构建智能服务平台，加快发展汽车设计与服务，融合原材料供应链、汽车创新设计链、整车制造生产链、汽车销售服务链，推动整车制造企业向个性化定制、远程运输、全周期质量管控等服务型制造升级。

（四）着力建设数字锦州、智造强市，实施"互联网+智能制造"战略

鼓励发展工业互联网，重点研究设备软件、高端服务器等核心技术，重视工业网络标识和地址管理，倡导企业建设互联网云服务平台。为满足社会需求创造智能工厂、智能机器、智能产品，在一些重要的领域开展科技研究成果试点工作，驱动核心软件、网络设备等关键产品产业化和深层次应用，致力于建设多方合作、可控可调的智能生态系统。推动工业装备行业加快向服务型行业转型，倡导产业园区运用网络化生产组织模式进行管理。加快建设工业互联网平台，以工业互联网为基础搭建数字集聚平台，提高生产性服务业与先进制造业融合集聚创新能力。推动工业互联网平台的建设及示范工作开展，构建面向异构、网络互联互通的工业互联网平台，加快制定锦州当地的工业互联网网络标准。加强工业大数据平台建设及示范应用，建立覆盖产品全生命周期和制造全业务流程的工业大数据平台，深化大数据采集分析、远程运维等服务型制造新模式应用。加强工业云服务平台建设及示范应用，推广企业智能化制造、改造和数据化流程改造模式。全面落实国家大数据战略和促进大数据发展的行动纲要，抓紧研制大型通用海量数据存储与管理、大数据分析发掘软件、数据可视化软件和海量数据存储设备、大数据一体机等硬件产品。推动大数据与通信设备、智能终端、互联网等信息产品集成创新，围绕工业大数据、新兴产业大数据、创业创新大数据等领域组织实施一批应用工程。

(五）积极创造产业良性竞争的集聚环境，提高工业集聚度

推动产业集聚，大力培育工业产业集群。带动产业转型升级，从而保障经济高质量发展。产业集聚可以将各种生产要素在核心地区成批集聚，并且资源得到有效集中，可以优化生产力的整体空间布局，获得强有力的竞争优势，提高市场竞争力。产业集聚可以使企业的能源利用效率得到显著提升，所以，工业集聚度越高，对于环境的压力越小，更能节能减排。技术变革带来的好处可以表现在产业集聚对于能源效率的正外部性，同时技术的正外部性有效发挥又依赖于企业集聚的良性环境。因此，应转变政府管理方式，维护企业的创新成果，积极营造良性竞争的产业集聚环境。激活要素市场，强调市场在资源配置中起的决定性作用，规范市场竞争的环境，突破企业发展中遇到的各种瓶颈，发挥价格要素的调节机制，增强要素活力，激活要素潜力，促进各种生产要素在市场有效流动、聚集和整合配置，加快产业集群建设。抓住全球新一轮技术革命的机遇，加深对供应链和价值链的研究，研究技术项目机制，通过产业链上下游的延伸，拓展产业集聚空间，增强产业集聚程度。通过建立健全完善的市场经济体系，利用市场的配置作用提高产业集聚和转移效率，进而提高能源利用效率，降低能源消费。

（六）坚持绿色发展转型，提高资源利用效率

锦州市在建设辽西多元化工业中心过程中要坚持树立"绿水青山就是金山银山"的理念，坚持保护环境和节约资源的基本原则。全面推动产业结构调整，着力构建绿色制造体系，推进传统制造业绿色化改造，推动基础设施绿色升级。大力发展绿色产业，建立健全绿色低碳循环发展体系，重点发展节能环保、清洁生产产业，不断壮大清洁能源、生态环境产业，积极培育各种绿色产业。构建企业为主体、产学研深度融合的绿色技术研发应用推广体系。

提高资源利用效率，一方面，对工业企业实施循环发展引领计划，促进其对废弃物资源化利用，推动工业资源综合利用，提高资源回报率；另一方面，实施全民节能行动计划，加强"能耗双控"，创建资源节约型社会。推进节水型社会建设，实行水资源短缺地区产业准入、取用水定额控制。另外，要不断完善土地供给机制，推进土地资源集约高效利用。

第十一章　争取打造辽西金融中心

金融中心是伴随着经济中心的发展而逐渐形成的，它是经济中心的最高形态。当辽西区域的商品生产和商品流通的发展形成以锦州为中心的态势以后，从生产流通领域游离出大量的货币资金需要寻求投资的场所；另外，生产和流通领域又需要不断补充大量的货币资金进行运转。因此，锦州成为辽西区域的经济中心之后，必须争取打造辽西金融中心。

一、辽西金融中心的功能定位

根据锦州市国民经济和社会发展目标和规划，积极促进国有银行、锦州银行和非金融机构稳步发展，增强金融服务实体经济能力，发挥"主力军"作用和"助推器"功能，打造辽西区域金融中心。规范金融服务环境，深化国有商业银行改革，培育壮大非银行金融机构，积极引进域外银行、保险、证券等各类金融机构来锦设立分支机构，培育壮大金融保险业。

二、辽西金融中心的战略布局

锦州以打造辽西区域金融中心城市为目标，以国有银行、锦州银行和非金融机构稳步发展为重点，不断增强金融服务实体经济能力。到2025年，金融机构总量持续增长，地方金融实力明显增强，社会融资结构明显改善，金融服务能力明显提升，金融发展环境明显优化。深化简政放权、放管结合、优化服务改革，加快转变政府职能。深化行业协会、商会和中介机构改革。

积极引进域外银行、保险、证券等各类金融机构来锦设立分支机构。到2025年年末，锦州市金融机构数量达到165家。地方金融实力明显增强，银行机构总资产（含锦州银行域外资产）突破1万亿元，银行存贷款年均增长7%，保险业保费收入年均增长10%，金融业增加值占第三产业增加值比例每年提高1个百分点。

三、锦州建设辽西金融中心的对策措施

（一）提升锦州金融机构能力

锦州市本身的金融机构竞争力与沈阳、大连相比具有明显差距，所以首要任务是提高锦州金融机构能力。需要抓住国家和省里的发展战略部署，为辽西五市配置适合经济金融发展的基础，从而才能吸引更多的金融资源。银行作为传统金融的最重要的支柱，继续扩大银行业的发展，同时，结合锦州市的城市商业银行的发展，继续完善辽西区域中心的银行体系，提高银行业的服务水平。同时，合理利用外资银行，从而为辽西区域中心发展积累资本和提供支持。

除了银行金融机构以外，也要合理利用非银行金融机构的资源。既要发展以锦州地方银行为基础的银行金融机构，例如锦州银行；同时要发展以小额贷款、金融融资、保险行业、担保、信用委托、股权投资、金融租赁等为代表的非银行金融机构，加快中小企业融资，进一步丰富金融市场主体，优化金融机构布局。在金融保险业方面，依靠政策指引，鼓励域外银行、信托、证券、保险等各类金融机构来锦设立分支机构，积极开展金融保险业，保障地方金融实力，从而保证银行机构总资产、银行存贷款、保险业保费收入、金融业增加值等指标持续增加。

（二）强化金融服务保障

随着金融服务民营企业机制的创新，区域内金融机构支持企业金融的力度将加大，融资规模将稳步扩大，融资效率将稳步提升，融资成本也将持续下降。树立金融服务实体经济导向，强化区域内金融机构对地区经济发展支持的评价激励，将财政资金竞争性存放关联"民营企业信贷支持""制造业信贷支持""小微企业信贷支持"等指标，推进信贷资源向实体经济靠拢。有效缓解小微企业和民营企业在融资方面遇到的难题，引导区域内金融机构转变经营理念，经营重心从"做大做强"向"扶小扶弱"转变。区域内银行

出台深化民营和小微企业金融服务各项措施，加大民营企业信贷支持力度。积极推动银企对接、协同合作，提升金融服务对民营企业和小微企业的优待。召开政企银座谈会，通过"亲情直通车""民情直通车"平台收集企业融资难等问题，倡导"一企一策"，加以解决"融资难"。通过"三服务"活动的开展，抓好融资帮扶、信息互通、金融辅导和培训、联合走访调研及金融服务评价，推动民营企业五项机制落地。

增强"助推器"动能，拓宽金融服务渠道、发挥地方财政金融政策作用，多措并举，进一步提升金融服务质效，关注民营和小微企业。做强产业基金，设立政府产业基金，以"子基金"、直投基金、区域基金等方式进行运作；同时，实行"投贷联动"，引导银行及其他金融机构加大对产业项目的资金投放力度。健全政策性担保体系，具备主要代偿风险的小微企业贷款由政策性融资担保机构承担，推广金融机构对小微企业的普惠政策，适当放大担保倍数、提高担保授信额度、实行优惠利率，为一些难以提供抵（质）押担保的小微企业降低准入门槛。引导区域内金融机构推出应收账款、专利权、农房、排污权、土地承包经营权等各类抵（质）押融资业务，并拓宽抵（质）押物范围，合理适度提高抵（质）押率，切实解决民营企业遇到的融资担保难题。优化转贷服务，转贷资金运行模式进一步创新，推出政府转贷资金新形式，扩大企业支出范围，简化审批手续，从中小微企业实际出发，提供低成本转贷服务。打出"组合拳"威力，助力企业复工复产。

（三）继续推进金融服务平台建设

要继续大力推进锦州金融中心基础设施建设，从而为锦州金融业的发展营造良好的生存和发展环境；同时，加强信息基础设施建设，推动锦州及辽西五市的大数据共享交换平台，并全面打造金融信息共享服务平台，建立以锦州为中心的智慧金融服务平台。数字金融监管不足，需要加强监管，同时鼓励数字金融及互联网金融企业加强风控管理创新，结合大数据分析，为区域实体经济的发展提供更好保障。搭建各类投资融资平台，吸引中小微企业来锦州开展业务，继续提高锦州金融中心市场的国际化和对外开放程度，通过引导企业上市、"新三板"挂牌交易、股权交易等方式争取社会融资。建立具有锦州特色的金融资本市场，从而吸引更多的国内外投资者参加到锦州金融市场中。

（四）进一步完善金融协作机制和配套体系

加强金融保障机制，建立健全区域金融部门、银行、监管部门的协作机制，实现信息共享、工作联动，推动区域金融机构成立"金融帮扶小组"，建立"双对接双确保"金融惠企协同机制，实现授信行、基本账户开户行（主承保保险机构）与企业"一对一"对接。落细金融专项政策，用足上级政策红利，帮助企业争取银行再贷款支持。制定出台区域惠企政策，确保金融助产工作落细落实。做实金融服务举措，制定"一企一策"金融服务预案，金融机构服务惠企，尤其对受不可抗力影响或出现暂时性经营困难的中小微企业，给予延期还本复息、无还本续贷、优惠利率贷款、减少银行手续费等优惠，更好发挥救急纾困效应。

制定优惠政策。吸引外地的小微机构来锦州开展金融业务，充分利用其他金融中心的先进的金融管理模式和经验，提高锦州地区优质贷款客户的积极性，进而推动锦州本地金融业的发展，通过政策支持，锦州本地金融机构更有活力。

完善小微企业金融信用体系建设。政府要提高企业对信用的重视，宣传好企业信用的重要性，进一步完善企业信用体系建设，加快配套制度建设，并鼓励企业积极申报相关信息，注重信息的透明性和共享性，使失信者无处可藏，保障小微企业权益。加快失信惩罚机制的构建，加强企业信用法制建设，如不能按期偿还贷款的企业应加大惩罚力度，依法治理不诚信行为，肃清信用市场，打造更加适合小微金融发展的良好小微企业服务环境和信用体系。

（五）加快建设小微企业金融融资风险分担机制

缓解小微企业融资难的首要任务是建立小微企业融资风险分担机制。积极推进小微企业融资风险补偿基金建设，主要围绕小微企业融资风险补偿中的基金出资方式、补偿比率和运作模式等问题展开。同时，扩大小微企业融资风险补偿基金的范围，涵盖小微企业信用担保基金的事前承担风险部分。此外，在政策性小微企业信用担保基金为主导的前提下，还应鼓励商业性担保机构与信保基金的合作，逐步形成商业性担保机构、商业银行、信保基金等多方参与的小微企业融资风险分担机制。建立金融风险预警机制与建立金融风险防范机制同等重要，增强应对重大突发金融事件和化解系统性风险的能力；加强政策引导和法制建设，对非法金融活动毫不姑息，大力营造金融发展的有利环境，保障正当金融活动的有序开展。

（六）提升锦州金融创新能力

在金融改革创新中，锦州要充分发挥东北地区及辽宁金融政策优势，使各项金融资源更好地为实体经济服务，提升金融服务实体经济能力，深化金融体制改革。长期以来，目前，锦州企业融资渠道单一、资金供给狭窄，银行贷款等间接融资是企业获得信贷融资的主要渠道，对中小微企业和创新经济支持不足，企业获得资金的成本和门槛也较高。要加快银行体系改革，推动资本市场改革，降低企业直接融资门槛，实现金融市场对实体经济的大力支持。支持符合条件的中小企业、科技创新型企业通过金融市场融资，实现企业融资渠道的多元化，提升金融资源配置的效率。优化企业直接融资和间接融资比例，改善企业融资结构，积极发展资本市场、货币市场、黄金市场、外汇市场、基金市场等各类金融市场。进一步提升企业融资服务精准度，打造定制化、个性化、差异化的创新型金融产品。

（七）注重金融人才培养和引进

锦州的高校众多，科教实力雄厚，为金融中心发展培养了大批的金融专业复合型人才。锦州应该在全面吸引留住人才的基础上，着重培养金融人才，在高校课程设置上增加金融相关课程的比例，顺应时代变化，增加有关知识的教学指导，切实加强金融科研和教学，培养金融领域和计算机领域的交叉复合型人才。不仅要加强金融理论的基础教育，还要提高员工金融业务知识和互联网金融工具的运用实操能力，广泛调动各类社会资源，借助一切优势条件，建设一支储备力量足、素质能力高的人才队伍，招才引智，推进锦州区域金融中心建设。

大力建设企业文化，增强员工的企业归属感，凝聚员工的企业向心力，提升员工的工作积极性。加快建设财务管理制度，提高小微企业财务管理方面的可信度与透明度，实现企业融资方式多样化，增强企业对资本市场的认知，提升金融机构向小微企业提供融资服务的信心。同时，鼓励金融机构以优厚的待遇吸引外地高素质金融人才，大力改善内部结构，调整管理方式，坚持科学的管理方式，促进小微金融机构的发展。

第十二章 发挥锦州地区高校资源优势,打造文化卫生融合传承中心

在区域经济发展过程中,高校不仅能够为地方经济社会发展提供智力方面、技术方面、环境方面的保障,对于区域产业结构的调整也起到一定的促进作用,并且每所高校作为一个庞大的经济实体也具有直接的经济贡献。锦州作为辽宁省高校教育发展的第三大城市,高校资源十分丰富,如前所述,锦州市拥有渤海大学、锦州医科大学、辽宁工业大学、锦州师范高等专科学校等8所高等学校、24所中等专业学校、22家科研院所和15万名科技人员。因此,在推进锦州中心城市建设、打造文化卫生融合传承中心的过程中,锦州地方高校有着义不容辞的责任和义务,与此同时,也可更好地发挥地方高校服务社会、文化传承等五大职能。

一、辽西文化卫生融合传承中心的功能定位

(一)教育发展中心

在社会经济发展过程中,教育既是基础,又是动力。综观一个地区乃至一个国家的社会经济发展历史及现实,其社会经济发展水平无不与教育息息相关,因此,教育发展中心建设,是锦州高校为辽西地区社会经济发展助力的重要一环。以渤海大学、锦州医科大学和辽宁工业大学等驻地高校为载体,联合锦州地区及周边地区共同打造辽西地区"教育发展中心",以丰富的教育资源构建完善的现代化教育体系,提升基础教育、职业教育质量。

(二)科技研发中心

科技作为第一生产力,体现在科技对社会经济发展的贡献上,这种贡献

主要来源于科研成果的转化。以锦州地区各高校现有科研机构为基础，组建科技研发中心。加强高新技术企业培育，建设创新创业平台，发展新型研发机构，吸引优秀科技人才，推动科技与经济发展紧密结合，发挥地方和高校双方优势，促进高新技术科技成果转化为生产力，最大限度发挥科技研发中心对辽西地区社会经济发展的促进作用。

（三）文化传承中心

辽西地区具有悠久的人类文明史，最远可以追溯到几千年前，在漫长的历史岁月中，逐渐形成了自身的文化特色，积累了深厚的文化底蕴，锦州文化传承中心的主要功能将辽西的悠久历史文化更好地继承和发展，通过国际化、商业化、现代化方式，深度挖掘自己的文化之美，引起社会各界的高度关注，从而成为辽西面向辽宁省内及全国各地的一扇文化窗口。

（四）卫生健康中心

关心健康，关爱生命，既是广大人民群众对生活质量的追求，也是社会经济发展程度的一种体现。卫生健康中心，主要承担两项职能：一是医疗服务职能，排除病患人员的疾病困扰，实现疫情防控、公共卫生应急管理，使辽西人民健康生活；二是健康咨询职能，为广大人民群众提供健康指导、就医体验，提供卫生服务保障，使人民生活质量不断提高。

（五）旅游休闲中心

辽西走廊处于东北与华北的重要通道，旅游资源丰富，类型多样，结构紧密，互补性强，特色突出，锦州市属于辽西走廊区域地理中心，依托辽西历史与文化基础，将锦州周边地区的旅游资源进行统筹规划，使其形成整体优势，打造辽西旅游休闲中心，以旅游文化发展动力提升产业集聚与辐射能力，进而促进区域内整体产业链的发展，助推经济社会发展。

二、辽西文化卫生融合传承中心的战略布局

（一）教育发展中心

首先，开展学历教育，从辽西地区社会经济发展需要出发进行专业设置

和专业调整，以全日制和非全日制的方式，培养急需或短缺人才；其次，开展中、短期培训，借以提高现有劳动者的劳动技能；再次，开展提高基础教育师资培训等，不断提升辽西地区基础教育教学水平。最后，为整合锦州地区高校资源，使所有高校形成服务地方社会经济发展合力，尝试组建松散式的联合体——锦州地区高校联盟，由联盟统一与地方政府对接，统筹中心的各项服务工作。

（二）科技研发中心

规划布局三个分中心，即技术攻关中心、科技创新中心和产业化指导中心。技术攻关中心，主要是接受产业委托，协助生产经营，攻克其技术难题；科技创新中心，主要是科研人员根据产业发展趋势瞄准发展前沿进行开创性研究，以占领该领域的制高点；产业化指导中心，主要进行科研成果转化实验和成果社会化过程的技术指导。

（三）文化传承中心

首先，以东北亚民族走廊、辽西走廊历史文化为中心，将辽西的文化特色及文化底蕴呈现在世人面前，并将其不断地传承；其次，与现代社会经济发展与传统文化相融合，将其转化为促进融合经济发展的优势；最后，通过各种媒体进行广泛、有效传播，使其形成辽西地区一张亮丽的"名片"。

（四）卫生健康中心

以锦州医科大学及其附属医院为依托，形成辽西卫生健康中心，优化医疗资源配置，使辽西地区医疗卫生服务体系更加完善；以社区医院、体检中心等为依托，形成辽西健康咨询服务中心。加强急救站点和综合医院、社区卫生服务机构的结合，提高安全转运能力和效率。

（五）旅游休闲中心

以辽沈战役纪念馆和辽沈战役烈士陵园为依托，整合、挖掘辽西地区红色文化，重点打造以辽沈战役遗址和辽西地区党的建设重要人物、重要时间旧址为主体的红色旅游，构建红色旅游中心；以医巫闾山、义县万佛洞、笔架山、北普陀山等景点为依托，建设都市休闲、湿地生态、海岛旅游度假、滨海景观、温泉疗养等功能各异的休闲旅游中心。

三、锦州建设文化卫生融合传承中心的对策措施

(一)做好整体规划与设计

现代经济是开放性经济,任何经济体都不可能独立生存;同时,现代经济又是一个分工细化的经济体,每个经济体都只是产业链中的一个链条,它们的生存和发展必须依赖其链条。同理,作为一个地方而言,谁也不可能形成"独立王国"。所以,区域内各城市,都应树立起大环境意识,要分别把对方看作自己的营商环境,要充分认识到"一荣俱荣、一损俱损"的道理。同时,要站在未来的角度,跳出区域外求生存、谋发展,就是要做到"视域要宽,目光要远,眼界要高"。

辽西区域文化卫生融合传承中心建设是一项系统工程,它主要由教育、科技、文化、卫生和旅游五个子系统构成,所以,在规划中,要把辽西地区作为一个整体,对其未来社会经济发展进行全局性、长远性、高水平战略谋划。破除区域界线,摒弃狭隘观念,去掉本位主义,依据现有条件,谋求共同发展,打造特色鲜明、功能完善的辽西区域文化卫生融合传承中心。

从理念上,建设辽西区域文化卫生融合传承中心,要秉承经济效益与社会效益并重的指导思想。这里的社会效益主要指中心的形成对辽西各城市的支撑和辐射效应。城市群建设是未来我国经济社会发展的新的增长点。城市群建设,是以区域中心城市为依托,通过中心城市的发展,带动周边地区城市共同发展。在这种发展中,将城市群中的各个城市看成一个有机整体,每个城市作为这个有机整体的组成部分,各自发挥应有的功能,即形成合理的分工体系。在这一体系中,作为中心城市,加强自身发展是毫无疑问的,但同时不应忽略对其他城市应负有的"提携带动"之责。就是说,一定要从既利己又利人的角度来思考中心建设的问题。

从层次上,强调一个"高"字,即要以高标准进行建设。我们知道,当今的经济是开放型经济,一个地区的经济运行,必须纳入整个国家乃至整个世界的经济循环当中,地区经济是在整体经济体系竞争中求得生存和发展的,所以,辽西区域文化卫生融合传承中心的建设一定要有高起点,要瞄准国家甚至国际标准进行规划设计。

（二）搭建科技平台

中心城市建设，不单单是处于这个中心的城市自身的建设和发展问题，更主要的是通过中心城市的建设和发展，带动周边城市的发展。锦州，作为辽西城市群中的重要一员，从各方面条件和因素来看，都应当承担起中心城市这一重任。坐落在锦州地区的高校，搭建科技平台，助力锦州中心城市的建设，既肩负责无旁贷的义务，又起着不可替代的作用。

科技研发中心并非一个实体，因此，若要使其能真正发挥作用，需要借助科技平台，该平台可通过以下方式进行：其一是联合研发，即由产业科研人员和高校专家、学者围绕产业运营，共同攻克技术难题，或共同开发新产品等；其二是技术指导，即高校专家以技术顾问的身份加盟产业，帮助产业解决其生产经营中的各种技术性问题；其三是技术转让，即借助平台，高校专家可将具有自主知识产权的成熟技术转让给企业，使其实现产业化。围绕平台组建专家库，将在锦高校科研人员纳入专家库中，并由相关领域知名专家领衔，形成各领域专家组，以便与不同企业相对接，从而有针对性地提供相应服务。

（三）构建远程服务系统

以现代网络技术为手段，以互联网等新媒体为平台，构建远程服务系统，为身在异地的企业和人员提供相关服务。至少有如下服务内容，可通过远程服务系统来完成。一是疾病诊断，即利用可视系统，辅之以其他技术手段，为身处异地的人员提供疾病诊断服务；二是疾病治疗，即利用网络技术，指导外地的现场医务人员对患者进行治疗；三是远程教育，即以线上教育或指导方式对异地人员进行业务培训和技术指导。此外，还可提供其他适合在网上完成的服务。远程服务系统的构建和开通，将会起到扩大中心城市服务面和提高其他地区服务水平的双重作用。

（四）提供智力支撑

从以下两方面着手实施，为区域内的社会经济发展提供文化咨询等服务。一方面组建"智囊团"，即组建一支以地方政府为服务对象的专家团队，为地方社会经济发展献计献策。纵观社会经济发展的现状，我们发现，大到一个国家小到一个地区，产业智能的作用越来越得到凸显。"问计于民""问计于智",几乎达成了共识,为地方提供有力的智力支撑,是高校的智囊团们义不容辞的责任。另一方面,组建"咨询团",即组建一支以产业为服务对象的专家团队为产业发展解惑,如果说"智囊团"主要服务于宏观层面,那么"咨询团"则主要服务于微观层面。产业的生存和发展,离不开科技进步,同样也离不开管理水平的提高,咨询团的组建恰是从管理角度助力产业升级的重要举措。

(五)提倡改革创新,提升科技研发能力

创新,是人类社会发展的永恒主题,高校的专家、学者是创新的原动力。他们既可以进行科技创新,也可进行思想创新、方法创新、管理创新等,以创新促发展。高校是知识分子集中的地方,高校中的人才具备扎实的理论功底、活跃的思想、敏捷的思维,而这恰恰是改革创新的源泉。综观中外历史和现实社会,世界上每一次重大变革,每一次经济腾飞,无不具有知识分子的影子。锦州高校的广大知识分子必须也有能力肩负起为本地区经济社会发展建言献策的重担。他们能通过对地区社会经济发展现状的分析,捕捉到其中不足之处,及时提出解决的思路和办法。

如前所述,高校集聚了大量人才,特别是高端人才,这些人才具有较强的科学研究能力,是高校助力中心城市建设的主力军。"科学技术是第一生产力",是否能发挥第一生产力的作用,关键在于科学研究及其成果是否与社会生产实际相结合,这也是高校发挥科技助力中心城市建设功能的着力点。就是说,广大的高校科技工作者,将基础理论研究与应用研究相结合,以攻克地方社会经济发展中的技术难题为己任,使高校成为地方经济社会发展的"加速器"。

(六)强化人才引进与培养

当今时代是"知识经济"时代,在这个时代,一个地区乃至一个国家甚至于整个世界的经济增长,知识的贡献率处于主导地位。而我们知道,知识是依附于人才的,因此我们也可以说,当今时代是"人才经济"时代,所以一个地区经济社会发展,人才是不可缺失的。从我国现实情况看,高等学校和科研院所是人才特别是高端人才最为集中的地方,也就是说高校是天然的"梧桐树"。高校在对地方经济社会发展提供人才助力方面,可以从"招才""引智"入手。所谓"招才",就是要招揽"为我所用""不为我所有"的人才。在"招才引智"时,高校应有自身发展需求和服务地方经济社会发展上双重考虑。

人才培养,是高校的主业,是高校得以存在的基础。学术是学校的主体;同时,人才是学校的"产品",高校在助力中心城市建设中,为其发展所需培养各类人才,既是高校服务意识的体现、是一种义务,也是高校自身生存和发展的客观要求。

随着社会经济的不断发展,对人才的需求越来越多,因此源源不断地为地方造就和培养人才,是保障其可持续发展的重要举措,在强化人才素养方面主要可采取以下措施:一是实行"订单培养",即根据地方社会经济发展需要,来确定人才培养的种类、规格、数量,也就是走"以需定产"之路,做到人才培养的"适销对路";二是开展技术培训,即接受企业委托为企业所到岗员工培训岗位所需技能。

第十三章　锦州建设辽西区域中心城市的保障机制

锦州建设辽西区域中心城市的保障机制是为此目标提供物质条件和精神条件的各种有效机制，通过建设有效的组织实施机制、动员全社会力量、优化营商环境，不断完善配套政策措施，进而保障目标的实现。

一、组织保障

各地区、各部门要将确定的任务纳入年度工作目标，进行任务分解，明确责任分工，实现"规划项目化、任务清单化"。确定预期目标任务，编制年度计划，计划与政府规划方案衔接并逐年安排落实。深化锦州市政府各部门之间的合作机制，增进各部门与在锦企业的互动；提升辽西经济圈及环渤海地区的纵深合作，构建统一商贸发展格局，体现资源共享、优势互补；强化锦州市商务、金融、旅游、贸促、投促等各部门间的统筹推进机制，联动协调发展，形成合力；强化市规划实施的衔接配套，特别是商务部门与各区县政府和功能区商贸领域，上下联动、共同推进，开创辽西区域中心城市建设的新局面。

二、要素保障

抓紧抓好土地要素保障。一要紧抓修编调整和规划衔接，特别是新的土地利用总体规划和城市总体规划方面，为长远用地夯实基础。二要瞄准破解土地制约的主攻方向和第一突破口，紧抓土地开发和抵押置换。在深入开展闲散土地整治活动上下足功夫，广泛拓宽用地思路，科学拓展用地空间，在土地开发整理项目上做文章。三要从土地政策出发，研究并领会上级有关政策文件，拓展建设用地途径，抓紧谋划包装一批围绕"大产业、大基地、大项目"的土地项目，争取挤入国家、省计划盘子，争取上级"戴帽"用地指标。四要全面清理未用土地，对已征、已圈的和长期只占不用的，必须坚决收回。

全方位提供资金保障。在经济新常态下，力争做好市场融资、向上争资和提高资金运作水平，借此保障项目建设资金。一要秉承诚信经营理念，以信誉为担保，争取银行的资金支持，并从产业合资、合作、引资等措施上着手，缓解企业资金压力；二要加深政企银三方"共生共荣、互利互赢"协同理念，从惜贷心理、信贷服务、金融创新三方面努力缩小存贷差，提高立体服务能力；三要引导民营资本参与进来，调动民间投资人参与项目建设的积极性；四要把眼光向上看，积极"投篮"，争取把更多的项目放入国家、省和市计划盘子；五要创新工作方法，优化投资环境，加大招商力度，推行重点行业招商、重点区域招商，推进招商引资专业化。

落实资源环境保障。一是提早做好施工规划配套，包括用水、电、气、路等民生保障，资源管理业主单位要主动作为，为项目服务，预先介入，确保项目平稳推进。二是抓好宣传引导，项目建设用地拆迁工作要有法可依，细致到位。规划安置方案要做在前面，严抓安置房建设，深入基层了解情况，减少征拆矛盾，保障拆迁工作有序进行，确保社会稳定。三是持续开展作风建设整治工作，净化投资建设环境；进一步转变工作作风与工作方法，大力提升政府服务效能，合力营造更具比较优势，更为宽松和谐、公平规范的投资环境；把诚信建设提升到新的高度，政府各部门要带好头、做好表率，作为信用建设的组织者对出台的优惠政策、做出的承诺，言而有信，不打折扣、执行到位，同时对信口开河、关门宰客等失信行为要加大惩戒力度，遏制失信行为的发生。

三、营商环境保障

营造良好营商环境的首要任务是提升城市环境质量和居民生活质量。坚持可持续发展理念，贯彻习近平生态文明思想，锦州持续推进城市环境治理工作，紧抓城市环境质量，提升居民生活质量，增强城市竞争力，改变经济结构，创新经济发展，保障锦州创新产业与招商引资的发展。在城市规划建设中彰显山水灵秀特色，以生态为背景、和谐发展为底色，遵循"显山露水"的设计理念,构建天人合一的生活空间和景观风貌,做到自然景观与人工雕琢相辅相成,绿色家园与绿色城市融合发展,个性美与现代美相得益彰,围绕海洋资源、历史文化资源搞好旅游开发。

明确文化的发展方向。第一,根据锦州的实际,从科学发展观的角度,大力发展先进文化,不断满足人民群众日益增长的精神文化需要,提供坚实的思想道德基础,创造良好的文化条件,构建锦州和谐社会。第二,紧抓文化运行机制的创新。关键部分是经营管理机制、创新投入机制和评价机制。第三,重视文化服务能力的提升。切实保障群众的基本文化权利,文化下乡工作落到实处,鼓励文化创造工作融合地方特色。第四,加强文化设施建设。文化设施网络应覆盖学校、科技馆、图书馆、博物馆、美术馆、少年宫、影剧院等重要载体,抓好重点文化设施建设,实现社会文化设施共享。第五,注重文化建设的特色性、标志性、生态产业化。从锦州地域条件出发,结合当地历史、文化发展特色,抢占城市大发展的机遇,在弘扬城市理念、城市精神上做文章,打造体现特色、融合生态文化与精神的地标性建筑。第六,加大投入文化事业。把公共文化建设提上议程,在公共财政的作用下,大力发展广播电视业、音像影视业、文化娱乐业等产业,带动社区文化建设,提高人们的精神文化生活质量。

四、政策保障

依据国家、省对经济社会发展现行政策指导,围绕相应规划中确定的重点任务,研究制定相关政策。各地区、各部门要积极争取中央、省的各项政策,协调统筹相关政策,激活市场潜力,发挥政府引导。大力支持锦州中心城市建设项目,制定涉及土地、贷款、税收的优惠条件及相关扶持政策,打破行业界限和部门分割,挖掘中心城市建设运作能力的培育及发展的潜能。加强市场监督,维护市场秩序,创造有利的市场环境,建立物流社会化服务体系。围绕中央、省和地方政府中心城市建设,发挥政策引导作用,抓好各类资金投入问题,疏通基础设施建设渠道。依托投资补贴和有关税费收入,政府直接投资基础设施。实行政策红利,惠及社会投资建设相关基础设施,鼓励城市基础设施建设,放宽贷款规模指标,保障信贷资金供应量充足,缓解建设的资金约束,项目管理讲究分门别类,切勿在项目引资上实行"一刀切"。

五、体制保障

　　各地区、各部门协同发展，健全政策协调和工作协同机制，完善评估机制，实施规划的监测，积极开展中期评估和后期评估。建立重大项目落实机制，完善各项建设条件，引导社会资源，确保规划重点项目有效实施。加强规划编制和实施的制度建设，强化各类专项规划、地区规划的衔接和协调，进一步提高规划的科学性、指导性和操作性。今后政府确定项目、安排资金要以相关规划为依据，进行合理、有效安排。坚持党的全面领导，坚持和完善党领导经济社会发展的体制机制，加强党在经济社会发展各领域的全面领导，立足新阶段，贯彻新理念，构建新格局，强化政治引领，持续净化政治生态环境。推进民主法治化建设进程，全面落实依法执政、依法行政，确保规划实施法制化、规范化，形成市场化、规范化、法治化、国际化营商环境。持续推进治理体系科学化，治理能力现代化，彰显社会公平正义。

六、人才保障

　　一是打造引才聚才的良好环境，保障人才供求信息的畅通，借助新媒体，进行多平台、创新性的宣传。营造尊重人才、尊重知识的社会氛围，加大对城市生活质量的资金投入，美化城市环境，改善城市交通，强化社会治安，形成一个留得住人才的良好环境。二是做好培养、引进高端人才的工作。城市的创新能力与水平的高低取决于高端人才数量的多少，制定具体的人才激励政策，以此留住和用好人才。打破传统观念，加强行业合作，在科研院所、教育机构、文化艺术和体育等领域设立基地，提出创新性的人才激励措施，减少人才流失。勇于提出招才引智具体政策，积极贯彻执行人才政策，促进锦州的建设和发展。优化聚集高端人才，储备人力资源，保障锦州中心城市建设。制定高端人才培养政策，为高端人才创造更多工作与学习的机会。促进高端人才成长，提供施展才华的舞台。引进高端人才要本着高起点、高技术的原则，通过高端人才引进带动高尖端技术引入。同时，提供高端人才开展学术前沿工作的平台。三是大力引进应用型、创新型人才。目前锦州急需应用型、创新型人才，为解决这一难题，要坚持引进与培养并举，从而加快应用型、创新型人才的队伍建设。四是健全人力资本的评价体系，完善人员激励机制。通过创新与改革激励机制，对人力资本进行科学评价，提高人才待遇，落实以待遇留人政策。

参考文献

[1] 盛朝迅. "十四五"时期推进新旧动能转换的思路与策略[J]. 改革, 2020（2）：5-19.

[2] 刘曙光. 当前世界经济形势及中国的对策[J]. 理论学刊, 2019（6）：46-58.

[3] 朱稳根. 全球治理视角下重大疫情应对与社会治理能力提升的思考[J]. 民航管理, 2020（4）：22-26.

[4] 王晓英. 人民币汇率变动对中国园艺产品出口的影响分析[D]. 武汉：华中农业大学, 2020.

[5] 王书华, 郑小玉. 经济合作与发展组织（OECD）对2060年世界经济形势展望[J]. 科技中国, 2019（8）：5-8.

[6] 崔忠付. 2020年冷链物流回顾与2021年展望[J]. 物流技术与应用, 2020, 25（S2）：14-15.

[7] 中国银行研究院中国经济金融研究课题组. 将"保6"作为攻坚之年宏观政策的核心：中国银行中国经济金融展望报告（2020年）[J]. 国际金融, 2019（12）：42-50.

[8] 曹姮. 中国资本市场开放进程中中美两国股市的相关性研究[D]. 南京：南京航空航天大学, 2013.

[9] 王齐祥, 尚红敏, 江军. 皖江示范区建设是区域经济协调发展的战略布局[J]. 华东经济管理, 2011, 25（9）：50-53.

[10] 刘菁. 东北老工业基地区域创新体系研究[D]. 长春：吉林大学, 2007.

[11] 刘学. 论"三个代表"与"三个有利于"的内在统一[J]. 华东船舶工业学院学报（社会科学版）, 2001（2）：19-21.

[12] 寻广新. 统筹城乡视域中的社会主义新农村建设研究 [D]. 北京：中共中央党校，2007.

[13] 赵儒煜，杨彬彬. 论东北老工业基地新一轮振兴的几个问题 [J]. 经济纵横，2016（8）：62-66.

[14] 赵家辉，李诚固，马佐澎，等. 城市精明收缩与我国老工业基地转型 [J]. 城市发展研究，2017，24（1）：135-138，152.

[15] 祖冬琦，李一兵，李莹. 区域农业可持续发展问题探讨：以东北地区为例 [C]. 2011年中国农业资源与区划学会学术年会论文集，2011：261-264.

[16] 鞠洋. 人力资本对产业升级的影响研究 [D]. 广州：暨南大学，2018.

[17] 储萃. 创业者自负、双元性以及无锡尚德动态能力之构建 [D]. 天津：天津大学，2018.

[18] 江洪，李金萍，纪成君. 省际能源效率再测度及空间溢出效应分析 [J]. 统计与决策，2020，36（1）：123-127.

[19] 张凌波. 朝阳市参与沿海地区互动发展的构想 [J]. 企业改革与管理，2008（1）：50-51.

[20] 辽宁省人民政府办公厅关于转发省对外开放工作领导小组办公室《辽西沿海经济区"十一五"对外开放开发规划纲要》的通知 [J]. 辽宁省人民政府公报，2006（8）：38-45.

[21] 田佳良，吕芳. 沿海城市对辽西城市群建设的影响分析 [J]. 经济研究导刊，2014（10）：204-205.

[22] 周琳，李铁. 城市空间发展对辽宁房地产市场的影响分析 [J]. 辽宁经济，2013（10）：46-47.

[23] 陈赟. 国有企业应把创新融入企业发展基因 [N]. 经济参考报，2020-08-31（007）.

[24] 黎连业. 电子政务系统软件开发技术 [M]. 北京：清华大学出版社，2005.

[25] 佟志武. 科学定位 建设辽西经济区中心城市：关于锦州振兴发展思路的出发点 [J]. 中国城市经济，2005（2）：22-25.

[26] 殷兴山. 凝心聚力迎挑战 [J]. 中国金融，2019（15）：35-37.

[27] 赵志会. 中俄产业互动合作新模式研究 [D]. 哈尔滨：黑龙江大学，

2010.

[28] 谢冀馨,张萌.智能技术对辽西经济区大集体制服装企业改革后发展的启示[J].西部皮革,2017,39(20):69.

[29] 刘宁宁,迟福生,杨坤.民生事业发展、服务型政府建设与辽宁全面振兴[J].辽宁大学学报(哲学社会科学版),2008(1):112-116.

[30] 黄丽芬.区域发展战略的重大创新[J].毛泽东思想研究,2004,21(5):108-110.

[31] 肖亚庆.扎实推动国有企业高质量发展[J].支部建设,2018(35):10-12.

[32] 蒋佳佳.大连市休闲渔业企业经营效益影响因素研究[D].大连:大连海洋大学,2019.

[33] 臧丽娟.基于知识溢出的链式产业集群与技术创新作用机理研究:以战略性新兴产业为例[D].天津:河北工业大学,2017.

[34] 徐永杰.新世纪中国共产党维护新疆稳定的方略研究[D].兰州:西北师范大学,2018.

[35] 钱玲.中国与拉美国家的环保合作研究[D].青岛:青岛大学,2018.

[36] 牛玲,张玲.京、津、冀协同背景下河北省产业结构调整分析:基于京、津、冀三地区的社会固定资产投资行业数据分析[J].现代商贸工业,2016,37(2):10-11.

[37] 胡华.资源丰裕度与经济增长的非线性关系研究[J].郑州轻工业学院学报(社会科学版),2015,16(6):97-106.

[38] 陈翥,宋子逸,万庆.长江经济带"GDP万亿俱乐部"城市产业发展特征的实证研究[J].长江大学学报(社会科学版),2019,42(2):52-57.

[39] 温晓玉.双元创新、非沉淀性冗余资源与企业绩效[D].郑州:河南财经政法大学,2019.

[40] 曾国华,吴雯雯.我国劳动报酬增长动因及差异化策略:基于SDA分解技术[J].中国人力资源开发,2013(13):13-21.

[41] 赖德信.教师工资差异及其对教师流动的影响分析:以北京市中小学为例[J].教师教育,2014,1(6):94-101.

[42] 朱智文，袁观林．甘肃省生产性服务业发展与经济增长关系研究：基于甘肃省相关数据的模型检验［J］．开发研究，2013（1）：49-54．

[43] 薛蓬．对宁夏服务业标准化工作的建议［J］．标准科学，2015（12）：79-81．

[44] 张海明．内蒙古农作制度演变及持续高效对策研究［D］．北京：中国农业大学，2003．

[45] 余寒．云南省农产品冷链物流网络的构建及优化研究［D］．昆明：云南财经大学，2011．

[46] 毕普云．焦作市人力资源发展研究［D］．北京：中国地质大学，2006．

[47] 赵宏波，王欣．城镇非私营单位从业人员就业和收入现状的调查与分析：以河北省承德市为例［J］．河北旅游职业学院学报，2017，22（2）：83-85．

[48] 李静，马丽娟，姜旭．财政支出、农村人口对脱贫攻坚的影响［J］．社会科学战线，2019（9）：249-253．

[49] 杨亦康．BT农商银行零售业务营销策略研究［D］．呼和浩特：内蒙古大学，2018．

[50] 肖庆功．锦州港集装箱码头发展现状与策略研究［J］．渤海大学学报（哲学社会科学版），2018，40（2）：96-100，150．

[51] 罗梓宸．我国新型城镇化发展现状及对策［J］．乡村科技，2018（2）：28-29．

[52] 周凤杰，邱明，赵明成．辽宁省锦州市旅游产业发展问题与对策研究［J］．渤海大学学报（哲学社会科学版），2018，40（1）：85-89．

[53] 林一雨．温州市中低收入家庭住房保障问题研究［D］．长沙：湖南农业大学，2017．

[54] 冯一平，吴骥．上半年长三角地区经济运行报告［J］．统计科学与实践，2017（9）：31-33．

[55] 包学雄，肖静．居民生活保障能力评价指标体系构建与测评：以广西各地市为例［J］．钦州学院学报，2017，32（7）：41-48．

[56] 邰峰．锦州汤河子铁路物流园项目可行性研究［D］．阜新：辽宁工程技术大学，2017．

[57] 罗润洲. 基于海南气候特点的改性沥青制备及性能研究 [D]. 长沙：长沙理工大学，2017.

[58] 孙焱廓. 当前经济运行存在问题：对东宁市经济运行分析 [J]. 经贸实践，2017（5）：133.

[59] 杨振玲. 锦州滨海电子商务产业园发展策略研究 [D]. 沈阳：沈阳大学，2017.

[60] 刘艳. 沈阳经济区生态环境与经济协调发展研究 [D]. 沈阳：东北大学，2016.

[61] 刘施毓. 锦州市开发区区域经济管理问题与对策研究 [D]. 大连：大连理工大学，2016.

[62] 付硕天. 低碳经济下锦州市产业结构调整研究 [D]. 大连：辽宁师范大学，2016.

[63] 马有才. "一带一路"环境下营口港的发展战略研究 [D]. 大连：大连理工大学，2016.

[64] 陈文晶. 立足"沈阳"推动沈阳市中小企业发展 [J]. 辽宁经济，2015（10）：48-49.

[65] 董晓菲，韩增林. 辽宁省港口体系时空演化分析及驱动机制研究 [J]. 地域研究与开发，2015，34（3）：27-33.

[66] 鲁小波，陈晓颖，马斌斌. 锦州旅游业深入发展的条件与对策分析 [J]. 决策咨询，2015（1）：71-74，80.

[67] 张晨曲. 银行：流失不良市场化 [N]. 新金融观察，2015-01-05（016）.

[68] 林秋玲. 福建省经济对外开放度对产业结构的影响 [J]. 集美大学学报（哲学社会科学版），2014，17（4）：34-40.

[69] 谭思夏. 锦州港港口发展战略研究 [D]. 大连：大连海事大学，2014.

[70] 张文博. 营口港务集团有限公司发展战略研究 [D]. 长春：吉林大学，2013.

[71] 李丽. 宁波基本单位结构变迁对人口就业影响分析 [J]. 统计科学与实践，2013（7）：50-52.

[72] 张帅. 锦州港码头泊位利用率研究 [D]. 大连：大连海事大学，2013.

[73] 白静. 辽宁省循环经济发展与空间布局研究 [D]. 哈尔滨：中国科学院研究生院（东北地理与农业生态研究所），2012.

[74] 郭旭. 锦州餐饮企业产品品牌建设研究 [D]. 锦州：渤海大学，2012.

[75] 贾燃胜. 兴海油港公司经营战略研究 [D]. 北京：北京交通大学，2011.

[76] 焦琨. 区域土地利用总体规划环境影响评价理论与方法 [D]. 昆明：云南财经大学，2011.

[77] 耿燕芳. 江苏区域城乡统筹差异的实证研究 [D]. 扬州：扬州大学，2011.

[78] 高薇. 辽宁沿海经济带发展中开发锦州湾对策研究 [J]. 辽宁经济，2010（10）：37-39.

[79] 张雪楠. 我国财政支出结构与经济增长关系研究 [D]. 北京：首都经济贸易大学，2010.

[80] 孔曼. 辽宁沿海港口集装箱码头发展研究 [D]. 大连：大连海事大学，2008.

[81] 徐全红. 厦门能源战略研究 [J]. 市场论坛，2008（6）：22-24.

[82] 陈立俊. 中国城市化发展现状的探析与思考 [J]. 经济论坛，2008（11）：70-72.

[83] 张亚梅. 河北省城市竞争力评价及提升对策研究 [D]. 保定：河北农业大学，2008.

[84] 徐志坚. 辽宁省沿海经济带与"五点一线"开发研究 [D]. 大连：辽宁师范大学，2008.

[85] 高延庆，陶林，宗英飞，等. 朝阳燕山湖区风电厂风能资源评价 [J]. 安徽农业科学，2007（36）：11968-11970.

[86] 梅琳. 四川省区域竞争力综合分析 [D]. 成都：电子科技大学，2007.

[87] 陈辉兴. 农村现代化进程中的智力回流问题研究 [D]. 福州：福建师范大学，2005.

[88] 夏猛. 厦门港龙头再起 [J]. 开放潮，2004（3）：22-23.

[89] 王来明. 山东省国土资源调查研究重点 [J]. 山东地质，2000（1）：12-16，50.

[90] 马云海,王传松. 江苏非金属矿产的开发利用探讨 [J]. 地质技术经济研究, 1987 (8): 36-39, 45.

[91] 吕俊芳,张嘉辰,张文润. 名城锦州红色全域旅游发展研究 [J]. 渤海大学学报(哲学社会科学版), 2020, 42 (1): 94-99.

[92] 周凤杰,赵明成. 基于总体规划的锦州市旅游资源整合开发研究 [J]. 渤海大学学报(哲学社会科学版), 2019, 41 (2): 98-101.

[93] 鲁小波,陈晓颖. 锦州市旅游产业集聚区发展思路 [J]. 环渤海经济瞭望, 2018 (1): 53-57.

[94] 丁齐鉴. 杭州市实施小微企业金融扶持政策问题研究 [D]. 桂林:广西师范大学, 2018.

[95] 鲁小波,陈晓颖,马斌斌. 锦州市旅游发展的空间战略布局探析 [J]. 环渤海经济瞭望, 2015 (6): 52-56.

[96] 衣尚锦. 东北地区人口集聚及其对经济发展影响的研究 [D]. 长春:吉林大学, 2018.

[97] 李姣琦,周凤杰. 锦州城市形象定位与整体提升对策研究 [J]. 北方经贸, 2013 (12): 193-194.

[98] 张婷婷,吕俊芳. 锦州市旅游发展策略研究 [J]. 旅游纵览(行业版), 2013 (6): 116-117.

[99] 董志凯. 投资结构调整与经济结构变迁(三) [N]. 上海证券报, 2012-05-21 (010).

[100] 周凤杰. 辽西地区旅游产品构成及结构优化 [J]. 渤海大学学报(哲学社会科学版), 2005 (1): 80-83.

[101] 阮丽秋. FDI对越南工业化—现代化事业的影响 [D]. 大连:东北财经大学, 2014.

[102] 吉晓晨. 供给侧改革进程中的生态文明建设研究 [D]. 绵阳:西南科技大学, 2018.

[103] 朱腾. 恩施州农民工返乡创业对农村家庭发展能力的影响研究 [D]. 恩施土家族苗族自治州:湖北民族学院, 2017.

[104] 吴春容. 广东省金融集聚对产业结构调整的影响研究 [D]. 广州:暨南大学, 2020.

[105] 张楠,余咪咪. 西安建设国家中心城市对策研究 [J]. 生产力研究, 2019 (11): 96-99, 110.

[106] 胡博然. 浅析哈长城市群科技资源集成的公共模型构建方法 [J]. 中国商论, 2019 (6): 202-204.

[107] 于卓骐. 论能源服务行业的发展模式: 恒泰艾普公司的价值所在 [J]. 现代商贸工业, 2019, 40 (7): 110-111.

[108] 陈蕾. 淄博安信融资担保有限公司发展战略研究 [D]. 济南: 山东大学, 2018.

[109] 李英. 基于企业技术创新过程的信息保障体系研究 [J]. 情报科学, 2013, 31 (7): 46-49, 63.

[110] 曹美芳. 长三角地区经济运行中存在问题浅析 [J]. 统计科学与实践, 2013 (5): 9-11.

[111] 秦光荣. 文化产业是大有希望的产业 [N]. 学习时报, 2011-09-26 (001).

[112] 汪洁. 我国外商直接投资中环境污染问题及其对策研究 [D]. 无锡: 江南大学, 2008.

[113] 黎平海. 我国区域金融中心建设与发展研究 [D]. 广州: 暨南大学, 2008.

[114] 佟志武. 锦州: 区域经济协调发展的战略枢纽 [C] // 繁荣·和谐·振兴: 辽宁省哲学社会科学首届学术年会获奖成果文集, 2007: 421-424.

[115] 阎玉娇, 刘啸海. 锦州振兴方略: 从内陆"炫"向海洋: 访中共锦州市委书记佟志武 [J]. 党史纵横, 2006 (1): 44-47.

[116] 王义. 银行普惠金融服务的实践与思考 [J]. 中外企业家, 2018 (23): 31.

[117] 陈永庆. 兴一处市场活一地经济: 浙江黄岩市路桥小商品批发市场见闻 [J]. 中国工商, 1994 (1): 8.

[118] 徐绍史. 坚定信心主动作为确保经济运行在合理区间 [J]. 紫光阁, 2015 (5): 12-14.

[119] 刘珊. PDA油品码头综合竞争力评价 [D]. 大连: 大连海事大学, 2017.

[120] 张宇. 锦州港口物流产业集群发展对策研究 [D]. 大连: 大连理工大学, 2012.

[121] 刘卓. 锦州民用新机场选址方案评价研究 [D]. 大连: 大连海事大

学, 2013.

[122] 侯雪, 朱斌. 基于"2013锦州世园会"的锦州节事旅游开发分析 [J]. 北方经贸, 2013 (10): 122-123.

[123] 吴小舜. 近域港口城市整合研究: 以锦州、葫芦岛为例 [D]. 长春: 东北师范大学, 2013.

[124] 苗圩. 把握趋势抓住机遇促进我国制造业由大变强 [J]. 中国工业评论, 2015 (5): 8-20.

[125] 胡艺. 地方政府财政行为对产业结构调整的影响研究 [D]. 南京: 东南大学, 2019.

[126] 邱俊锋. WS公司肉猪业务发展战略研究 [D]. 广州: 华南理工大学, 2018.

[127] 盛嘉. 北京C商业银行贸易融资经营策略研究 [D]. 北京: 北京林业大学, 2017.

[128] 林念修. 形成新常态下战略性新兴产业工作的大视野、大思路和大格局 [J]. 中国战略新兴产业, 2015 (15): 20-24.

[129] 朱之鑫. 新常态下战略性新兴产业发展的形势 [J]. 宏观经济管理, 2015 (10): 4-5.

[130] 李方远. 综合交通要为大花园建设打造通途 [J]. 浙江经济, 2018 (5): 58-59.

[131] 周南. 涨: 对百姓生活影响最大的涨价商品TOP10排行榜 [J]. 中国市场, 2007 (37): 44-51.

[132] 宋亮亮. 青岛农商银行基层网点转型策略研究 [D]. 济南: 山东大学, 2019.

[133] 孙婷. 山东夏蔚镇全域旅游产业生长机制与策略研究 [D]. 武汉: 华中科技大学, 2017.

[134] 万文娟. 临沂市农业龙头企业信用风险评价研究: 以A企业为例 [D]. 济南: 山东大学, 2019.

[135] 唐勇. 城区防汛管理体系研究: 以淮安市为例 [D]. 南京: 东南大学, 2018.

[136] 刘一春. 《淮安市情简介》汉英翻译实践报告 [D]. 长春: 吉林华侨外国语学院, 2018.

[137] 沈秀梅. 医养结合的养老综合体设计研究: 以淮安阳光新城设计为

例［D］．南京：东南大学，2018．

［138］ 徐海英，丁子远．淮安市旅游资源开发和利用研究［J］．经济研究导刊，2013（15）：202-204．

［139］ 马玲英．我国基本医疗保险制度公平性研究：以杭州市为例［D］．杭州：浙江工商大学，2018．

［140］ 李程．泉州市构建城市品牌的政府行为优化研究［D］．泉州：华侨大学，2016．

［141］ 陈梓钊．泉州市城市营销研究［D］．泉州：华侨大学，2018．

［142］ 朱翠兰，黄安民．泉州市旅游产业集群发展探析［J］．四川旅游学院学报，2014（2）：58-60，64．

［143］ 钱玉凤．老龄化社会视域下保定市老年大学学员学情研究［D］．保定：河北大学，2017．

［144］ 连雅潇．基于质量调整的住房价格指数编制方法研究：以保定市为例［D］．保定：河北农业大学，2014．

［145］ 张优．京津冀地区节能减排政策协同效应研究［D］．北京：华北电力大学，2018．

［146］ 银丽萍．泉州民营企业创新型人才开发研究［D］．泉州：华侨大学，2014．

［147］ 陈薇娜．沿海地区农户分化与城镇化互动发展研究［D］．青岛：中国海洋大学，2012．

［148］ 牛鸿蕾．徐州产业结构演变与经济增长关系实证研究［J］．徐州建筑职业技术学院学报，2009，9（2）：87-89，96．

［149］ 王玥，孙德山．投影寻踪Robust主成分在经济评价中的应用［J］．中国集体经济，2019（7）：94-95．

［150］ 董婷．珲春市新型城镇化发展探究［D］．延边朝鲜族自治州：延边大学，2019．

［151］ 王冬佳．辽西走廊区域旅游中心城市的验证及地位突显策略［D］．锦州：渤海大学，2014．

［152］ 邱爱莲，王伟．FDI视角下辽宁服务业开放问题研究：基于与发达省份的比较［J］．沈阳工业大学学报（社会科学版），2018，11（3）：213-220．

［153］ 徐佳萍，郑林．福建省旅游产业与区域经济耦合协调关系研究

[J]．江西科学，2018，36（1）：195-202．

[154] 刘增涛，汤强勇．宁波、舟山、福州、泉州、深圳建设经验对连云港"一带一路"强支点建设的启示［J］．大陆桥视野，2019（12）：73-77，81．

[155] 池曲．失地农民征地满意度研究：以泉州市为例［D］．泉州：华侨大学，2019．

[156] 朱婕．江苏省新型城镇化和信息化协调发展测度研究［D］．南京：南京大学，2017．

[157] 徐涛．"台州模式"给兵团发展民营经济带来的思考［J］．新疆农垦经济，2012（5）：90-92．

[158] 赵菲．台州经济的"草根"模式［J］．中国报道，2009（1）：84-85．

[159] 陈国强．宁波服装业发展的战略构想［J］．宁波经济，2000（2）：18，30．

[160] 夏玉宏．临沂物流业发展的成功经验及启示［J］．中国商贸，2012（14）：141-142．

[161] 李生校，赵梁红．绍兴纺织产业集群发展和竞争力提升的对策［J］．企业经济，2008（9）：75-77．

[162] 陈亚茹．探讨我国林下经济的发展模式和前景［J］．现代园艺，2014（11）：23-24．

[163] 刘春雨，刘英英，李萍，等．生态文明视角下泉州市新型城镇化发展水平研究［J］．中国农业资源与区划，2019，40（12）：154-160．

[164] 关存杰．高三数学一轮复习策略［J］．考试周刊，2013（14）：5-6．

[165] 孙翱翔．欠发达地区转变经济发展方式的优势分析：以江苏省淮安市为例［J］．辽宁农业职业技术学院学报，2012，14（5）：18-20．

[166] 金素琴，耿丹．沧桑巨变铸就辉煌：新中国成立70年来保定农业发展成就［J］．统计与管理，2019（12）：90-92．

[167] 陈传雷．民营中小企业困局与地方政府的应对：以浙江为例［D］．杭州：浙江大学，2010．

[168] 王先庆．新时期广东省大力发展民营经济的经验与启示［J］．广东

经济，2017（5）：46-48.

[169] 谢健. 民营经济发展模式比较［J］. 中国工业经济，2002（10）：76-82.

[170] 董庆文，赵烺星. 从税收数据看锦州农产品加工业发展［J］. 科技经济导刊，2018，26（13）：75.

[171] 任明东. 促进经济发展方式转变的财政政策研究［D］. 大连：东北财经大学，2013.

[172] 赵绍梅. 生态城镇化发展评价研究［D］. 贵阳：贵州财经大学，2019.

[173] 孙玉龙. M农村商业银行发展战略研究［D］. 济南：山东大学，2019.

[174] 李馨. 攀枝花市优势产业选择与发展研究［D］. 成都：成都理工大学，2019.

[175] 李莹莹. 我国"一带一路"沿线城市FDI与新型城镇化的关系研究［D］. 镇江：江苏大学，2019.

[176] 孙礼娜，汪凯. 基于熵值法的县域经济综合评价及空间分析［J］. 辽宁工业大学学报（社会科学版），2019，21（2）：21-24.

[177] 王美怡. 东北地区城镇化质量评价与提升研究［D］. 大连：东北财经大学，2018.

[178] 农小蕾. 基于FWD的市政道路路面结构性能后评价研究［D］. 南宁：广西大学，2019.

[179] 刘云良. 山东东平农村商业银行竞争力分析及发展战略研究［D］. 泰安：山东农业大学，2018.

[180] 王缓. 粮食主产区土地利用效益评价及提升策略研究［D］. 郑州：郑州大学，2018.

[181] 蔡琨. CPI与PPI的分化因素考究［D］. 厦门：厦门大学，2018.

[182] 胡香宇. 中国城市住宅地价健康度研究［D］. 石家庄：河北师范大学，2018.

[183] 蒋旦悦. "一带一路"沿线国家贸易便利化评估体系构建及其测度［D］. 苏州：苏州大学，2018.

[184] 刘婷. 中国上市公司并购绩效影响因素分析［D］. 南京：南京大学，2018.

[185] 宋佳. 基于"资源诅咒"的黑龙江省资源型城市产业转型研究[D]. 哈尔滨：哈尔滨工程大学，2018.

[186] 张姗. 宁夏农业现代化发展水平评价研究[D]. 银川：宁夏大学，2018.

[187] 何萍. 贵州省经济发展预测及影响因素研究[D]. 重庆：重庆大学，2018.

[188] 朱万意. 配电网规划效益评估中数据处理技术研究[D]. 保定：华北电力大学，2018.

[189] 罗雪华. 重庆大都市区一体化发展研究[D]. 成都：西南财经大学，2018.

[190] 周柯，唐娟莉，谷洲洋. 中国创新驱动发展能力测度与评价[J]. 统计与决策，2018，34（2）：86-89.

[191] 崔子豪. 西安市城市化过程与用水耦合关系研究[D]. 西安：西安理工大学，2017.

[192] 彭石. 特大城市固定资产投资效应研究[D]. 北京：中央财经大学，2017.

[193] 武晓静. 中国上市高新技术企业总部的时空分布及影响因素[D]. 上海：华东师范大学，2017.

[194] 白敏. 郑州航空港区物流金融发展问题研究[D]. 郑州：郑州大学，2017.

[195] 马骏，李亚芳. 长江经济带环境库兹涅茨曲线的实证研究[J]. 南京工业大学学报（社会科学版），2017，16（1）：106-113.

[196] 郭明亮. 浙江民营经济高质量发展对德州的启示[J]. 现代交际，2019（23）：254-255.

[197] 赵远洋. 云南省县域消费水平空间差异及其影响因素研究[D]. 昆明：云南大学，2017.

[198] 张洋慧. 供应链视角下家电行业上市公司营运资金绩效评价研究[D]. 南京：南京航空航天大学，2017.

[199] 郑斑鹏. 基于熵值法的K公司4G用户感知价值研究[D]. 广州：华南理工大学，2016.

[200] 王玮. 低效工业用地内涵界定及评价方法研究[D]. 兰州：甘肃农业大学，2016.

[201] 辛岭，胡志全. 我国农业现代化与城镇化协调发展研究：基于1996—2013年数据的实证分析［J］. 北京联合大学学报（人文社会科学版），2016，14（4）：95-102.

[202] 陈宏伟，陈红. 我国沿海发达省份创新能力测算比较［J］. 科技与经济，2016，29（5）：25-29.

[203] 李崇峰. 辽中南城市群城市功能定位研究［D］. 北京：中共中央党校，2016.

[204] 高堃. 基于SVAR模型的西安市房地产金融影响因素分析［D］. 西安：西安建筑科技大学，2011.

[205] 何博. 边境县域经济发展质量及其影响因素研究［D］. 昆明：云南师范大学，2016.

[206] 王程. 西北城市群竞争力评价［D］. 西安：西安建筑科技大学，2016.

[207] 张修宁. 关于进一步扩大民间投资助推民营经济发展的思考［N］. 中国工商报，2017-03-30（003）.

[208] 梁秋霞，吴天歌，张林艳. 安徽省金融竞争力研究［J］. 赤峰学院学报（自然科学版），2016，32（8）：85-88.

[209] 邓龙. 基于双射软集合的城市物流绩效评价研究［D］. 重庆：重庆交通大学，2016.

[210] 秦学成. 经济新常态下制造业企业可持续发展能力评价研究［D］. 重庆：重庆大学，2016.

[211] 唐燕妮. 山东半岛蓝色经济区城市竞争力评价研究［D］. 北京：首都经济贸易大学，2016.

[212] 李姣姣. 基于智能集成算法的新型城镇化质量评价［D］. 合肥：安徽建筑大学，2016.

[213] 罗超平，周子琳. 城镇化"新型"的内涵与现实评价：以重庆为例［J］. 西南大学学报（自然科学版），2016，38（2）：83-89.

[214] 谭智心，孔祥智. 创新驱动条件下农民增收的政策选择［J］. 改革，2015（9）：122-129.

[215] 林典如. 广州市金融集聚竞争力研究［D］. 广州：暨南大学，2015.

[216] 宋欢. 新疆服务外包产业竞争力研究［D］. 乌鲁木齐：新疆财经大

学，2015.

[217] 廖望. 城市价值创造力评价研究 [D]. 武汉：武汉理工大学，2015.

[218] 白杨. 地方财政科技投入绩效评价指标体系构建与应用研究 [D]. 重庆：重庆大学，2014.

[219] 李艳. 基于网络经济的城市国际竞争力研究 [D]. 杭州：浙江大学，2011.

[220] 邹晓旭. 基于社会分工论的我国分级医疗服务体系构建及其策略研究 [D]. 武汉：华中科技大学，2014.

[221] 李美莹. 我国能源供给结构低碳化评价与优化研究 [D]. 哈尔滨：哈尔滨工程大学，2014.

[222] 罗娇. 中国上市公司总部迁移动因及迁移绩效的研究 [D]. 杭州：浙江工商大学，2014.

[223] 徐志芬. 区域智能电网低碳效益评价研究 [D]. 保定：华北电力大学，2014.

[224] 井水明. 小微企业遭遇"下坡路"亟需政府提升"造血"功能 [N]. 证券时报，2012-06-26（A03）.

[225] 马文亮. 基于协同理论的兰-西城镇区域协同演化的定量描述研究 [D]. 西安：西北大学，2011.

[226] 张宇炜. 苏州城市空间结构研究 [D]. 苏州：苏州大学，2008.

[227] 佘伯明. 引导保险消费行为提升广西保险密度和保险深度 [J]. 沿海企业与科技，2006（12）：153-155.

[228] 邱岳. 国有资产经营绩效的组合评价研究 [D]. 天津：天津大学，2004.

[229] 林晋芳. 政府与市场关系视角下新型智慧城市建设研究 [D]. 厦门：厦门大学，2018.

[230] 宋佳瑞. 地方政府政策对区域品牌企业策略博弈的影响研究 [D]. 天津：天津大学，2018.

[231] 罗文怡. 深圳市宝安区政府智能监管研究 [D]. 湖南：湖南大学，2017.

[232] 薛景梅，高银珍. 基于熵权模糊物元法的河北省产业承接能力评价 [J]. 河北地质大学学报，2017，40（4）：100-106.

[233] 李国鹏. 中国与"一带一路"沿线主要新兴经济体的经贸合作研究 [D]. 大连：东北财经大学，2017.

[234] 努力将太仆寺旗建设成独具特色风景亮丽的南大门 [N]. 锡林郭勒日报（汉），2015-11-24（A01）.

[235] 孙久文，李坚未. 京津冀协同发展的影响因素与未来展望 [J]. 河北学刊，2015，35（4）：137-142.

[236] 高鹏. 农业综合服务中心空间布局评价与优化研究 [D]. 大连：辽宁师范大学，2016.

[237] 李珊. 德州市服务业升级发展研究 [D]. 济南：山东大学，2012.

[238] 阎明. 核心城市在城市群建设中的地位和作用的研究 [D]. 西安：西北大学，2009.

[239] 佟志斌. 淡化行政区划强化经济区划 [J]. 企业改革与管理，2006（5）：40-41.

[240] 彭勃. 对我国个人收入分配差距的思考 [J]. 财会月刊，2006（2）：20-22.

[241] 冯雷，鞠正江. 我国城市化进程中的县城与区域性中心城市对接研究 [J]. 石家庄经济学院学报，2005（5）：612-616.

[242] 韩建军，王印. 潮起锦州再铸辉煌 [J]. 中国城市经济，2005（2）：26-27.

[243] 罗本成. 加快布局建设港口型国家物流枢纽 [J]. 中国港口，2019（4）：24-26.

[244] 邓永波. 京津冀产业集聚与区域经济协调发展研究 [D]. 北京：中共中央党校，2017.

[245] 司志阳，王芳，陈虹村. 物流枢纽经济发展模式与运行机理研究 [J]. 智库时代，2019（51）：7-8.

[246] 李长宏. 物流枢纽将重构中国经济版图：铁路多式联运时代已到来 [J]. 大陆桥视野，2019（3）：47-50.

[247] 陆华. 区域物流枢纽演进机理及规划研究 [D]. 北京：北京交通大学，2015.

[248] 连莲，叶旭廷. 京津冀协同发展中的"飞地"经济研究 [J]. 经济问题探索，2016（5）：146-151.

[249] 王旭，王振锋，邓蕾，等. 重庆构筑物流枢纽的对策研究 [J]. 商

业研究，2009（5）：127-129．

[250] 郭生．关于乌审旗液化天然气发展现状的调研报告［J］．内蒙古统计，2014（3）：66-68．

[251] 熊宏伟．让开放成为丰城发展的主旋律：看丰城开放型经济工作如何从点题到破题［J］．理论导报，2012（9）：21-22．

[252] 余为．以项目建设提升经济发展张力［N］．岳阳日报，2012-04-07（002）．

[253] 张鸣岐．天津市快递运输业将建成海陆空联动的物流资源配置载体［N］．天津日报，2016-08-10（03）．

[254] 于德才．庄河市建设北黄海地区中心城市发展对策研究［D］．大连：大连理工大学，2010．

[255] 刘云珊．昆明建立区域物流中心的研究［D］．上海：上海海事大学，2006．

[256] 吴少武．武汉建设华中物流中心战略思考［D］．武汉：武汉理工大学，2003．

[257] 傅新华．重庆公运集团发展现代物流对策研究［D］．重庆：重庆大学，2003．

[258] 袁英红．武汉市建设区域物流中心策略研究［D］．武汉：武汉理工大学，2003．

[259] 赵立元，王兴平．苏南地区后发区县发展特征与引导策略初探：以南京市高淳区为例［J］．小城镇建设，2016（2）：53-62．

[260] 韩洪庆．鞍山市菱镁产业转型发展战略研究［D］．大连：大连理工大学，2018．

[261] 张鹏．安徽县域经济发展评价研究［D］．蚌埠：安徽财经大学，2018．

[262] 林士炎，金龙，张天伟，等．京津冀协同发展背景下承德市铁路发展分析［J］．小物流技术，2015，34（20）：54-57．

[263] 张浩．京津冀产业转移下园区能源效率驱动因素及策略研究［D］．北京：华北电力大学，2017．

[264] 郑宇．人为和气象因素影响大气气溶胶变化的观测及模拟研究［D］．南京：南京信息工程大学，2017．

[265] 李克强．"十四五"时期经济社会发展指导方针：学习贯彻党的十

九届五中全会精神[J]. 企业观察家, 2020 (12): 74-79.

[266] 陈钰麒. 宝坻南站站城一体化空间布局策略研究[D]. 北京: 北京建筑大学, 2017.

[267] 王晓红. 长三角城市群形成与扩展的效率研究[D]. 南京: 南京师范大学, 2016.

[268] 周斌. 为政法工作高质量发展规划科学路径 解读中央政法工作会议[J]. 公民与法(综合版), 2021 (1): 5-6.

[269] 郭健康. 全产业链视角下龙头上市公司溢出效应研究: 以京东方为例[D]. 北京: 首都经济贸易大学, 2018.

[270] 王曼怡, 李雷. 金融支持京津冀产业结构调整研究[J]. 国际经济合作, 2015 (10): 92-95.

[271] 吕剑凤. 京津冀协同发展下天津承接产业转移的研究[D]. 北京: 首都经济贸易大学, 2018.

[272] 张永立. 河北经济增长动力研究[D]. 保定: 河北大学, 2016.

[273] 李建成. 京津冀区域一体化背景下的武清区城镇化发展研究[D]. 天津: 天津大学, 2013.

[274] 李兰冰. "能源—环境"约束下的中国区域经济增长绩效评价与模式识别[J]. 南京社会科学, 2013 (12): 7-14.

[275] 戴琳. 新能源企业财务风险控制问题探析: 以坚瑞沃能为例[D]. 南昌: 江西财经大学, 2019.

[276] 王维. "营改增"对黑龙江省现代服务业影响的探讨[J]. 商业经济, 2014 (23): 11-12.

[277] 赵弘. 京津冀协同发展愿望清单[J]. 人民论坛, 2014 (13): 41-43.

[278] 杨楠, 郑祖婷, 史宝娟. 京津冀生态产业链的发展及推进对策研究[J]. 经济论坛, 2017 (10): 4-7.

[279] 闫晶晶. 促进大学生就业工作中高校的作用分析: 以促进辽宁省地方经济发展为目标[J]. 现代经济信息, 2018 (11): 408-409.

[280] 连季婷. 京津冀协同发展中的河北省经济策略研究[D]. 大连: 东北财经大学, 2015.

[281] 缪业光. 东方电气发展战略研究[D]. 成都: 西南交通大学, 2010.

[282] 余佳群. 创新网络视角下产业集群升级研究 [D]. 沈阳：辽宁大学，2012.

[283] 陈刚. 辽宁沿海经济发展的优势问题研究 [D]. 大连：大连理工大学，2008.

[284] 刘瑞强，张沛，李莎莎. 基于主体功能区的西部地区城镇化发展模式与路径探索 [J]. 工程研究-跨学科视野中的工程，2011，3（3）：256-264.

[285] 王德章. 中国绿色食品物流市场发展与产业竞争力提升 [J]. 物流技术，2005（10）：169-172，176.

[286] 胡永仕，王健. 福建省流通产业空间布局模式的构建 [J]. 物流技术，2012，31（1）：16-20.

[287] 阎庆福. 关于辽宁环渤海区域交通发展战略的思考 [J]. 辽宁经济，2006（2）：20-21.

[288] 王刚. 辽宁港口群对东北经济拉动作用分析 [J]. 管理观察，2009（9）：159-160.

[289] 宫秀芬. 物流产业集群发展探析：以辽宁省为例分析 [J]. 党政干部学刊，2012（3）：67-71.

[290] 任闵. 天津打造跨境电子商务"海外仓"平台 [J]. 港口经济，2014（8）：12.

[291] 肖斌. 自贸区背景下东莞物流业发展分析 [J]. 物流工程与管理，2016，38（7）：51-53.

[292] 吕开颜. 辽宁省第三方物流发展环境分析与对策 [J]. 辽宁经济，2014（7）：24-25.

[293] 本刊讯. 中共中央办公厅、国务院办公厅印发《关于加强金融服务民营企业的若干意见》[J]. 金融电子化，2019（3）：95.

[294] 方丽萍. 计算机信息行业在经济发展中的作用 [J]. 中国经贸导刊，2010（13）：64.

[295] 高咏岩，刘飞. 高校对物流人才的培养 [J]. 知识经济，2009（18）：116.

[296] 尹玉洁. 厦漳泉区域商贸业协同发展研究 [D]. 厦门：集美大学，2015.

[297] 李天奇. "一带一路"背景下达州市构建区域商贸物流中心发展战

略及竞争博弈研究[D]. 西安：西南交通大学，2019.

[298] 张弛. 商贸中心城市周边地区发展商品交易市场路径研究[D]. 济南：山东财经大学，2015.

[299] 郑笃华. 长沙建设区域金融中心的调研分析[D]. 长沙：湖南大学，2018.

[300] 靳伟胜. 北京时尚商圈中服装品牌建设现状及策略研究[D]. 北京：北京服装学院，2015.

[301] 卢彦. 世界城市国际商贸功能比较研究[N]. 学习时报，2011-08-22（011）.

[302] 卢彦. 便民利民 促进发展 打造服务全国、辐射世界的国际商贸中心[J]. 时代经贸，2011（2）：14-27.

[303] 佚名. 提升水平发展现代服务业（下）[N]. 锦州日报，2016-05-11（A01）.

[304] 佚名.《锦州市国民经济和社会发展第十三个五年规划纲要》空间布局[N]. 锦州日报，2016-03-10（A01）.

[305] 冯澍欣. 基于系统动力学的电商企业O2O商业模式研究[D]. 西安：西安电子科技大学，2017.

[306] 张砚，陈莉. 新形势下安徽经济发展若干问题浅析[J]. 安徽电气工程职业技术学院学报，2005（4）：31-33.

[307] 邹蓟，杨帆. 对中小城市科技创新服务平台建设的思考[J]. 科技资讯，2014（3）：246-247.

[308] 朱丹. 锦州县域经济发展的现状与对策[J]. 现代农业科技，2011（16）：368.

[309] 王思童. "中国制造2025"已启缔造电力装备市场新格局[J]. 电器工业，2015（7）：63-65.

[310] 周中林. 智慧农机发展及其对策探讨[J]. 绿色科技，2020（2）：260-264.

[311] 刘思梦. 供给侧改革视角下吉林省全程农业机械化支持体系研究[D]. 长春：吉林大学，2018.

[312] 胡艳玲. 大数据联盟数据聚合服务模式研究[D]. 哈尔滨：哈尔滨理工大学，2019.

[313] 高传贵. 企业自主创新内生性驱动因素的影响机制与系统构建研究

[D]. 济南：山东大学，2018.

[314] 邹锴. 华中石油化工交易中心发展战略研究[D]. 桂林：广西师范大学，2018.

[315] 许旭红，谢志忠，胥烨. 我国金融发展对能源效率变动影响的实证研究：以省际面板数据为分析依据[J]. 东南学术，2018（6）：127-136.

[316] 刘桂希. 产业集聚对中国制造业能源效率的影响研究[D]. 哈尔滨：哈尔滨工程大学，2017.

[317] 禹新荣. 县域经济产业竞争力研究[D]. 长沙：中南大学，2010.

[318] 陈兆佳. 论企业自主创新行政资助法律保障之完善[D]. 南昌：江西师范大学，2017.

[319] 肖柯. 中国特色社会主义精神生产方式创新研究[D]. 重庆：西南交通大学，2016.

[320] 张丽茜. 慈善法实施后官办慈善组织的调适研究[D]. 济南：济南大学，2019.

[321] 李宁. 湖北省市县科技创新能力评价及提升路径研究[D]. 武汉：武汉理工大学，2016.

[322] 刘莎. 基于土地资源承载力的新旧动能转换路径研究[D]. 济南：山东师范大学，2019.

[323] 徐雪莲. 高质量发展视角下资源型城市产业转型升级新动能培育机制研究[D]. 武汉：华中科技大学，2019.

[324] 闵琳芝. 媒体融合背景下高校思想政治教育路径创新研究[D]. 兰州：兰州理工大学，2019.

[325] 王忠昌，张桂春. 从解构到重构：职业教育专业建设的实践趋向[J]. 现代教育管理，2018（4）：82-87.

[326] 周建强. 普通高校校园体育文化对大学生身心素质影响研究[D]. 锦州：渤海大学，2017.

[327] 胡鹏举. 金融发展对我国经济增长质量的影响[D]. 长沙：湖南师范大学，2017.

[328] 冯婷婷. 锦州滨海新区招商引资策略研究[D]. 沈阳：东北大学，2017.

[329] 谢晓凯，蒋俊贤. 台州小微金融发展经验及其对河南的启示[J].

产业与科技论坛,2016,15(6):23-24.

[330] 俞钧,沈悦林.杭州市"十二五"科技规划前三年执行情况分析[J].杭州科技,2014(5):18-23.

[331] 邝野.海南探索特色城镇化道路的思考[J].考试周刊,2013(A2):188-189.

[332] 王漫江.庞巴迪运输集团在华本土化发展战略研究[D].北京:北京交通大学,2013.

[333] 肖荣贵.浅谈吉安烟叶基础设施建设的困境和对策(上)[N].经理日报,2012-06-20(C03).

[334] 余应坤."六个为什么"融入大学生理想信念教育研究[D].淮北:淮北师范大学,2011.

[335] 练晓荣.经济结构与高等教育结构的协同发展研究[D].福州:福建师范大学,2009.

[336] 杨晓云,金红芳,杨君,等.以提升大学为契机改进和提高地方工科院校科技实力的途径与对策[J].吉林工学院学报(高教研究版),2002(4):32-33.

[337] 徐安民.东北师范大学机关行政人员管理与激励研究[D].西安:西安理工大学,2002.